《山海封神榜》 前傳 下卷

Tales Of Terra Ocean Rise of the Imperial Guardians

蘆葦草 著

Manufactured in United States

Contact: rikuwatashi@hotmail.com

ISBN: 1494855003
ISBN-13: 978-1494855000

序

傳說在很久以前，有兩個大神爭奪天地，世界遭受了空前浩大的災難。冰洋極海的積雪被烈焰融化，形成無數川流，萬畝方圓的地域被汪洋淹沒，島嶼陸沉，天傾地陷的巨災一觸即發。

四位仙人遵照天象經緯的指示，仗著仁厚膽識之心走遍天下，在極地荒涼的隱僻之處發現了天地相輔、山海相循的奧秘。靠著天地山海所吸收的日月精華，經過火風水土的醞釀所淬煉出的幻化靈珠，能使天下安定，扭轉人類榮枯興衰的契機。因此四位仙人展開了收集靈珠的旅程，將靈珠鑄成神器，使用這股力量來解救蒼生。

千百年來，八柄神器代代相傳，四仙人為天下樹立了萬世範典，以彩雲峽為地界的中心點，先後創立了天山國、蓬萊國、鬱樹國和翠雲國。

後來四仙人擇地隱修，萬古神器與四象通靈召喚術之傳承的重責大任落到了後裔身上，在戰亂的年代，光明御史被賜予了平定亂世的力量，並且為四國揭開了序幕之戰。

原始的な天と地がどんよりとした暗闇であった。盤古の天地ができて以来、地球から見ると太陽は黄道上を回り、毎６万６千６百６６年に一度、必ず大きな災難が起きる。その災難は広い地域で津波、山崩れを引き起こす。大災難が起きると、池が乾き、地が避けるだけではなく、さらには気温も低くなり、洪水も 起きて、島と陸地が沈没し、生霊でさえも絶滅に至る。

四人の仙人は、世界を歩き回り、非常に辺鄙なところに、天と地がお互いを助けあうかのように寄り添い合っていた。山と海との相性が合うという奥秘を発見した。

天地山海の精気と火風水土の栄養を吸収することによって、幻の霊珠を作れて、人類が衰えるのを防ぐことが出来るという代物を見つけた。 このいくつかの四象霊珠を兵器にはめ込んだ。代々伝わり、後世の百姓には「万世神器」と呼ばれている。

この小説は万古神器と四象霊珠の呼びかけ術について書いており、読者方様をかつてにはなかった古典ファンタジーの新紀元へとお連れ致します。

どうぞご期待ください。

《目錄》
～山海封神榜 前傳 下卷～

第十一章 幽的抉擇

刑天眨一眨雙眼，逐漸甦醒，看著天空耀眼的陽光，慢慢臥坐起身：「咳...咳咳...」身旁有個男子，那人臉黃似蠟，一雙大眼珠盯著自己看：「御史大人！你終於醒了！」

刑天有氣無力的躺在一塊雲岩上，先前險遭喪命，頭痛欲裂道：「天...天山國的通緝犯？是...是你？」

貊按住肩膀：「別起來！你身上有傷！」刑天感覺手腳沉重，恐怕是先前耗消過度的體力所致：「你救了我？」貊笑：「你還真是命大啊！」刑天問：「我在哪裡？」貊解釋：「這是盤岩宮山下的雪原，索性你沒跌入冰洋極海，否則可凍死你。」

刑天問：「你怎麼會在這裡？」貊氣憤道：「我正在搜尋那個小妖女，捉到她非折磨一頓不可！」刑天試圖爬起身：「你還在搜尋那個傀儡師？可惡！我的任務失敗了，沒有成功殲滅狩獵族和戰神帝釋天...你待在附近很危險，我勸你還是趕緊離開。」

貊搖了搖頭：「那小妖女折磨我，沒捉到她我不會罷休。」刑天道：「總而言之...我勸你最好還是快點離開，別忘記了你的身份。你可是天山國的通緝犯，如果遇見了嬋郡主的軍隊，我可無法擔保你不會出事。」

貊仰著頭笑：「哈！通緝犯？不是早說過了嗎？當搶匪也不是我所願意的，但是我也需要吃飯，沒錢我就會餓死，逼不得已只好搶劫。大部分的人活著是為了吃飯，我吃飯則是為了活著啊！」刑天道：「你可以尋個正經事幹活，維持生計。」

貊呵呵一笑：「御史大人，天下屈事千千萬，許多百姓有冤無處訴，有屈無處伸，有權有銀愈發榮耀，無權無銀倒顯得落沒，不如你勸我努力考舉當個官兒，倒還比較實在？」

刑天回答：「我不曉得你的背景，也沒興趣深入了解，現在的我需要去找一個人。」貊搔著鬍腮：「考舉當官富貴發財，安逸度過下半輩子，其實這我也能夠做到，只是我覺得既然人生短暫，就應該多多追求不同樂趣，免得在世上白走一遭，你不這樣覺得嗎？」

刑天道：「我沒空跟你閒談，我正在找人。」貊喚：「等等！」刑天回頭：「怎麼？」貊道：「話說回來，你曾救過我一命，現在看來，我倆應該是互不相欠了吧？」刑天點頭：「下次再見到你時，我不會手下留情的。」貊微笑：「刺激的人生才叫樂趣啊！我們後會有期！」

刑天一個飛身梭進樹叢，瞬間將貊拋在背後。他沿著顛簸的石路向前奔馳，沒跑多久，遠處忽有聲音喊問：「什麼人？」突然間破空聲中，已經有四枚飛刀迎面射來，刑天吃驚：「咦？」索性反應機警，急忙從背後扯下斗笠，順風擲去：「飛刀人？是你？」

那斗笠在風中旋轉，盡數將飛刀攔截住，速度絲毫不減，滾入雪叢。

鯀的衣甲上濺成一片血紅，頭髮散亂，走出雪叢：「原來是刑天御史？」刑天詫異：「發生什麼事情？」鯀搖頭苦笑：「這事情說來話長。」刑天疑問：「大...大家呢？盟軍攻陷了盤岩宮沒有？」鯀點頭：「盤岩宮已經被我們的盟軍佔領了，可惜沒捉到狩獵者的首領，算起來可說是任務失敗。」

刑天問：「幽！幽他人在哪裡？」鯀從懷中掏出一條木圈項串：「他要我把這交給你。」刑天愣住：「究竟發生了什麼事？」

鯀沉默半晌，搖了搖頭，開口描述道：

盤岩宮的火勢擴大，樓房被藍焰燒得焦氣薰天，混亂中有人驚喊：「屋子燒起來了！快救火！」四國盟軍的侍衛喧譁：「是刑天大人的山靈獸蟠蛟！」、「大家小心！蛟獸衝過來啦！」

幽和鯀沿路追逐帝釋天和阿修羅，卻不見敵人踪影：「可惡！那兩個狩獵者跑哪裡去了？」鯀舉目觀天，詫異：「幽御史！你快看！」幽狐疑：「為什麼蟠蛟在攻擊自己人？」

屋頂上轟一聲震響，無數的藍焰火團如雨墜下，城牆邊隱現出一條巨蛟，張牙舞爪，身軀盤踞在十幾丈外。四國聯盟的援軍沒料到蛟獸居然不分敵我，猛肆爪牙，暴起傷人，嚇得四處逃竄：「大家快撤退！」鯀詫異道：「咦！刑天御史的心裡在想什麼？為什麼要攻擊自己人？」幽思索：「這肯定是有人在搞鬼！我們快過去看！」

二人穿梭平臺，左右探看，見倉庫和樓房均是起火燃燒，援兵前後推擠，想要脫身：「撤退！撤退！快尋掩護！」幽側頭巡視，瞥見有個黑影站在屋頂，踏著快步衝去:「在那邊！」鯀抄出飛刀:「看見了！」

不料才剛講完，相隔兩丈忽有火團從天墜落，幽和鯀遭那勁力彈飛，如落葉翻風似地拋至遠處。鯀感覺胸口劇痛，撞斷樹枝，昏昏沉沉跌倒在地。

幽的腦袋天旋地轉，索性沒受內傷，忍著疼痛爬起身：「是...是你？」魄狼手持混天乾坤圈，緩緩走來：「幽御史，我一向都很敬佩你的勇氣。」幽望見對方手中的萬古神器，詫異：「刑...刑弟他怎麼了？」

魄狼舉起混天乾坤圈，搖頭：「你指這個啊？我只是替它找到了新的主人。」幽撫住胸膛：「為...為什麼？」魄狼道：「我喜歡看見事情出錯，畢竟生存就是鬥爭，這世界不是大魚吃小魚，而是快魚吃慢魚，因此我選擇了先下手為強。」

幽強忍住痛：「評估一位郡主的能力，最好的辦法便是觀察他身邊的人...可惡！這麼重要的關鍵我居然忽略了，你打算如何？」

魄狼微笑：「做人有時候也必須遵從超越使命的仁義，你太善良了，但是光靠著善良，很多時候是保護不了任何人的。懂得偽裝自己的人，才能確保不被殺掉，不被殺掉，才有機會殺掉敵人。幽御史！難道你不曉得，若是擁有八柄萬古神器，可以成為這世界的神嗎？」

幽決然道：「難道擁有了八柄萬古神器，就可以剝奪四國的和平嗎？」魄狼冷笑：「嘿！在戰場上不是生就是死，即使勝負只在瞬間，怕死的人就會被幹掉。你真的有辦法毫無保留的追求自己的熱情嗎？現實是殘酷的，當日子久了，你會看見疲憊的自己是如何與現實妥協，當初那股熱情似乎都已經不再重要了。」

幽沉默不答，轉頭見緜雙眸緊閉，顯然已經暈去：「為什麼要在關鍵時刻選擇背叛？四國距離和平的日子已經不遠了，一切都有可能，即使現在不可能，和平在將來仍有可能會降臨！」

魄狼冷笑兩聲，問：「什麼是和平？在戰爭的時候，強者奴役弱者，在和平的時候，富者奴役貧者，這兩種有什麼差別？」

幽緊緊握住鐦鐮刀，謹慎防備：「強調生命的黑暗面，對四國的和平毫無益處，一個有信念的人，會為了實踐理想，不顧一切勇往直前。我不能讓你毀掉好不容易才換取而來的和平，我要阻止你！」

魄狼搖了搖頭：「這世界上，沒有真正的和平。所謂的和平，只是認清了自己國家地域的限度，而安逸於受限的範圍之內。」幽依然否決：「不！真正的和平，只有當你認識生命的價值，才能體會！」魄狼冷笑：「嘿！生命的價值？ 那是你的觀點，發動戰爭的人若不將戰爭神聖化，還有哪個傻子願意為國捐軀呢？」

幽道：「即使我付出行動，未必也能夠帶來真正的和平，但不行動，和平的日子永遠都不會臨到，因此我必須嘗試！」魄狼瞪大雙眼：「廢話少說！來吧！讓我看看你的能耐究竟有多少？」踏出三步，舉起混天乾坤圈喊：「火攻術！爆炎火遁！」

蟠蛟張口吐出火焰球，烈焰轟隆巨響，盤岩城瞬間陷在一片火海。黑煙密佈，焰光熱騰騰燒得深藍，烏黑一團竟將道路都給吞沒。

幽的右手握住鐧鐮刀，也喊：「風象通靈！影舞風遁！」

一股寒流迎面撲襲，鵜鳳凰振翅高飛，搏命俯衝梭下雲端，尖嘴往蟠蛟的身軀啄去。魄狼絲毫不懼，冷笑：「準備被烈火燃燒吧！」

蟠蛟將藍色火焰噴向天空，週圍全被藍火籠罩，兩股強大勢力撞在一塊，火仗風威，火雹像千萬爆竹同時炸開，濃煙滾滾彌漫天空。
幽見這情勢，忽往敵人奔去，變個靈訣喊：「風象通靈！蒼穹天劫！」

天空中一根巨大的黑風柱突然湧現，轉來轉去，把樓房捲到高空凍雲層，藍焰沿著颶風襲捲而上，燒成藍色的火柱。

魄狼抬頭驚看，詫異：「居然還有這招？」幽把心一橫，施展全力攻擊：「天靈獸！把蟠蛟捲入火柱！」

鴸鳳凰只顧張著翅膀奮力一搧，藍色火焰捲向天空，竟把羽翅都燒成火團。且見巨鳥口冒藍煙，厲吼幾聲卻被燒得遍體傷痕。另外一端，蟠蛟同時也被颶風吸上天空，火仗風威，兩股強大勢力撞在一塊，藍火又像萬斤爆竹同時炸開，濃煙彌漫。

鴸鳳凰雙目渾濁，團團旋轉向下掉落，蟠蛟也被爆炸威力震得遍體鱗傷，兩隻巨獸從高空氣流層墜下，撞在城牆，化成氣團，雲消煙散。

魄狼怒視：「嘿！想讓兩隻四象獸同歸於盡嗎？這計謀可真高明啊！」幽道：「我不曉得是什麼原因促使你背叛四國但是你若企圖再挑起另外一場戰爭，我絕不允許！」

這個時候，躺在遠處的鯀迷糊甦醒，睜眼望見自己躺臥在瓦礫堆中，頭痛欲裂，爬起身問：「可惡...發生什麼事情？」魄狼身形一閃，手持混天乾坤圈飛奔去，幽驚叫：「留神！」

鐵輪沿著鯀的肩膀砍下，鮮血濺灑，削去好大塊肉，痛得他幾乎又暈倒：「啊啊！」魄狼冷笑：「我不是曾經勸誡閣下，在戰場上刀劍不長眼睛，走路時若不謹慎小心，可是會白送性命的嗎？」

幽追奔去：「鯀御史！」魄狼仗著鯀的身軀做障眼，攻勢如龍蛇變幻，忽亮出乾坤圈砍向敵人咽喉：「嘿！」幽向後滑行，撞在岩石，吐出一大口鮮血：「可...可惡！」鯀喊：「幽御史！」

「你們真是太不謹慎了！」魄狼一個飛身躍到牆邊，斜裏刺出鐵環，砍在幽的肩膀，鐧鐮刀叮噹一聲墜落在地。幽忍著劇痛：「原...原來...你的目標是萬古神器？」魄狼冷笑：「幽御史，你實在是太不了解我了。」講完，手腕一翻，混天乾坤圈橫砍在敵人胸脯，招式利落，毫不拖泥帶水。

煙霧瀰漫，遠方忽有援軍叫：「快去那邊搜！」魄狼見四國聯盟的軍隊趕來，迅速撿起對方遺落的鋼鐮刀，收縛在腰帶：「哈哈哈！」笑聲逐漸消失在塵霧之中，早已經逃得遠去。許多狩獵兵被殺得橫屍遍野，任憑屍體棄在道旁，餘下也都均遭降伏。

四國盟軍分別遣派七百衝鋒騎兵，向南追殺狩獵者餘黨，一旦有消息就立刻彙報。其餘則將擒獲的俘虜按翻在地，從身上搜出許多武器，全數將那批人捆縛了麻繩，一併押回。盤岩城內到處可見刀械折損，殘缺不全的屍體棄落在地，任憑腐爛。

「可…可惡…真是晦氣狗頭…他…他為什麼要攻擊我們？」鯀忍著劇痛，轉頭覷定一眼，瞥見幽捂著咽喉，血流不止：「咦！幽御史？」

幽勉強靠著岩壁，從地上爬起：「我…我還可以…」鯀見對方的脖頸血流不止，從長袖撕下半截，替同伴按住傷口：「別走動！我去替你找醫療兵來！」幽的腳步沉重，一拐一拐地走向身邊：「別…別去…」鯀擔心道：「你受傷了！」幽咳嗽：「我…我不要緊…」

鯀的全身血跡斑斑，喘氣如牛問：「我該怎麼幫你？」幽從脖子扯下刑天贈送給自己的木圈項串：「想…想獲得和平之人。必須承受獲得和平之痛苦，我早就準備好了要為四國戰死，我的血液中會流著好不容易才換取而來的自…自由與和平…」鯀將木圈項串接在掌心：「你要我替你送遞這樣東西？」

幽感覺全身冷汗直冒，咽下最後一口氣：「咳…咳咳…鯀兄…人…人必須消滅戰爭，創造和平，否則戰爭將會消滅我們…切…切記…成功的決心比任何事情都重要，不…不要讓我的生命就這樣結束，告...告訴刑天御史...我和你說過的話...」鯀點頭：「好！我答應你！」

幽咳嗽兩聲，閉上雙眼，且看周圍的街道屍如山積，散亂的兵器斜插遍地，一陣寒風吹來，更添孤寂。此刻如同死寂一般，雲霧籠罩，天空開始降下棉棉細雪，隨著陰霾增多，如豆粒般大小的雪片持續飄墜不停。

鯀將事情經過描述到此，心中滿是疑惑與感嘆：「這些就是他生前所要我向你傳達的訊息。」

刑天沉默不語，將木圈項串捧在掌心仔細端詳，過得半晌才開口道：「明鏡姑娘曾經對我說過...戰爭是無止盡的動亂，這仇恨的世界充滿了戰爭，和平是什麼，她想要知道...」

鯀問：「你不覺得魄狼御史背叛四國，是早有預謀嗎？你不打算揭發真相？」刑天答：「這事尚未查明清楚，不能隨便妄下結論，等我親自將他捉拿歸案，我會揭發真相。」

鯀再問：「如果兇手不是他呢？」刑天疑惑：「你這是什麼意思？」鯀分析：「魄狼和你我一樣，被按立為光明御史。我們都只是接受命令而執行任務的，如果他殺人的動機，是因為有人在背後指使呢？」刑天略皺眉：「你是懷疑白雲大人？」鯀解釋：「你們二人不都是蓬萊國的重要御史嗎？唯一能對你們下達命令的，只有白雲大人了。」刑天毅然搖頭：「不會的！我很清楚白雲大人的為人，他不會這樣對待我們的！這是魄狼自己的主意！」

鯀疑惑再問：「你任由殺人兇手逍遙法外？為何不打算先向其他三位郡主通報一聲？」刑天搖頭：「魄狼也算得上是白雲大人的重要輔佐之一，如果他真的有心背叛四國，這消息肯定會對蓬萊國造成不小影響。現在的戰爭還沒完全結束，我不想驚動白雲大人，這事你先別插手，也別跟任何人提起，我要親自去查明清楚。」鯀點頭：「好吧！我會替你保守秘密。」

刑天咬牙切齒道：「可惡！我絕對要親自將他捉拿歸案！」鯀問：「下一步你打算該怎麼走？」刑天的心中滿腔憤恨，毅然抬起頭說：「先奪回乾坤圈和鐧鐮刀！」

天空中灰雲瀰漫，雪團覆蓋住地面，土滑難行。刑天暫別了鯀，踏著快步離開雲間道，翻下山崗，往南方奔馳：「那叛徒應該還跑不遠，若是我日夜趕路，多半能在抵達鬼門關前攔截住他。」

沿途可見刀械散落滿地，血跡還殘留在泥土，也不曉得究竟跑了多久，瞥見遠處有匹快馬疾速奔馳來，馬鞍上的男子肩膀披著戰袍，腳踏火雲靴，左腰側掛著一柄月牙鋼刀，顯然是有備而來。

「咦！是翠雲國的雷少主？」刑天一時措愕，思索：「他不是在鎮守著堡壘嗎？怎麼會在這？」

雷昊一條馬鞭握在手裡，扯著韁繩呼喝：「快跑！快跑！」馬匹被主人拼命催趕，四蹄飛風，迎面衝來，不料有人阻擋前方，雷昊猛勒住韁繩，戰馬的前腿向地上一蹬，後腿打直，整匹馬像人一樣立了起來。

冷風帶著滾滾沙石吹來，雙方神情肅穆，刑天見雷昊騎馬來單獨赴會，疑惑問：「雷少主，你不是被分派要駐守重鎮？」雷昊豁然詫異：「刑天御史？」刑天警戒：「你怎麼會在此？」雷昊解釋：「有消息傳來，說北方需要四象獸的支援，因此我帶了如意風火輪來！」刑天狐疑：「你擅自變更四位大人的作戰策略？」

雷昊道：「我聽說狩獵族企圖衝破防線，有大批軍隊已經向南移動，附近的村莊若不撤離，唯恐遭到滅村橫禍。我帶了如意風火輪來，想用靈獸作餌，拖延時間，等待軍隊趕來支援。」

刑天問：「原來如此，是誰傳的消息？你是違背雷烈郡主的命令，擅自繫帶如意風火輪趕來支援的？」雷昊頓覺有愧，點頭：「我這人做事的確有點衝動，但我不能眼睜睜看著大家努力戰鬥，而我卻躲在堡壘後面安逸享樂。」刑天道：「雷烈郡主並非要你躲在堡壘之內，這純粹只是戰爭策略，為了避免把所有雞蛋放在同一個籃子內，而分擔風險的最好做法罷了。」

雷昊問：「其餘的人呢？幽御史呢？怎麼只有你一人在此？」刑天淡淡道：「幽已經死了。」雷昊滿臉詫異，跨下馬鞍走近問：「什麼？被誰殺的？」刑天吩咐：「站著！別過來！」雷昊疑惑：「刑天御史？這究竟怎麼回事？」

刑天想將兇手的事告知對方，但又想起自己曾向鯀說過的話，當時對方問自己：「你不打算先向四位郡主通報？」自己回答：「魄狼也算得上是白雲大人的心腹，如果他真的有心背叛四國，這消息肯定會對蓬萊國造成不小影響。現在的戰爭還沒結束，我不想讓白雲大人擔心，這事你先別插手，我要親自去查明清楚。」想到這邊，只好忍隱將這秘密壓在心底：「雷少主，在事情尚未水落石出之前，請原諒我不便明說。」

雷昊見對方一臉殺氣，礙他威勢，片刻之間也不敢輕舉妄動，隨便靠近：「幽御史是被我們的人所殺？」刑天絲毫不應，只裝聾作啞聽不見似：「我需要去找一個人，再會！」雷昊使個輕功靠近身旁，扯住肩膀叫：「等等！我還有話想要問你！」

刑天使個撥浪推波之勢，用擒拿術架住對方：「你想攔阻我，難不成這場陰謀是你們翠雲國暗中所主使的？」雷昊聽得滿頭霧水：「什麼？」刑天瞥見對方的腰帶縛著萬古神器，心想：「咦！如意風火輪？」雷昊恐被對方的擒拿術纏住，迴旋一踢，掙脫了捆綁：「刑天御史！我並非你的敵人，你打算造反？」

刑天的身法快得驚人，速向後退，按一個魚躍龍門之勢又撲向前：「雷少主！我需要跟你借一樣聖物！」雷昊雙腿蹲個馬步穩定重心，忽見對方迎面撲來，從袋內抄出鐵錐想抵擋：「你要做什麼？」

刑天將全身的力量聚向右肩，搶飛一步點住對方的肩井穴，雷昊的穴道被制，氣血無法循環通暢，手臂登時酥軟：「刑天御史！是你殺了幽御史？」刑天一招將對方誘定不動，抽出他腰帶上的如意風火輪：「沒有�龍的力量我打不贏，我需要借你翠雲國的萬古神器，待得事情結束，立刻歸還！」

雷昊動彈不得，任憑對方搶走神器：「你身為白雲郡主的鎮國御史，要以蓬萊國的名譽，抵上翠雲國和蓬萊國之間的情誼嗎？你若是截走神器，就是和翠雲國千萬的百姓結下樑子！」刑天思索半晌：「我會歸還給你的，但是現在沒有神器和四象獸的協助，我無法打得贏他。」雷昊疑惑：「打得贏誰？」

正要再追問，忽見陽光下輝煌奪目，旗幟飄揚的大隊人馬排列擁來，橫排劍戟高高擎起，有軍卒高喊：「是雷少主！快去幫忙！」刑天暗驚：「糟糕！真是不巧，是翠雲國的援兵！」數百名侍衛橫排站定，拈弓搭箭飛趕來：「快去查看什麼事情！」排列森嚴的侍衛謹慎戒備，整隊把刑天圍在中央：「咦？是如意風火輪！刑天大人...你...」侍衛四下散開，均是把附近團團圍定，雷昊擔心對方趁亂逃走，呼喊：「先等等！全部退後！」

不料刑天果然有此策略，才一幌眼，朝著輕騎部隊衝去：「得罪！」

翠雲國的騎兵不及撤退，突逢強敵，五六十人紛紛跌落馬鞍。十幾名弓手擎出箭壺，抽了羽箭一弩射去。整遍箭雨淋淋漓漓，咻咻幾聲響，登時落在地上亂刺一通。

索性刑天的身上穿戴了甲鎧護鏡，挺身來迎絲毫不懼，舞著如意風火輪砍向侍衛，輾轉之間，一口氣傷了九名騎兵。雷昊心知敵人想逃，硬是運勁衝開被封的穴道，想攔阻道：「等等！」刑天飛身跳起，一股雄勁掌風源源逼近：「雷少主！讓開！我不想傷害你！」

雷昊將身斜側，抄出一柄鐵槍轉個半圈戳去，反刺對方胸口：「那就快停手！快將如意風火輪歸還給我！」刑天探出左腕，順手將對方的槍桿拴在腰裡，手掌扣住槍杆一扭一拐，勁力到處，鐵槍硬生斷成兩截：「讓開！」

雷昊抓著半截鐵槍朝敵人擲去，那槍尖如利箭，一股沉勁之勢：「住手！」可惜敵人使個後空翻避過暗器，半截飛槍落在丈許之外，「啵」的聲插入石壁，直至柄末。

刑天向後倒退幾步，一個飛身躍出人群，仿彿騰雲駕霧般消失不見。

鐵騎隊伍像是撞著冤家，披掛的馬甲東碰西撞，軍隊大亂。雷昊見敵人趁亂仗著塵霧逃走，呼喊：「糟糕！莫給他跑了！快追！」顧不得發號命令，踏足追趕，可惜鐵騎部隊早嚇得心驚膽顫，氣勢大衰，哪裡還有人反應過來？

刑天輕功非凡，腳下踏得極快，東穿西梭，兜個半圈，轉眼就把人群拋撇在後：「必須先找到魄狼，查明真相！」微風迎頰撲面，灰雲迷霧籠罩住整片天空，突然又是轟隆隆一聲作響，如綠豆般大小的水珠嘀答落下，隨著陰霾烏雲的數量增多，雨勢擴大，下個不停。

傾盆大雨順著山壁流下，嘩啦啦似乎要將整座山谷都給淹沒，雨水打在刑天的臉頰，口鼻灌水非常難過，奔跑許久，終於回到了鬼門關的泥沼澤地。那地方泥濘難行，附近全是殘缺不全的屍體，腥臭夾雜著泥土讓人作嘔，非常難聞。

刑天見沼澤附近滿地血腥，屍如山積，散亂的刀槍斜插遍地，愁眉暗想：「難道天山國的軍隊全軍覆滅了？」覷定一眼，忽聽見遠方有女子喊聲叫：「赤鷩！快把毒霧驅走！」

天空一隻靈鳥非常迅速，展開了雙翼俯衝而下，旋風過處，將地下砂石捲起數丈之高，毒煙彩霧晃眼散盡。赤鷩收攏雙翼，一個側轉，又是兩翼兜風穿入雲團。刑天正覺得寒氣侵骨，忽見對方疾如鬼魅飛趕來：「咦！是天山國的嬋郡主？」

忽聽樹葉沙沙亂響，霎時刮起了一陣旋風，天旋地轉的颶風把沙石捲入空中，吹到雲端。赤鷩展開雙翼，無數根風柱將附近的灰沙林木全都吸起，有許多士兵喧呼：「嬋大人要使用風象通靈術了！大家快找掩護！」

刑天轉頭見周圍的青蔥林木全都摧斷，聲勢駭人，心驚：「糟糕！難不成我陷在戰場中央？」尚未思索完，轟隆一聲大震，千百為群的飛鳥紛紛落墜地面。遠處瀰漫著一團陰寒污毒之氣，刑天見那瘴氣五色繽紛，身體若是沾染半點，恐怕連皮帶骨都會腐爛而死，端得厲害：「是蛇王喇珈！」

「可惡！鳥人真沒用處，居然那麼快就被大風吸走了？」喇珈奮力奔逃，但想自己先前原本還打算再放出毒蟲和妖煙邪霧攻擊敵人，沒料到天靈獸赤鷩的來勢太疾，竟連同毒蟲都被颶風掃入浮泥沼澤。後來同伴迦樓羅從神隱寶袋抄出符紙，打算使用符爆術的天火進行攻擊，可惜這招數卻被嬋給識破，立即使用風象通靈術之天罡風穴應敵。

當時的天空颳起一陣大颶風，萬團錦雲從氣層倒捲而下，將迦樓羅和符紙包裹其中，密無縫隙。後來落葉飄散，風壓全消，赤鸞的天罡風穴瞬間將迦樓羅和泥沼巨鱷一起埋在其內，已不知捲到何處。霎時之間煙消雲散，週圍變得靜蕩蕩的。

天山國的軍隊見到赤鸞消滅敵人，紛紛拿著弓矢羽箭追趕，其餘三國聯盟的救援軍瞬間突破了泥沼澤地鬼門關的重鎮。喇珈見同伴迦樓羅被天罡風穴所滅，不得已只好暫時撤退。回到眼前，天山國的侍衛仍舊窮追不捨，喇珈邊逃邊喊：「五毒瘴氣！」

一隻大蟾蜍張開闊嘴，噴吐五色彩霧，千萬層濃霧自天空撒下，籠罩前方，滿團清濛濛的煙霧將去路遮蔽，看不清楚視線。刑天躲在暗處觀戰，不敢亂走：「糟糕！是毒氣！」許多支援的士兵原本躲在岩石後，立刻嚇得迴轉遁逃：「啊！是毒氣！大家快逃！」嬋忙喊：「大家快收閉真氣，不可聞嗅，待我破牠！」

喇珈口誦真言，對蟾蜍喊：「蛤蟆！用毒煙掩護我！」

蟾蜍似乎聽得懂人話，張口噴吐五色彩霧，毒霧凝結成雲團向四方擴散。刑天久歷戰場，曉得那瘴氣半分沾染不得，正要撤退，忽又聽見嬋喊：「赤鸞！驅走毒煙！」

旋風過處，砂石和毒煙均被捲起了數百丈高，恰似無數根風柱，團團旋轉。

濃霧瀰漫也分不出東西南北，那毒煙被風勢一逼，順著氣流逐漸移遠，萬千株的草樹被吹得東歪西倒，索性也無人中毒。飛砂颳在眾人臉上，打得皮肉疼痛，刑天抬起頭看遠處，望見喇珈狼狽想逃：「糟糕！必須先絕了後患！」正要出手相助，忽見風羌和海棠同時追上：「嬋大人！」

嬋不敢分心，對二人喚：「封住他左右！」風羌和海棠分別舉起萬古神器，攔阻道路：「別想再逃掉！」
喇珈展開雙袍，拋出蠍子、蜈蚣、蜘蛛和冰蠶等毒物：「可惡！真是陰魂不散的傢伙！禁術！萬毒鑽心！」海棠情急反應：「沙土掩埋！」才剛講完，平曠的土地忽冒出幾千株花樹，虬枝盤結凝成三排擋土牆，萬千株的奇樹互相纏繞，毫無縫隙，幾百條毒蟲被困在樹草中央，進退不得。

喇珈見自己的禁術絲毫不起作用，被迫只好向後閃躲，無奈嬋又攔截去路，正在猶豫，忽有個男子從天飛墜，雙手抄著百張符紙，合攏搓了幾搓喊：「符爆術！天火！」

空中颳起一陣焚風，刑天、海棠和風羌抬頭驚看，均詫：「咦！什麼？」嬋對眾人喊：「咦！是引爆符？大家快找掩護！」

數百張符帖散發出萬道紅光，天空中傳來巨響，岩石都被炸得激飛。煙霧朦朧，瀰漫在方圓百丈之內，有援兵不慎被轟得血肉橫飛，盔甲炸出好幾個窟窿，岩石裂斷，似乎整個天勢都在震搖。

空氣中瀰漫著嗆鼻煙味，塵揚亂飛，眾人的盔甲均被火焰燃燒，海棠捂著喉嚨，對同伴喊：「咳咳...快...海...海靈獸！」風羌立即醒悟，高舉捆仙繩喊：「咳...咳咳...水...水象通靈術！」轟隆聲響，兩根半畝方圓的大水柱直衝上天，晶光瑩徹倏的往下落，千萬顆水泡如雲霧似地淋在眾人的盔甲，化成無數水簾，澆滅了火焰。

風羌用捆仙繩操控天雨，索性同伴才沒被符爆術的火焰燒死，饒是如此，支援的士兵也已經傷了半數：「嬋大人！海棠！這個符爆師讓我對付！」海棠並肩作戰，謹慎道：「小心這人！符爆術和通靈召喚術兩種，他都精通！」嬋心存疑惑：「咦！先前應該已經使用天罡風穴，把他和泥沼獸一同捲入錦雲了，怎麼這人竟沒有死？難道天罡風穴對他無效？」

迦樓羅拍了拍肩膀灰塵，將手中的半截神隱寶袋拋落在地：「哼！害我損失了一個寶袋，非要把你們三人砍頭不可！」

喇珈仰著胸膛，笑哈哈：「鳥人！我還以為你被錦雲捲到不知哪端，原來你竟沒死？真是命大啊！」迦樓羅冷恨恨解釋：「這些傢伙召喚靈鳥，企圖把我捲入風穴，索性我及時躲進了神隱寶袋避難，才沒被颶風絞成碎片。」喇珈詫異：「凡是裝入你那包袋的東西，沒有一樣能解開結繩逃出來的，你把自己綁在袋內，後來是怎麼逃出來的呢？」迦樓羅解釋：「我用驚天錘割開寶袋，僥倖逃脫的。」喇珈嘆氣：「那你的神隱寶袋豈不是毀了？」迦樓羅凶光四射：「所以這三人的頭顱我是砍定了！蛇王！你別插手！我要再用通靈幻術召出泥沼鱷魚，我倆一次解決他們三人！」

喇珈道：「不是早就跟你說過？這三人強勢得很，沒有我的協助，只怕你一人無法辦到。」迦樓羅橫一眼：「你的意思是說我很軟弱？」

風羌和海棠飛快趕來：「嬋大人！」、「嬋大人身體無恙？」嬋搖一搖頭：「嗯！如此小傷不足為慮，不礙事的！我不要緊。」眾人的皮膚被火勢高溫燙得微紅，大腿和背上也遭碎石劃破痕跡，忍著疼痛應戰：「風羌！海棠！趁著迦樓羅還沒召出幻獸，你們兩個先解決他！蛇王喇珈交給我來處理！」風羌和海棠一致點頭：「明白！」

迦樓羅從衣袋掏出兩張符紙，唸個靈訣：「符爆術！泥漿奔流！」海棠呼喊：「是氣溫變動之術！快阻止他！」風羌立即會意，從背筒抽出羽箭，舉起金鵰弓瞄準，手臂一鬆，射出羽箭：「休想使用氣溫變動！」

那根羽箭飛向靈符把它穿透個窟窿，梭向天邊不見蹤影，迦樓羅更加生氣：「可惡！」喇珈仰頭又笑：「鳥人，我不是已經跟你說過，這些人不好對付嗎？」還未講完，忽感覺頭頂上傳來巨響，霎時起了一陣旋風，原來竟是嬋使用風象通靈術。二人定睛一看，才知周圍的樹木和土石全都捲入風柱，如不逃避，唯恐隨著旋風向上滾轉，可惜儘管力抗只怕也毫無用處，畢竟那風勢的威力極大，捲在其中晃眼便是千轉百轉，弄得頭昏眼花，最後恐怕連全身都會被颶風絞散。

迦樓羅和喇珈一個黑影閃動，急忙撤退，想避開颶風：「蛇王！快掩護我！我準備要召出泥沼獸了！」、「鳥人！動作快！」

風羌不讓敵人有機可趁，再從背後的筒子抽出羽箭，射上半天：「嬋大人！我負責封鎖他們退路！」挺著箭枝懸在弓上，手指一鬆，瞄準兩個敵人的咽喉連續射去。

破空聲咻咻響，可惜喇珈和迦樓羅辨別方位，兩條長袖如旋風一捲，羽箭全數掉落：「嘿！還沒玩夠嗎？」、「蛇王！我需要掩護！」風羌不等敵人反擊，再從筒中抽出羽箭：「海棠！快用土縛術！」

海棠握著鐵樺殺威棒，喊道：「土縛術！萬樹纏根！」

危急之間，土地週圍忽然激起紅花綠葉，滿空飛灑，成排的樹根和藤蘿像春筍冒出新芽，破穴翻出，向四方纏繞，捆縛兩個敵人的手足。喇珈和迦樓羅怪眼圓睜，驚訝：「什麼！」側轉頭看，週圍的土地都在搖動，繁花滿簇的美景同時呈現，令人觀之不盡，卻有誰能想到此中伏著好些危機？

二人的手腳均被草木縛住，喇珈忽轉頭問：「鳥人，你怕死嗎？」迦樓羅動彈不得，惱怒：「你在胡說什麼？」喇珈答：「鳥人，你是我們幾個當中最特別的，你懂得施展幻獸通靈術，又會引爆符，好奇心驅使我想更了解你。」迦樓羅破口罵：「一直重複騙人的話，難道你不覺得可恥？」喇珈搖頭：「當然不會，因為我說的全是實話。」迦樓羅瞪視：「你想我會相信？難道沒人知道你是個騙子？」喇珈微笑：「放心吧！看來我們兩個今天是逃不掉了，我能讓你立刻斷氣，不會痛的！」

迦樓羅問：「胡扯！你打算要怎麼做？」喇珈道：「最不信任別人的，最不應該得到別人的信任。鳥人，你我多年患難之交，自來沒有說不通的事，平時你防我像個外人，大家算計心機不會累嗎？我們之間到底有何嫌怨不可化解呢？」迦樓羅罵：「這種緊要關頭，你在胡說什麼？我想接近你但沒辦法，誰叫你全身都是毒素？看來最應該要被砍頭的是你才對！蛇王！我要先用引爆符炸碎你，再把頭顱給砍下！」

二人還在爭論，風羌和海棠已經追到近處，準備殺敵：「海棠！快用土象術結束這兩個狩獵者的性命！」、「我曉得！」

喇珈自知不敵，不等敵人展開攻擊，便想施展毒霧逃跑：「鳥人！我沒空跟你爭辯了，你自己好自為之吧！千雲毒瘴！雙重遁法！」一聲怪嘯，滿團半畝大的黑霧罩住全身，黑氣像千萬層濃霧自天降下，數呎方圓內的花草立刻枯萎，顯然其毒無比。

風羌和海棠先前曾差點誤中陷阱，猛想起此煙厲害，想是自己若沾染些須，恐怕全身腐爛，連皮帶骨消融而死：「糟糕！快退後！」

儘管二人可用水象術與土象術將身包裹防禦，但通靈召喚術雖可護身，那毒煙邪霧有縫即入，難於消滅，如要破那毒煙制禁之術，非得用天靈獸的颶風驅趕才行。可惜嬋正在召喚赤鶩對付蟾蜍，無暇分身驅散毒霧。

另外一端，那毒瘴厲害，迦樓羅被藤蘿捆縛得無法逃脫，忽覺氣味奇腥，頭目昏眩：「蛇王！你做什麼？還不快住手！」

喇珈為了自保也不顧同伴死活，情急拼命竟將毒蟲和毒霧全數放出，蠶蛾蜈蚣蠕蠕欲動，瞬間已將糾纏全身的藤蘿給吞食殆盡。喇珈掙脫捆縛，未敢再戀戰，頭也不回便往霧裡飛走。迦樓羅聞到刺鼻的奇香籠罩全身，估量自己沾染了這般奇毒險惡之氣也再難活命，怒瞪著一雙大眼，從口袋掏出兩張符紙，喊道：「可惡！蛇王！你做什麼？快點回來！」

風羌和海棠見敵人手中握著引爆符，不敢靠近：「小心！他要使用符爆術了！」

地面上傳來轟聲巨響，萬道紅光的光芒四射，甚具威勢，藤蘿花蔓都被炸得激飛。暗濛濛的黑霧也被風勢震散，氤氳霧氣盡散在空中。風羌的耳中嗡嗡聲響，趁敵人未能逃遁之前，疾速射一支穿雲箭透入迦樓羅的胸膛，以防他鑽土遁走，日後又要禍害人間。

索性毒霧的威力被引爆符震散，化為繽紛彩霞散在空中，儘管如此，迦樓羅已被毒霧所傷，只見他癱在地上顫抖，周身都是斑斑血跡，由此可見蛇王喇珈的毒霧瘴氣極強。畢竟鳥人迦樓羅施展了爆破符乃是受海棠的土縛術和毒霧所迫，原出無奈，這時見他面如土色，兩手緊按肚腹顯是出聲不得，料是中毒太深，恐怕已經回天乏術。

風羌謹慎走來，保持在三尺距離的範圍之外：「小心！恐怕他身上還有引爆符！」海棠答：「這人已是半死狀態了，就算有什麼起死回生的靈丹，恐怕也再不管用。」風羌見敵人癱瘓在地，舉起金鵰弓，從筒中抽出羽箭瞄準額頭：「賊人！臨死之前還有什麼遺言要說？」迦樓羅吐出一口黑水，冷笑：「嘿...嘿...把秘密透露給別人知道，會淪為對方的奴隸...蛇王的全身都是毒素，我苦練符爆術，為了就是不讓他輕易接近我...看...看來...夥...夥伴...往往就是愚弄我們的人...」講完，頭稍低下，手臂酥軟，臥倒在地。

嬋蓮步輕移，走向前來：「你們二人立刻派兵往北追擊！」風羌和海棠鞠躬一揖：「遵命！」刑天躲在岩石後，把先前的戰況看得清楚，盤算：「在真相還未水落石出之前，我必須查個清楚，若是現身，恐怕多生事端有所阻擾。既然嬋郡主這邊已經解決兩個狩獵者，看來是不需要我的協助了！」

海棠繼續又說：「大人，雖然泥沼澤地這邊已經被我們給攻陷了，但是我方軍隊也是傷亡慘重，若是分散軍隊去追擊敵人，恐怕又會誤中陷阱，到時候無法及時調派足夠的兵力支援，若是被狩獵者的伏兵突襲，恐怕不妥。」嬋點頭：「嗯！海棠妳這話說得有理，傳令下去！分批調派出去的搜查兵必須要有烽火隊隨行，一旦有任何風聲，可以及時支援聯繫。」

風羌忽轉個話題：「嬋大人！現下戰況一團混亂，若是有捉到的俘虜，就讓我來負責接手吧！」嬋問：「你打算如何處理？」風羌咬牙切齒：「這些狩獵者作惡多端，若是留下性命便是禍患，必須要斬草除根！」嬋嘆道：「風羌！四國的地域全都是從老祖宗流傳下來的產業，千百年來，這塊土地就是不斷的戰爭和殺戮，百姓貧窮太久，人民受苦太多，猜忌和仇恨使大家變得心胸狹窄。」

風羌和海棠聽了沉默不語，忽有校報的侍衛在遠方喊道：「啟稟大人！」嬋轉身問：「什麼事？」侍衛答：「翠雲公主求見！」風羌和海棠詫異：「什麼！」刑天也很驚訝，躲在岩石後思索：「咦！怎麼竟連翠雲公主都來到此？」嬋喚：「讓她過來！」

一個女子身穿盔甲，踏著輕功快步飛奔，跳到斜坡一路下滑，落在眾人面前：「嬋郡主和二位護法！」風羌見對方行動可疑，立刻抽出一柄彎刀，擋在面前攔阻：「不准動！」

笙見對方有心攔阻自己去路，停住腳步：「我只是要見嬋郡主！」颪羌答：「翠雲公主！難道妳不曉得沙場如戰場，沒堅守崗位盡到職責便是要受軍罰的嗎？即便妳是翠雲國的公主也是一樣。」笙冷然道：「這個我當然曉得！我只是要打聽消息，問完我便離開！」

嬋疑惑問：「翠雲公主，為何妳要擅自離開城壘？」笙解釋：「我來此是追查我哥的下落，嬋大人！你們大家有沒有看見我哥去了哪裡？」嬋追問：「出了什麼事情？」笙猶豫半晌，依稀有個畫面浮現眼前，腦海中的記憶全都湧上心來：

「咦！前面發生什麼事情？」
幾個守崗的哨衛站在關口附近，笙伸長脖子一望，見人群聚集，雷昊也在當中，捱肩擦背的高興跑去喚：「哥！」雷昊神態焦急，向一名千夫長磕頭跪求：「大人！那些敵人要與我們作對，何不趁這機會先下手為強，用靈獸作餌，埋伏軍隊將他們一並斬除？」千夫長說：「雷少主！出兵救援之事憂關重大，你爹他不會答應的！若有什麼變故，叫我該如何是好？再說！靈獸可是翠雲嶺世代相傳的寶物，你怎麼能異想天開，把牠帶走？」

雷昊甚是憂疑：「白雲郡主那邊有一隻蟠蛟，若是兩隻火靈獸合併起來抵抗敵人，肯定能把敵人一舉消滅！這是為了天下蒼生著想，求你派兵支援！」

千夫長溫言相勸：「雷少主！我明白你的心意，畢竟你爹與我認識多年，但是雷烈大人他有吩咐，調兵援助不能隨便，使用靈獸更是不得輕率，那些敵人也不是好應付的，若彪龍落入了壞人手中，這該如何是好？那可誰也擔當不起！」雷昊答：「大人！你只調派一百軍隊去支援，我不把這件事情說出去，大家也不把這件事情說出去，誰會曉得？」

千夫長搖了搖頭：「雷少主！盜走萬古神器可是重罪，要殺頭的！上面若是傳言下來，責我不把這事申報，那該如何？」
雷昊咬牙切齒：「大批軍隊已經向南移動，難道你眼睜睜看著無辜村莊的百姓冤枉被殺？」千夫長答：「那些狩獵者專門打財劫物，燒焚房屋，若是村莊百姓真遭毒手，日後雷烈大人肯定會親自派兵去剿。那些壞人愛逞一時威風，這番舉動不是好惹的，早且晚且，勢必會遭四國郡主聯手剿滅，你不要管那些百姓的閒帳，壞人壞事做得多，自然會有報應。」

雷昊揪住對方衣襟，激動又問：「難道你眼睜睜看著無辜百姓被殺？」週圍士兵見狀，急擁上前阻止，有人大喊：「雷少主！別動怒！大家有話好說！」、「雷少爺！雷烈大人在戰場上行軍多年，他是過來人有經歷的，若是看這次出兵之事有什麼蹊蹺，肯定有它的理由，您千萬冷靜啊！」

雷昊聽見這話，冷靜鬆手，倒退幾步盯著眾士兵看，嘴裡喃喃囈語：「難道我們眼睜睜看著百姓被殺？」

千夫長無奈搖頭：「雷少主！我對雷烈大人的仰慕和敬畏，您應該也是知道，對於可能犧牲村莊百姓的性命，心中也是遺憾悲痛。你自己應該也曉得其中難處吧？我只是以保護城關為首任，大敵當前，焉能掉發軍隊輕舉妄動？萬一失利，讓敵人奪走了這塊土地，咎將安歸於誰？」

雷昊沉吟不語，咬牙切齒，抱拳下跪道：「那...那好吧！大人若是不願意發兵救援，請容許我雷昊獨自帶著虺龍去支援！」成群士兵圍上前來，阻擋去路：「雷少主請三思！」、「少主人！雷烈大人若是知道你偷走萬古神器，肯定會把你腦袋砍掉的啊！」

雷昊舉起如意風火輪，厲聲問：「誰敢攔阻？」

「全都退下！」千夫長把手一揮，威嚴吩咐：「全部回去，堅守崗位！」守崗的哨衛沒處安身，尷尬的站在關口觑看：「千夫長大人！」雷昊心喜跪下：「謝大人！」千夫長見對方屢勸不聽，長嘆口氣，轉身走開：「你走吧！沒有雷烈大人的吩咐，我不會派兵支援，也不會攔阻你的。」

現場氣氛凝重，許多士兵雖不明白故世情理，只會打仗，看這事態也懂得辨人臉色。人群聚集的關口吵雜混亂，雷昊側過頭看，對哨兵招呼：「快準備武器和一匹馬給我！」幾名守崗哨衛不敢抗命，倉促奔回營帳，拿刀械來，遞到手中：「雷少主！」

雷昊伸手奪過，忙把戰袍披上肩膀，腳踏火雲靴，對著城邊哨兵喊叫：「開門！」說著，又抓數十枚飛鏢入袋，再把金鵰弓和箭筒懸掛在肩膀，左腰側掛著月牙鋼刀，跨上馬鞍，騎著一匹追風快馬衝出門關。

幾個守崗哨兵在出口迎接，一見少主橫衝直撞馳馬趕來，唯恐對方撞到鐵閘，只得下令開門讓他出關。那些哨兵雖放了雷昊離開邊境，畢竟擔心他帶走如意風火輪，又怕自己惹上麻煩，均是跑到了千夫長的背後，揖手下跪：「啟稟大人...」

千夫長轉過頭看，黯然揮手：「唉...由他去吧...」

笙站在遠處觀望，一見雷昊馳馬出關，什麼也不管了，捱肩擦背擁擠去喊：「哥！等等我！」
雷昊一心掛念戰爭的事，全把目光注視前方，根本毫無留心在背後的妹妹，縱身奪馬也只是轉眼之間，疾風似地衝出城外，不見蹤影。

笙回過神來，腦海記憶變成了一團模糊，將事情的經過詳細描述清楚：「原因就是如此，爹爹吩咐我倆守住城壘，但是我哥他卻擅自拿走了如意風火輪。」眾人聽了甚為詫異：「什麼？」笙繼續說：「有報校的捎信到城壘，我哥聽說前線的攻防出了問題，急需四象獸的支援，因此執意帶著萬古神器出戰，我沒能及時阻止他。」

嬋疑惑問：「是誰放的消息？」海棠道：「嬋大人，我會立刻派人調查。」風羌問：「嬋大人，需不需要我派兩個小隊去搜尋翠雲少主的下落？」嬋搖了搖頭，指著前方說：「不必了，因為他在這邊。」眾人詫異：「什麼？」一回轉頭，果然看見有個男子緩緩走來，背後尾隨著大批軍隊。笙認出了親人面孔，追趕過去：「哥！發生什麼事情？」

雷昊滿臉失落，嗔責一句：「笙，妳也擅自離開了崗位？」

眾人見他渾身灰土，顯然是曾經與人纏鬥過，風羌忍不住先開口追問：「翠雲少主！你遇見了狩獵者？」雷昊搖了搖頭，黯然沮喪道：「不是。」海棠見情況有異，再問：「翠雲少主，你們翠雲國的萬古神器呢？」雷昊嘆氣：「被奪走了。」笙一臉茫然：「什麼？」

嬋、風羌和海棠均曉得此事非同小可，若是四象獸落在敵人手中，後果不堪設想，雷昊繼續說道：「是蓬萊國的光明御史。」眾人驚訝道：「是蓬萊御史？」

有侍衛呼應：「啟稟嬋大人，我們剛才調派了軍隊從另外一方包抄，想要將狩獵族的殘黨一網打盡，沒料得竟然會在半途撞見刑天御史和雷少主。刑天御史趁亂搶走了雷少主的如意風火輪，我們正在調查這件事。」海棠詫異：「什麼？」風羌憤怒：「豈有此理！」嬋思索：「看來這事要請白雲齋好好的解釋清楚了。」風羌怒道：「嬋大人！我早知道蓬萊國對我們早有圖謀，恐怕是想趁著戰亂，來個一箭雙雕。」海棠勸：「風羌，我們需要冷靜，在事情尚未調查清楚之前，千萬不可妄下斷言。」嬋略皺柳眉：「看來這件案子有得查了。」

刑天聽了這話心如刀割，躲在岩石後思索：「剛才奪走如意風火輪的時候真不是時機，現在連嬋郡主他們都懷疑我了，看來只有先打贏魄狼，將他捉拿歸案，一切才能水落石出。」

還在盤算，遠方突然跑來一名校報喊道：「啟稟嬋大人！是雷烈大人！我們發現雷烈大人了！」刑天心想：「咦！是翠雲郡主？」

前方有數列劍戟排開，一個哨兵飛快趕來報信，那執事疊了雙膝，下跪又說：「啟稟嬋大人！雷烈大人已經毫無生命跡象了，全隊的侍衛也都被滅，看那慘樣，恐怕是被山靈獸的火焰所殺的。」風羌驚訝：「一整列隊的侍衛？豈有此理！那可是幾千多條性命啊！」嬋道：「看來應該只有靈獸才有這種毀滅性的力量。」

刑天躲在岩石後聽到這話中，暗自驚詫：「什麼？雷烈郡主被人殺了？」

海棠和風羌半晌無語，躊躇著想尋幾句安慰的好話，雷昊得悉父親逝世的消息，站著發獃：「什麼！爹...爹他...」笙焦急喊：「爹！」嬋吩咐：「攔住他們，在這戰爭的關鍵時刻，千萬要冷靜才行！」身旁的哨兵看得慌張，一團圍住：「翠雲少主！請您冷靜！」

雷昊打翻身邊幾個哨兵，怒吼：「放開我！爹他在哪裡？笙！等等我！」

笙快步奔去，一股惱兒撞在人群：「爹！爹他究竟怎麼了？你們快告訴我！」風羌吩咐：「二位請冷靜！現今這般情勢，大家應該團結起來，才能突圍，與狩獵族做拼死一戰！」

雷昊推開人群，見父親和許多侍衛的屍體倒在地上，火焰把遺體燒得焦氣沖天，早就辨認不清。

曠野滿是堆積如山的屍體，慘不忍睹，刀劍斜插遍地，一陣寒風吹來，悽涼慘淡。笙把雷烈的遺體擁抱懷中，雙眼流淚，哭得更加難過：「爹！爹！」雷昊的背脊冰涼，低著頭癱坐在地，咬牙切齒道：「是...是那個叛徒！他從我這邊搶走了如意風火輪，是他召喚出山靈獸把爹殺死！肯定是！可惡！我必須去找他！」

笙抱著父親哭成淚人兒：「哥！你為什麼要違逆爹的話？你為什麼要擅自帶走如意風火輪？如果你沒把它帶走，爹就不會去追你，也不會被殺死了！你說話啊！你說話啊！」

雷昊聽了這話之後非常懊悔，嬋和風羌無可奈何，沉默不語站在一邊。這個時候，忽見遠方旌旗揮舞，有執事飛來捷報喊：「好消息！啟稟嬋大人！有好消息！白雲大人和崑崙大人攻陷冰獸了！」風羌驚喜：「太好了！白雲大人和崑崙大人打贏勝仗了嗎？」

白雲齋和崑崙率領軍隊，飛快從遠方趕來：「現在情況如何？」笙抱著父親，滿眼流淚：「爹！爹！」崑崙問：「發生什麼事情？」嬋暗嘆一聲：「雷烈死了。」崑崙鐵青臉問：「什麼？」

白雲齋見那幾千具屍體燒得焦黑，一望而知：「遺體都燒焦了，是被魮龍之火所殺的。」笙禁不住潸然淚下，喊叫：「是他！他從我哥的手中搶走了如意風火輪！他殺了我爹！」雷昊心中悲慟，也跟著垂淚下跪：「爹！孩兒一定會替您報仇血恨，讓您安享九泉！」

白雲齋見他兄妹二人誓言哀慟，諒體其心，在旁安慰：「翠雲公主，人死無法復生，雷烈大人被我那個叛徒所殺，我們無論如何，都會派出大隊兵馬捉他回來，並且嚴刑拷問。」

刑天聽到這邊，一顆心似乎墜入冰窖，無奈自己衝動之下搶走了如意風火輪確是事實，就算此刻現身恐怕也無法解釋清楚，心中滿團疑惑：「怎麼會這樣？怎麼會這樣？究竟是誰殺了翠雲郡主？」

笙的心中難過，緊緊摟住父親屍體，失聲泣涕：「爹！爹！你怎麼能拋下女兒不顧？」

雷昊擦拭兩行淚痕，站起身道：「白雲大人，這件事情不必麻煩你們勞師動眾，即使叫我雷昊與草木同腐，我也會負責把他捉拿歸案的！」白雲齋答：「翠雲少主，這件事情你也曉得，我那個叛徒練就了一身奇門遁甲，靠著孤身之力，可不需任何幫助就能對付百名高手。你若是要追殺他，很容易就會被置於死地，你必須小心謹慎才行。」雷昊道：「笙，妳等著看！我會帶著那個叛徒的人頭，平安歸來的！」

嬋和崑崙吩咐侍衛搭蓋一座簡陋的土墳，以祭雷烈在天之靈，雷昊在墳前沒說過半句話，笙則是哭拜於地，二人雖然含冤負屈，仍舊磕跪階前，莫敢忘記父親生前的養育大德。

刑天曉得誤會已經難以解釋清楚，若是當下再被察覺行踪，肯定不妙，忍著一肚子氣恨，迅速退入叢林：「眼下最重要的就是捉住魄狼，才能證明我的清白！」心意已決，轉身擇一條隱蔽的道路奔去，疾如飛鳥，頃刻之間不見蹤影。

也不曉得究竟奔跑多久，樹林中隱約傳來喧鬧聲，有人大喊：「守住左邊！守住左邊！他們往左邊跑了！」、「擋著右邊！擋著右邊！別讓馬車往右邊逃走！」

咻咻幾聲，疑是有人朝目標射了弓箭，刑天沒跑幾步，忽見遠處有一輛馬車衝上斜坡，沿著山路疾速馳來：「咦！是什麼人？」

仔細一看，見那車廂外插滿翼箭，車輪滾動並且燃燒著火焰。馬夫坐在鞍上拉扯韁繩，旁邊還有個護衛用鐵槍撥打弓箭。二人如逃難一般，只是背後有許多搜捕兵騎馬追趕著來，刑天站在斜坡上觀看，見山下那輛馬車急速馳來，認得背後的追兵是蓬萊國的輕騎部隊，衝過去問：「什麼人？快停下馬車！」

搜捕的追兵見到刑天，認得出是光明御史，驚喜喊：「刑天大人！有狩獵者！」刑天詫異：「什麼？」

車頂忽被一股巨力掀翻，追捕的侍衛見了均是駭然：「啊！果然是狩獵一族的殘黨，大家小心！」

那頂端被掀翻的馬車驚動了坐騎，山坡前方有塊凸岩，馬車前輪撞上石塊，劇烈搖晃，竟將車夫和護衛遠遠拋飛。

整輛馬車自半空飛起，如千斤巨木在半空旋轉兩圈，墜落在地，車馬重量餘勢未衰，倒向側邊拖延了數尺才緩緩停住。車夫和護衛撞上樹幹，天旋地轉的險些兒連性命都丟失了，忍著疼痛爬起身喊：「戰神大人！力神大人！」刑天聽見這兩個名字，頓時警覺：「不妙！」忽見有個男子硬是拆開馬車廂門，站起身道：「哼！原本還想說低調行事，早知道就應該先宰掉這些禍患才對！」

另外一名男子的怒氣更加火旺，跳出車廂，神威凜凜的站在樹幹上說：「一群狗崽子這麼倉促趕去投胎？老夫今日就成全你們！」

那群追捕的侍衛原本只道敵人是狩獵一族的殘黨，沒想到竟然會是阿修羅和帝釋天躲在車內，嚇得連滾帶跌，轉身想逃：「啊！御史大人！救命！」

自從盤岩宮被光明御史用令牌潛入的突擊戰術挫了銳氣，鬼門關的泥沼澤地和雪山嶺皆陸續被四國聯盟攻陷，如今重地失守，其餘的狩獵者也紛紛作鳥獸散。

雖然帝釋天和阿修羅均是萬人之上的首領，躲在馬車潛逃實在缺失體面，畢竟這次情況不同，受情勢所逼也不得不低調行事。只不過萬萬沒想到半途會遇見其他盟軍失散的部隊，這群騎兵隊伍察覺馬車有異，企圖追趕，帝釋天和阿修羅起初還不願現身，這時卻被逼得出手傷人。

蓬萊國的侍衛見到敵人均是驚得目瞪口獃，原本追捕狩獵族的殘黨還料得無事，沒想到竟然撞到首領，那豈不是死無葬生之地？眼前尚未脫得虎口，也顧不得凶險，就往反方向逃：「大家快撤！大家快撤！」阿修羅飛快閃過，雙手一捏掐住馬夫和護衛的脖頸，絞成碎裂：「戰神！我們快追，讓他們逃跑可就不妙！」帝釋天仰頭笑問：「怎麼？你會害怕？」阿修羅一時氣憤不過，因此遷怒到馬夫和護衛身上，將二人屍體拋丟開：「我只是不願給他們逃亡的機會罷了！」

帝釋天指著前方：「那好！你去追那些士兵，這個光明御史讓老夫來處理。」刑天沒料得兩人躲在車廂，此刻撞上當然不能怯退：「原來是你們兩個？」

阿修羅與仇人狹路相逢，如何肯輕易放過？無奈不得違抗帝釋天的命令，卻也不肯去追士兵：「戰神，給我一次機會，這個光明御史讓我應付。」帝釋天冷笑：「老夫不是給你機會去追殺那些士兵？」阿修羅虎視眈眈道：「那種機會我看不上眼，我所要的機會是可以選擇的，因為我決心超越你！」帝釋天答：「嘿！機會是留給準備好的人，會讓你摔破頭的機會不叫機會，那叫忌諱。」阿修羅憤怒：「戰神！你這話是何用意？你是指我的武藝比不上你嗎？」

帝釋天冷笑：「力神！生存就是格鬥，為了生存，就必須學習無懼任何事物，病痛讓人軟弱，但你必須學習痛恨軟弱！嘿！不處逆境的人是不會了解自己的軟弱，既然你和老夫的階級有差別，你就應該向老夫表示敬意才對！」阿修羅反駁：「如果兩人處處一致，那肯定只有一人在動腦筋，我能夠證明自己的實力，此刻我需要的只是機會！」

帝釋天鄙夷道：「嫉妒對別人來說是一種煩惱，對自己也是一種折磨。有野心的人想做什麼就做什麼，人容易把技不如人的理由怪罪於運氣，而非自己能力不足。想登高的話，就用自己的雙腳爬上去！要往哪裡走，是看你自己想去哪裡。」阿修羅回答：「超越你，是我唯一的心願，你這是在嘲笑我？」

帝釋天的臉上顯然得意，聳著肩膀道：「嘿！力神！所有成大事者，都懷有遠大夢想。弱者等待機會，強者卻創造機會，你不應該等待，而是要把握機會，要如何選擇機會全都是掌握在自己的手中，但是有的弱者一旦要做出決定，卻又不曉得該從何選擇。機會乃是靠著自己爭取，而不是等著別人給你！」阿修羅橫眉一豎，變臉色道：「哼！無所事事也難逃死亡，不如努力奮鬥還比較實際！戰神！既然如此，那我就靠著自己來爭取！」

刑天忽見敵人衝來，不敢遲疑，抄出如意風火輪抵擋：「糟糕！」阿修羅穿著一件黃金鎖子甲，手執三叉鋼戟，試圖刺穿敵人的肩骨：「光明御史！納命來吧！」才剛講完，沒料到旁邊一道黑影疾速奔近，原來是帝釋天也跟著加入戰局。

眼前的禍患迫在眉捷，刑天曉得自己若不閃躲，恐怕受二人夾擊重傷，奮力向上一躍，往樹幹跳去，想找機會擊斃敵人。

帝釋天右手一招，劈出戰天斧砍：「哼！往哪裡跑？」刑天當機立斷，忽結個靈訣喊：「神隱霧遁之術！」帝釋天驚喊：「可惡！想逃？」不料敵人使用瞬身移位之術，影子連閃幾閃隨著煙灰消失，手中的戰天斧把大樹劈成兩半，枝幹斷裂，向下墜落。

刑天的身形極快，白色光影如一枝穿雲箭飛過，阿修羅忽感覺背後掌力生風，回頭驚看，竟是敵人從上方躍下，避之不及，只得舉起三叉鋼戟抵擋：「糟糕！那小子在背後？」刑天疾如飛鳥撲下，二人的武器相撞，激起火花，那勁勢如旋風一般將二人彈飛開。

阿修羅沒料到對方突然現身，索性自己的內勁極為凌厲，靠著機靈化開敵方阻力，饒是如此，也被震得隱隱做痛。帝釋天見有機可趁，舉起戰天斧往敵人的天靈蓋劈去，刑天用如意風火輪抵擋，身子向後滑行數丈，化開攻勢：「糟糕！這場戰鬥對我不利！」

帝釋天巧遇仇敵，趁勝追擊哪裡還肯輕易放過對方？揚起戰天斧再次劈下：「哼！光明御史你納命來！老夫是索債討命的，生平最恨膽小之徒，你這畜牲既只會逃，就快橫刀自斷！」

刑天一個翻身滾避，用如意風火輪護住胸膛：「你有本事就捉住我！」帝釋天聽了這話，氣得大罵：「賊廝去死！」刑天使出渾身解數：「御光術！神隱霧遁！」千絲萬縷的灰煙忽環繞周身，飄盪散盡，晃眼一閃又不見踪影。

帝釋天氣得滿面通紅，只不過敵人的瞬身術神通廣大，一時竟也奈何不得：「你這小伙子死有餘辜，待老夫先捉住你，再一爪捏碎手骨和腳骨！」當下仍不死心，把戰天斧左揮右舞，誰知道忽聽得唰一聲響，右臂突然被如意風火輪劃了兩道傷痕：「可惡！小子你有本事！」

阿修羅也曉得敵人的神隱霧遁之術非常厲害，在旁觀戰，思索：「該如何破解那術？」帝釋天的傷口灼熱紅腫，忍痛將衣袖裹護傷勢：「可惡！這般邪術！」

刑天的瞬身術雖然厲害，無奈靈能和體力消耗極劇，當下也跟著感覺五臟六腑倒轉一般，幾乎喘氣不過：「糟...糟糕！必須盡快結束這兩人的性命！」當下不願戀戰，手中的如意風火輪忽然冒起一團紅煙，喊道：「魭龍！」

金箍鐵環燒成一團烈火，天空下焰氣衝天，紅雲旋起，突然一隻龐然大物的鼻子冒著濃煙，身軀盤踞在整座樹林。帝釋天和阿修羅見這情景不敢大意，抬頭緊盯：「可惡！想用四象獸來對付我們？」

幾隻雀鳥振翅飛逃，巨龍的身軀蜿蜒於雲端之間，龍尾一擺，竟將幾株樹木吞在火焰。驚鳥四散，天空的浮雲被燒紅了半邊，帝釋天看見敵人喚出山靈獸，急喊：「力神！快使用符紙擾亂氣候，替老夫造出雷雲！」

阿修羅早被同伴弄得心中不暢，此時哪來心情想要團結？一邊盤算計策，一邊閃躲火焰：「這隻山靈獸的屬性是火，靈符爆破恐怕對牠起不了多大作用。」

帝釋天見同伴對自己絲毫不應，只裝聾作聽不見似的，憤怒喝叫：「力神！快守住旁邊！左右夾攻，逼他就範！」刑天曉得兩個仇人與自己狹路相逢，絕不肯輕易放過，思索：「若是能跟他們拖延時間，捱到白雲郡主和援兵趕來，就可聯合軍隊將這兩個狩獵者一網打盡。」

這計謀果不出所料，森林中飛鳥獸散，炙熱的火焰和黑煙籠罩八方，三人的行踪很快就被侍衛察覺。白雲齋、崑崙和嬋的旗下帶領千餘人馬，阿修羅瞥頭一看，忽見山坡遠處有軍隊衝來，幾個侍衛喊叫：「快追快追！拿住狩獵者！」、「白雲大人有令！千萬別讓敵人逃跑了！」

許多士兵各執刀械，搜捕的消息似乎已經轟動了軍隊，阿修羅看了稍感驚詫：「可惡！消息真是靈通？」帝釋天的性子固執，滿身銅筋鐵骨欲意施展，一見四國聯盟的援兵趕來，氣得怒罵：「哼！你們這些卑鄙小人，便是來一百個圍攻一個，老夫也全然不懼！」

且聽樹林中喊聲連天，許多侍衛各執刀槍，有大群人拿著團牌和弓箭飛趕來。刑天有意拖延時間，揮舞如意風火輪，前後攻防喊：「虓龍！用火柱圍困他們！」

可見巨龍盤旋在半邊山崖，尾端橫掃之處都被火焰吞噬，烈焰壯觀。成群的飛鳥不計其數，振翅飛出山林逃難，那山坡頃刻之間就被燒得一脈通紅。阿修羅見火勢迅速蔓延，煙霧瀰漫，轉眼就要燒到附近，盤算：「可惡！此地不宜久留！」帝釋天卻全然不懼，握著戰天斧對刑天喊：「小伙子！老夫勸你還是早點認命吧！再閃再躲還不是只能討饒？快接老夫一招，叫你死個痛快！」

此番火勢非常危險，許多侍衛沿著茂密樹林追趕來，刑天驍勇過人也沒在懼怕，對二人說：「你們不要再做無謂的掙扎，這場戰役，狩獵一族已經輸了。」帝釋天聽了非常憤怒，揮舞戰天斧：「看老夫斃了你！」

刑天使用如意風火輪試圖抵擋，二人的招數均是攻前後防，防中帶攻。只聽耳邊咻咻幾聲，帝釋天使一招霸王解甲，鐵斧往敵人劈去喊：「受死吧！」刑天感覺迎面一股勁風，幾乎壓得胸口喘不過氣，腳下一退，向後滑開：「你們輸了！」帝釋天仍不為所動，再使一招旋風錘劈下：「你若知趣，就快自己了斷吧！」

二人近身搏鬥，驚險萬分，似乎只要稍差幾吋，就有可能會命喪黃泉。索性刑天仗著神隱霧遁之術躲過攻擊，換作常人，免不得早被戰天斧劈開兩半。

阿修羅聽到背後傳來喧譁聲響，回頭一望，驚見白雲齋、崑崙、嬋、風羌、雷昊和笙帶領大批軍隊趕來，忍不住罵：「可惡！運氣真差！」咬牙切齒，雙手立刻從口袋抄出幾百張文帖叫：「秘遁！靈符爆破！」帝釋天怒睜圓眼：「可惡！力神！慢著！」刑天聞到一股硫磺味，頓時領悟：「糟糕！他想逃跑！」

眼前突然散發出萬道紅光，岩石和樹幹均被引爆符炸得沖上天空，煙霧朦朧，瀰漫了整座樹林。帝釋天和刑天被那火焰符的威力震飛四丈，五臟六腑幾乎顛轉，二人抬起頭看，附近的野花野草全都淪陷於火海之中。

帝釋天吐一口橫沫，怒罵：「咳...咳咳...這些東西！全沒用處！」刑天勉強爬起：「呃...呃...」帝釋天濃眉怒視：「下次再找你算賬！」此刻也無暇再多說什麼，轉過身往山坡下撤退。

刑天被震得頭昏腦脹，一手按住大腿，忍痛想站起身：「可...可惡...太大意了...」

白雲齋和崑崙首先趕來：「刑天！原來你在這兒？」、「白雲老兒，看來這下子可將真相查個水落石出了。」刑天咳嗽：「白...白雲大人！」白雲齋鐵青著臉：「刑天，幽御史怎麼會被殺掉？盤岩宮那邊究竟發生了什麼事情？這些你最好立刻交代清楚。」

刑天指著南方：「帝...帝釋天！」白雲齋立刻醒悟：「崑崙！先緝兇要緊，這邊交給軍隊處理！」崑崙點頭：「俺隨你去追擊！」轉過頭來，又吩咐：「蓬萊御史！幽是怎麼死的，待會兒你最好給俺一個交代！」講完，幾粒碎石滾落山谷，二人追著帝釋天跳下斜坡：「快追！」

刑天將如意風火輪縛入腰帶，虪龍瞬間化成煙霧，風消雲散。正想喘口氣歇息，遠遠又見幾人奔來，海棠喊：「找到他了！」

風羌驚見刑天，怒叫：「嬋大人！是那叛徒！」嬋抄出鴛鴦鉤：「蓬萊御史，在盤岩宮攻城的時候究竟發生了什麼事情？有情報指出你企圖叛亂，幽御史被人殺害，鐧鐮刀也被奪走，這事情究竟怎麼回事，請你交代清楚。」刑天咬牙切齒：「我沒有殺害幽！」

風羌指著對方的腰帶，驚叫：「嬋大人！是如意風火輪！」嬋問：「蓬萊御史，是不是你殺害了雷烈？」刑天有口難辯：「我沒有！」

話才說完，眼前忽有一排鐵椎橫列飛來，刑天正全神貫注和嬋說話，見那暗器射到，來不及閃，揚起如意風火輪彈開：「快住手！」

鐵椎擊在地上，又有十幾枚尾隨而上，刑天防守嚴謹，把掌風貫著內勁一揮，護住週身要穴：「翠雲少主！請聽我說！」

雷昊把雙手抄進暗袋，十指挾著鐵椎，衝上：「蓬萊御史！快將如意風火輪歸還給我！」刑天曉得那暗器厲害，勢如疾風，用萬古神器將鐵椎彈飛：「可惡！看這情況，再怎麼解釋都毫無用處了。」

笙也拿著一柄寶劍，加入戰局：「你欠我爹和幾百條侍衛的性命！我要你用命來償！」

「笙！快離開戰場！」雷昊知道敵人厲害，因此出招絲毫不敢手下留情。事出倉促，刑天來不及躲，踏個斜萬勢閃掉三枚鐵椎，肩膀不慎被笙的長劍刺中，強忍著痛從旁飛掠：「你們不把來龍去脈調查清楚，就隨意誣陷於人嗎？

」笙怒叫：「少囉嗦！替我爹償命！」四顆掌心雷忽擲出左手，刑天詫異：「咦！什麼？」急把長袖旋圈一轉，彈飛暗器。那幾枚爆彈炸在衣甲，燙得焦紅，長袖立刻捲起毛球。

海棠一個飛身，擋在嬋的面前：「蓬萊御史，你為什麼要背叛四國聯盟？」刑天忍怒：「我沒有！」風羌喊道：「你別胡說！雷烈郡主是被四象獸的火焰術所燒死，你搶奪了翠雲少主的如意風火輪，證據確鑿！還不認賬？」刑天額頭滲汗，冷靜道：「這件事情說來話長。」笙滿眼流淚，哭喊：「你...你怎麼能狠心殺掉我爹？」

風羌抄出弓，四枝疾箭射向敵人：「蓬萊御史！乖乖束手就擒！」嬋驚喊：「風羌！別傷他性命！留下活口！」索性箭剛離弦，敵人也已警覺，刑天立刻抄出如意風火輪做擋箭牌：「看來再怎麼解釋，你們都不會相信我了吧？」雷昊突然追上，揮刀砍向肩膀：「速將如意風火輪歸還！」

刑天舉起如意風火輪一擋，猛覺彈力甚大，向後滑行：「住...住手...」忽見笙從旁追來，抄出袋中一顆葫蘆大小的鐵球喊：「替我爹償命！」嬋和雷昊驚見攔阻：「翠雲公主！不可魯莽！」、「笙！快住手！」笙眼眶泛紅，喊道：「轟天雷！」刑天睜大雙眼：「糟糕！神隱霧遁！」

眾人猝不及防站在遠處觀戰，見那爆彈籠罩一層灰霧，火焰耀閃。千丈沙塵捲著碎土，岩石均是崩成粉碎，雷昊驚叫：「笙！」

轟隆聲響，有個黑影隱隱而現，笙的近處飄蕩著無限風沙，緩緩走來：「可...可惡...讓他逃掉了...」嬋也追趕來喊：「風羌！快看她情況如何？」雷昊衝向前扶穩妹妹：「笙！妳怎麼樣？」

塵土彌漫，也分不出東西南北，這場爆炸震得眾人頭昏目眩，風羌忍著憤怒：「真是不妙，又讓他逃掉了！」海棠道：「嬋大人！我立刻分派士兵去搜！」嬋點頭：「動作要快！」笙咬牙切齒：「可...可惡...」

嬋轉過頭環顧周圍燒焦的樹木，思索：「盤岩宮那邊...究竟曾發生過什麼事？」

第十二章 翠雲郡主之死

刑天消耗了大量體力，向前飛奔，沿途盡是連綿不絕的焦樹，也不曉得逃到了何處。眼下的天空雖然日陽艷晒，自己的心卻冷得如同掉在冰窖似地：「現...現在沒有人會相信我了！」回頭再看，索性嬋、風羌、雷昊和筀都沒有追來，腦海中回憶先前筀抱著雷烈，滿眼流淚的畫面：「爹！爹！」崑崙詫異：「發生什麼事情？」嬋暗嘆一聲：「雷烈死了。」崑崙驚問：「什麼？」

追憶到此，再次想起幽均是慘死在這場戰役之中，刑天的內心忍不住感傷：「我絕對要查出真相！」

回到眼前，望見不遠處的山嶺有個黑影沿著樹林奔馳過，起初還以為只是野馬，細看清楚，驚喊道：「是狩獵者！」刑天不敢耽擱，一個飛身追趕過去：「這次別想逃掉！」

自從符爆師阿修羅和幻獸師帝釋天逃脫之後，二人曉得四國聯盟的軍隊片刻就會被牽引過來，因此分開逃亡。

阿修羅擔心會誤觸陷阱，唯恐敵方士兵在空曠地掘土挖坑，因此沿著山勢繞了半圈逃亡，沒想到幾時突然有人從背後追上，原來是刑天趕到：「別想逃跑！」阿修羅感覺敵人的身影瞬間拉近數丈，顯然輕功造旨極高，當下揮舞手臂，一股雄勁掌風源源逼去：「可惡！不知死活的東西！」刑天的手腕一轉，想要擒拿對方關節：「符爆師！快快束手就擒！」

阿修羅雖然武藝高強，見敵人攻來，也忍不住心裡揣測：「不曉得四國聯盟在附近是否有埋伏守候？敵眾我寡，休逞一時之氣，免得賠上性命。」正想逃跑，忽然轉念又想：「哼！人家總是因為戰神的名號響亮，這才對我另眼相待。如今這個光明御史追殺來，我若逃走，豈不真叫人家看走了眼？」想到這邊，心中愈是氣憤：「休管這些光明御史是什麼來頭，再怎麼說，我力神也是錚錚一條好漢，如今要我自個兒逃走，就算日後僥倖存活，在戰神面前可也不能稱心度過下半輩子！」當下似乎也不再膽怯退後，使一招神形佢滅，雄勁掌風向前掃去：「該束手就擒的是你！」

要知道高手廝拼全仗心思專注，差之毫厘便可分出勝敗，實在半分大意不可。眼前明知道敵人全力攻擊，阿修羅卻毫不閃避，使出畢生絕學反擊，二人四掌相交，氣勢猶如萬馬奔騰，震撼天地。霎時之間，二人均向後滑行幾丈距離，勉強定住腳：「好個蓬萊御史！」講完，吐幾口鮮血，臉上表情驚怒交集，這下子給那內力一震，終究還是受傷不輕。

刑天見他出手狠辣，索性迴避得及，否則被那雄勁掌風掃到，恐怕筋骨寸斷，暗想：「這個符爆師沒有幻獸師隨行，我不必擔心他們會喚出雷鳥。眼下必須先除掉這人，倘若有幻獸師在這附近，又讓這個符爆師製造出氣溫變動，雷鳥再被召喚出來，可就後患無窮。」

阿修羅一時還摸不清楚敵人拳路，內心思索：「可惡！這小子的動作太過矯健，必須想個辦法阻止他使用瞬身術！」刑天道：「力神！你現在時運不濟，千萬別逞血氣之勇！否則被我砍手斷腳，可不划算！」阿修羅憤怒：「你說我時運不濟？胡說八道！」刑天反駁：「剛才找到破綻反擊，算你好運！再中我一招瞬身術的攻擊，可沒這麼幸運！」

半空中一股暖風迎來，阿修羅忽抄出三叉鋼戟劈空砍下，索性刑天及時滾避，幾株大樹的枝幹被削橫飛，阿修羅想搶先機，毫無半點仁慈之心，一昧猛刺：「光明御史！接我一招！」才剛講完，不料敵人隨著煙霧消散，電光火石之際，背後忽然有股無形氣勢接近，仿彿千斤墜頂壓得自己無法招架：「什麼？」

阿修羅抄起三叉鋼戟防禦，如意風火輪與自己的兵器相撞，立刻震得氣血翻湧，雙腳又向後滑行數丈彈了開，險些跌倒，索性找到煞腳之處才勉強凝定。當下一個分神，竟又被敵人搶奪了先機，險些送命，阿修羅試圖拖延時間看清楚對方拳路，再想辦法找出那瞬身術的破綻。

話說這個神隱霧遁之術的真正威力，要旨不在口訣秘竅，也不仗內力精純，乃是靠著速度取勝。因此儘管施術者不懂任何武藝，也能靠著偷襲佔盡先機，更何況刑天還是四國境內一流的武行者？精妙的拳術再加上還能自由駕馭瞬身移動，出招時可以藉由矯捷之勢，將殺傷力傳達到八方極地之遠。

回到當下，刑天見敵人被逼得躲躲閃閃，心中更是快意：「力神！你怎麼還不攻過來？」阿修羅悶哼一聲，想尋找應敵之策，但瞧那瞬身術愈閃愈快，破綻幾乎是稍縱既逝，當下曉得自己若是隨意反擊，沒拿捏精準恐怕反被打成重傷：「可惡！難道老天爺真的竟連一次成功的機會都不給我？」

這個時候，忽然聽見咻咻聲響，許多士兵把羽箭射來，阿修羅仔細一看，才發覺自己誤闖了四國聯盟的駐兵範圍之內。眼看那附近築有瞭望台，若再不逃，恐怕被伏兵四面圍攻，横在血泊裡作了刀下冤魂。當下忽然飛開腳步，東穿西梭的衝入人群：「狩獵族的力神在此！誰人想要拿我性命的？快追過來！」

各隊伏兵見敵人落入陷阱，打算四面圍攻將他堵死再絕性命，紛紛爬下瞭望台喊：「快捉住他！快捉住他！」

刑天把這情勢看在眼裡，一見阿修羅從口袋抄出符帖，立時恍然大悟：「糟糕！大家快撤！」

四國聯盟的伏兵見那狩獵族的幻獸師被眾人圍困，紛紛擺出天羅地網的槍陣想攔截，簡直就是疏而不漏：「快殺掉他！」阿修羅見伏兵圍攻自己，滿臉歡喜：「別說我沒給你們機會逃命！」

刑天曉得那符帖若是引爆，肯定把所有伏兵炸得血肉模糊，即刻想阻止敵人使用靈符，雙手結印喊個靈訣：「神隱霧遁！」

千絲萬縷的灰煙飄散開，刑天連閃幾閃飛到面前，舉起如意風火輪要砍敵人手腕：「快住手！」阿修羅冷笑：「來得及嗎？」

忽見前方散發出萬道紅光，塵土被引爆符炸得沖上天空，煙霧朦朧，瀰漫了整片樹林。那火藥爆炸的威力石破天驚，混亂中也不曉得誰被符帖炸到，幾百個侍衛震出五丈之外，騎在馬鞍上的弓兵也紛紛跌落

灰土塵揚使眾人變得目力不濟，一片黃土自半空中襲捲而來，吹起旋風，把周圍搞得天昏地暗。

僥倖沒被炸傷的侍衛驚慌起來，喊叫：「不好啦！有風沙來了！」、「是沙塵暴！大家快逃！」話剛講完，那混濁的沙塵早就佔領了半片土地，許多坐騎受了驚嚇四處亂闖，有人驚喊：「快脫下外衣！罩住眼睛和鼻子！」漫天塵土，忽然飛出幾十根羽箭從天墜下，有人倒地不支：「快撤！快撤！」

四國聯盟的伏兵原本想用箭陣截住敵人，遇到沙塵暴卻衝也不是逃也不是，阿修羅用符爆術產生氣溫變動，隨即又搶了羽箭亂擲，幾枝飛箭沖天墜下，竟將伏兵刺成重傷。

士兵好不容易有機會逮住敵人，卻被風沙的險境時來逆轉，援兵紛紛中箭倒地，血染衣紅。混亂中有人倉惶跌倒，死者和傷者不計其數：「快找掩護！快找掩護！」侍衛彷

佛撞著冤家，眼澀咳嗽又急要脫身，無奈目力不濟只能被殺得屍橫滿地：「羽箭！大家小心羽箭！」

滾滾黃沙，煙霧中竄出兩個黑影，狩獵族的羅裟和喇珈趁著風大，殺進人群：「蛇王！我要施術了，快用毒物掩護我！」、「艷屍，你想跟這些男人做一些風流韻事嗎？」伏兵忽見敵人闖入，輕弓短箭嚇得亂丟：「啊！有奸細混入！」有士兵各放數枝弩箭，喝叫：「快！快撤退！」

「哈哈哈！四國聯盟跟我們狩獵族有何嫌隙不可化解？」喇珈咧著一張闊嘴大笑，伸手往褲袋一摸，掏出幾隻彩豔奪目的蛛蠍：「來吧！大家鼓掌！快樂的時光結束了！」

幾個伏兵忽然感覺手臂發麻，低頭見蛛蠍用倒鉤的長鉗刺入皮膚，知道是中了邪術，嚇得滿地打滾：「啊！救命啊！」

喇珈把雙手合攏搓了幾搓，刺破中指，以血餵食：「這種毒蟲是蠍子、蜘蛛和蜈蚣的交合，聚集天地戾氣而生，在淫毒濕熱之地才能找到。任何毒蟲都沒牠狠毒，無論什麼鳥獸沾上即死，就算佛祖出世都難將牠制服啊！哈哈哈！」士兵嚇得魂飛魄散，怪叫：「真是邪門！大家快逃！」

羅裟忽然走到面前，掀起衣裙笑：「你們想逃去哪裡？」

士兵見對方脫衣解履，一絲未掛愈顯得玉乳纖腰，嚇得不敢直視：「千萬別看著她的眼睛！」幾個士兵來不及反應就被妖法迷倒，見對方的身材婀娜多姿，目眩心搖，連命都不打算要了：「神...神...神仙姑娘！妳如願意，咱們任妳擺佈吧！」

羅裟「嚶」的一聲，吐出無限深情的嬌呻軟語：「冤家！你們真的無情無義，狠心殺得了我嗎？」

那群士兵酥痲痲地如饞貓一般，心搖神蕩，早已急得心癢癢沒個搔處：「咱們疼都來不及，哪裡狠心殺得了神仙姑娘？」

羅裟的長相非常妖豔，披髮裸身，媚眼盈盈的邊躲邊媚笑：「冤家！你們分明是想害我，還說真愛呢！這樣愈不依你們了！」眾士兵立即跪倒，起誓道：「大...大家蒙神仙姑娘濃情垂愛，如若負心，即使死在神仙姑娘的手中，也是心有所甘！」羅裟滿面嬌嗔：「還說真心愛我呢，你們互相都想與我快活，不會爭風吃醋嗎？」

眾士兵聽見這話，妒火燃燒，紛紛開始反目成仇：「神仙姑娘是我的！誰敢跟我爭？」、「男歡女愛各憑心願，神仙姑娘是真心愛我，你們再騷擾她，休怪我無情！」、「什麼？你們敢跟我搶奪？休想沾染神仙姑娘！我跟你們拼命了！」

喇珈面現鄙夷之色，在旁冷笑：「不識羞恥！簡直就是鬼迷了心，哪裡來這許多相偎相抱的無恥之徒？艷屍！想不到妳年紀輕輕，已有這麼深的道行，對這些狐群狗黨倒是用了不少迷人手段啊！」羅裟用妖攝術將士兵迷倒， 媚眼笑：「反正這些人早晚都要死，何不讓他們快活一點？」

天空刮起一陣陰風，煙雲散盡，那沙塵暴忽然收住。正在此時，塵土中現出一個黑影，阿修羅披散頭髮走了過來：「你們兩個看見了我的符爆術？」喇珈笑問：「事情難料，力神居然也會被逼得使用符訣了？」阿修羅悶哼一聲：「那是我時運不濟。」

原來，自從鬼門關被敵人攻陷之後，狩獵者陸續逃亡。羅裟和喇珈正巧來到附近打算埋伏設陷，忽見遠處有爆炸，認得那是符帖的威力，飛趕來才曉得是阿修羅被士兵圍攻，因此出手相救。

喇珈又問：「那些殘兵該如何解決？」羅裟笑：「不如就讓他們自相殘殺吧！」

阿修羅曉得若是四國郡主召喚靈獸追殺來，三人決難抵敵，立刻對同伴吩咐：「沒空理會這些士兵，趁著四國聯盟的援軍還沒趕到，我們快點撤退！」

眼看附近煙塵起處，火焰如雲柱一般的竄上天空，駐守在樓台的士兵被引爆符炸個血濺滿身，還有人被驚慌的座騎踏中，簡直就是屍橫遍野，慘不忍睹。

話說龍脈長城邊境的這個遺址是片樹林，若有弓兵埋伏，無論逃往何處總是死路。阿修羅用符咒引爆，已經除去大半數的障礙樓台，這地方變作曠地更容易被人圍攻。如今情勢混亂，若是四國聯盟的郡主召喚靈獸追來，立刻能把自己圍在核心。雖然狩獵族全都是一流的武行者，靠著靈符咒術還可以略占優勢，只不過敵方的伏兵人數眾多，若不趁早另尋道路，只怕耽擱久了，等到這地方的瞭望台和障礙物全數被火燒毀，三人勢必被殺不可。

阿修羅先前一個分神，竟被刑天略搶先機，險些送命。眼前已經誤闖入了四國聯盟的伏兵範圍，心裡曉得若非再鬥個你死我活，敵方豈會輕易放過自己性命？趁著支援的士兵還未擺出天羅地網的槍陣攔截，喇珈笑問：「怎麼？力神，你打算要替我們開條道路了嗎？」阿修羅吩咐：「讓開！」說著，從口袋掏出兩張符帖，雙手合攏搓了幾搓：「風向符咒！沙塵爆！」

北方大風忽然把塵土吹得遮天蔽地，在場的士兵視力難濟，均被飛沙弄得灰頭土臉，有人喊叫：「沙塵來了！沙塵來了！大家快撤退！」、「哎喲！這風好大！」

這地方乃是龍脈長城的邊境，北部多為乾燥地區，到了寒冬季節，時常遭到冰雹干擾，夏季則是風沙遮天。阿修羅用符爆術產生氣溫變動，牽引出的風沙把方圓二里之內吹得塵霧漫天。喇珈和羅裟見道路中央現出一條縫隙，笑道：「走吧！」

三人仗著那風沙掩護，搶了坐騎往馬臀疾鞭一抽，飛快往遠方奔去，轉眼間就不見踪影。

四國援兵的視線均被風沙阻擋，因此全然不知，不少士兵仍被羅裟的幻術迷惑，舉起兵刀砍向同伴：「想搶我的神仙姑娘？別逃！」、「我跟你拼命啦！」有同伴試圖攔阻：「你們幾個被妖女迷惑了！快點停手！」

這個時候，沙塵暴逐漸消散，刑天全身血跡走出煙霧：「可...可惡...逃走了嗎？」眾士兵見他血流滿面，均是詫異：「刑...刑天大人！」刑天披頭散髮望著眾人，心想：「此地不宜久留，我必須快點離開才行。」眾士兵見到這個御史，內心均如吊桶打水七上八下，開始擔憂：「現...現在該怎麼辦？」

說時遲那時快，不料混亂中突然有一條索子打個圈兒，從半空飛來，人群中有男子喊：「快收！」刑天抬頭一看，急忙把如意風火輪劈去，勁力到處，索子斷成兩半：「誰想趁隙偷襲？」不料話剛講完，許多繩索在空中轉個圈兒，又飛過來：「快攔住他！」

刑天踏著快步迴避，心想：「糟糕！是崑崙郡主的軍隊趕到了？」眼看周圍的士兵陸續迴避，現場再沒掩護可遮，看準一處曠地滾了過去，不慎地上埋伏幾條繩子，左足立刻被一條鐵索纏住，劇痛難當：「糟糕！是陷阱！」附近喧聲鼎沸，許多援兵圍捕過來，歡喜喊：「啟稟崑崙大人，我們捉到他了！」

刑天情知中計，立刻揮舞如意風火輪去斬繩索，不料背後又有索子轉圈飛來，套上了咽喉，愈拉愈緊，當下只覺得頸部難過：「呃呃...」急忙伸手扯住那繩，往斜邊用力一甩，僥倖掙脫了開：「糟糕！看來援軍陸續趕上了！我得快離開才行！」

有士兵見他輕易掙脫鐵索陣，嚇得臉都蒼白，退避開：「他掙脫啦！索子鎮不住他！」刑天飛身往前一衝，不料這時撲個照面，突然有個黑影迅速擋住面前，猝不及防，舉起如意風火輪抵擋：「什麼人！」白雲齋忽然閃到面前，攔擋去路：「叛徒！想往哪裡走？」

刑天沒料得竟是自己的郡主，嚇一大跳：「白雲大人！」白雲齋毫不手下留情，伸手來抓，「噗」一聲插入肩膀。

刑天被逼不過，忍著肩痛跪在地下：「白...白雲大人！」白雲齋勃然大怒：「刑天！你為什麼要殺掉幽御史，搶奪如意風火輪，並且又背叛四國聯盟？」刑天的心中千言萬語，一時卻也說不清楚：「不...不是我...」白雲齋道：「當時有士兵通報在盤岩宮的戰況，你用乾坤圈召喚出蟠蛟，試圖攻擊自己人，然後又殺死了幽御史，你還不認罪？」

刑天原本顧及對方的感受，想是魄狼背叛四國這消息一旦洩漏，肯定會對蓬萊國造成不小影響，並且影響白雲齋的聲譽，因此想親自先將魄狼捉拿歸案，再將事發經過解釋清楚。沒想到現在竟然連白雲齋都懷疑自己是殺人兇手，顧不得忍隱，急要解釋：「啟稟白雲大人！魄狼御史才是真正的兇手，他從我這搶奪了混天乾坤圈，在盤岩宮引起騷動，並且殺害了幽御史！等我將他捉拿歸案，一切就能水落石出！」

白雲齋臉色一沉：「明明有人看見是你出手在先，你還想嫁禍於人？」刑天忍著痛道：「我沒說謊！」白雲齋厲聲道：「證據確鑿，還要狡辯？那麼搶奪如意風火輪一事，你又該如何辯解？」刑天的心中頓時冰涼：「我...我...」白雲齋把五指力量倍增，硬是往對方肩膀壓下：「我如今嚴厲待你，為得是要整頓軍心。你既然有心叛離，就應該早有受死準備！」

刑天聽見這話，心如刀割，肩骨受損更是疼痛：「啊！」崑崙追趕來喊：「白雲老兒！留下性命！俺還有事情要他交代清楚！」

刑天先前為了搭救四國盟軍，不慎誤中了阿修羅的符爆陷阱，後來白雲齋和崑崙原本是要追殺帝釋天，卻在不遠處看見狩獵者引爆符的煙霧。因此二人趕緊轉向，率領許多侍衛擺出陣的隊形。此刻就算刑天武藝再高，被逼到死角也是無法迴避，只要時間拖延得久了，勢必被捕。

隨後一股暖風迎面撲來，嬋和兩個隨護也帶著天山國的士兵追趕上：「海棠！風羌！快擺出箭陣！」海棠呼喊：「眾兵聽令！」風羌也叫：「擺陣！」士兵紛紛把手執起弓箭，警戒嚴守：「遵命！」

刑天勉強支持，身體也幾乎打熬不住，低頭望見頸上的木圈項串，那是幽臨死之前託付鯀交還給自己的重要信物，忽然有一股強烈的念頭在心中打轉：「我還不能死！」眼神堅決，結個靈訣喊：「神隱霧遁！」

嬋、崑崙和白雲齋均曉得敵人想逃，面容驚變：「糟糕！快阻止他！」刑天向後一退，全身忽變成千絲萬縷的灰煙，飄盪散開：「白雲大人！恕我得罪！」轉瞬之間不見踪影，待得眾人再想從旁圍攻，刑天已經連閃幾閃隨著灰煙消失。

風羌咬牙切齒：「可惡！讓他逃掉了！」海棠暗嘆：「真不愧是傳說中的瞬身術，看來已經無法阻止刑天御史叛變了。」風羌憤怒：「這樣下去，四國必會爆發內戰，又要開始引發另外一場戰爭了！如果蓬萊御史打算要引發內戰，奪取政權，就只有把叛徒給處理掉，為了避免造成境內的混亂，必須盡早應對策略！嬋大人！事態不能遲緩，我們必須及早先下手才行！」

嬋道：「風羌！昔日的盟友不該用刀劍來解決問題，況且對手乃是蓬萊御史，也不是簡簡單單就能應付，應該還有其它應對的辦法才對。」

這個時候，雷昊、笙和翠雲國的士兵也陸續追到：「三位大人！」

嬋、崑崙和白雲齋都知道這兩個兄妹才剛失去父親，心中難免感傷，安慰二人道：「翠雲少主、翠雲公主，你們二位不要擔心！我白雲齋以蓬萊郡主之名起誓，絕對會將刑天那個叛徒捉拿歸案的。」

笙咬牙切齒，不甘心問：「為什麼？為什麼他要背叛我們？」崑崙道：「翠雲公主，小不忍則亂大謀，眼下戰爭還沒完全結束，千萬不可輕舉妄動，以免壞了大局。」笙忍怒：「等捉到了他，我要親手殺了他，給爹爹和幾百名侍衛殯殮祭拜！」

雷昊裝束威嚴，走過來喚：「笙！我們不能擅自作主，眼下能做的只有協助三位大人征戰了，判罪的執行應該要由白雲大人來決定，畢竟刑天乃是蓬萊國的御史。」笙瞪視一眼：「哥！那個叛徒根本就不是什麼御史，而是禽獸！冷血刻薄的禽獸！他不只害死爹！還殺害了許多侍衛的性命！」

海棠安慰：「翠雲少主、翠雲公主！在這段非常時期，我會懇請嬋大人給予你們翠雲國任何協助，一旦捉到了刑天御史，我們會立刻通報你們，也會將他逮捕治罪。」風羌道：「海棠，按照軍隊的規矩，無論百姓還是御史犯了叛國之罪，均要嚴格處辦，叛逆者必須處以死刑才行。」海棠點頭：「這話不錯，但是目前的真相還未水落石出，我們不能隨意治人死罪。」嬋道：「風羌，海棠說得不錯，真相尚未水落石出，我們不能妄下斷言。」

話說光明御史的職責乃是守護四國郡主和萬古神器的安全，眼看昔日盟友忽然背叛了軍隊，潛在威脅逐漸形成。白雲齋臉色鐵青，朗聲道：「各位別擔心，無論如何，蓬萊國一定會想辦法將那個叛徒捉回來審治。」嬋道：「姑且別論誰對誰錯，畢竟解鈴還需繫鈴人，這事情的起因既是由蓬萊御史開始的，我們必須要找到他，才能質問清楚。」

白雲齋暗嘆口氣，心情沉重道：「就可惜我這個叛徒心懷叛逆，若非是他搶走了翠雲少主的如意風火輪企圖造反，也不會害得幽御史和雷烈死於非命。說起來也算得上是蓬萊國間接牽連了四國盟軍遭殃受禍，擾亂天下安寧。日後就算翠雲國、鬱樹國和天山國不除滅他，我以蓬萊國郡主的身份也必須殺掉他才行。」崑崙拍肩膀道：「白雲老兒你別自責，俺完全沒有怪罪你的意思。」

白雲齋轉過身面對士兵，振臂一揮：「蓬萊國的士兵聽令！趁著那些狩獵者還未逃遠，全都趕緊回到崗位防備！無論死活，一定要將他們全數緝捕！」海棠問：「白雲大人，斗膽請教您有什麼策略？」白雲齋回答：「眼下的鬼門關、雪嶺和盤岩宮已被攻陷，四國聯盟仍舊還擁有十萬大軍的兵力，就算那個帝釋天想再聚集餘黨協助，也需耗費大半光陰。我們必須趁勝追擊，在半路設伏，並且掘坑挖道，想辦法用壕溝隔絕掉他們的餉道，待得狩獵族的糧源一斷，那肯定是軍心動搖，趁這機會就可以把他們一網打盡。」

眾人聽了均想這戰略高明，暗暗點頭：「狩獵一族的軍隊，後無援兵，運糧的通道再被盡數斷絕，肯定會被我們殺個屍橫遍野。」

海棠繼續又說：「嬋大人，雖然鬼門關和盤岩宮均都已經被我們四國聯盟的軍隊給攻陷了，只不過戰神帝釋天和力神阿修羅仍舊再逃，若不及早捉到他們，日後恐成大患。

」嬋點了點頭：「咱們必須趕緊先回到天山懸樓殿，安撫軍心，再想戰略該如何搜出狩獵者的殘黨。」

崑崙問：「嬋，這次在鬼門關耗損的兵力最為嚴重，妳失去大半軍隊，有沒有需要俺協助的地方？」嬋點頭：「崑崙，我會負責分派天山國的士兵在附近設陷掘濠，想辦法斷絕狩獵者的餉糧。若是讓帝釋天東山再起，一再促戰的後果恐怕仍舊會讓雙方死傷慘重。因此我需要你們的協助，調派士兵守住四國的前哨防線，我的軍隊才能安心偵查。」

言下之意，是希望蓬萊國和鬱樹國能夠盡速分派一些士兵在天山懸樓殿幫忙駐守，免得敵人趁著自己兵力薄弱之時，用閃電戰術攻下邊疆重鎮。畢竟崑崙和白雲齋曉得天山懸樓殿的地勢易守難攻，狩獵者曾多次攻打都是屢敗失利，因此各國原都不願意耗費兵力駐守。後來雷烈調派了雷昊和笙幫忙鎮守，誰曉得雷昊卻擅自帶著如意風火輪離開崗位，才會引發一連串的悲劇。

回到眼前，遠遠聽見天空傳來炮響隆隆，旗幟飄揚，山邊有胡笳吹筒的士兵搖旗吶喊，原來是眾人調派的軍隊迅速回防。再說四國聯盟這些軍隊長年追隨郡主打仗，要在短時間內遷移陣地並非難事，因此遇見突發狀況也能很快反應，動作毫不含糊。

眼看眾人正要撤軍，這個時候忽然聽見有聲音喊：「笙！別做傻事！」雷昊伸出雙手，攔腰抱住：「不能去！」笙揩抹淚眼，掙扎：「放開我！我要去找那個叛徒！把來龍去脈搞清楚！」雷昊費盡氣力，攔阻：「不能去！他會殺掉妳的！」笙愈發憤恨，張口喊：「當初若不是你偷走如意風火輪，爹也不會去找你，他就不會死！這全都是你的錯！」雷昊甚為愧疚，鬆開雙手：「是我的錯，對不起...」

「別攔阻我！」笙撇開手，踏步往斜坡奔跑，一路穿越槮松樹林，經過士兵駐守的瞭望台，消失在遠處。

「雷少主！」許多翠雲國的侍衛見笙倉惶離開，填門塞戶一擁而來：「雷少主！二公主她...」雷昊出神無語，搖頭：「讓她走吧...」翠雲國的士將道：「雷少主！狩獵族的戰爭才剛結束，翠雲國的百姓需被安撫，現在這時刻可禁不起任何內訌，大家都曾受過雷烈大人栽培恩待的，若是雷少主和二公主有什麼不可調解之紛爭，大家都很願意幫忙！」

雷昊心中納悶，雖然一時無法理解妹妹的抉擇，怨恨之心終究勉強竭住：「這一切都是我不好，是我對不起了她，也對不起父親大人！若非我當初沒聽勸告，擅自把如意風火輪竊去使用，父親大人也不會賠上性命。」翠雲國的士將勸慰：「雷少主，大家都曉得您是一片好心，境內被狩獵族襲擊，雷少主是為了保護四國安危，情非得已才會出此策略，誰都沒有責怪您的意思！」

雷昊灰心沮喪：「事情經過可再無法挽回，父親大人已經送掉了性命，我能體會笙心中所受的傷痛。」眾士兵也明白人死不得復生，雖覺鼻酸，也只能把悲傷難過都往心埋：「大家聽說雷烈大人逝世的消息，都很難過，但誰人保得世常無事呢？雷少主千萬不可把這責任全數攬在自己身上。」

白雲齋、崑崙和嬋在旁看了均是沉默不語，風羌則是略皺眉頭：「翠雲公主真是不識大體。」嬋搖了搖頭，示意：「風羌！」風羌恭敬抱拳：「嬋大人，請恕風羌失言。」海棠忽走到近處，溫言問：「翠雲少主，要不要我去幫忙追回你的妹妹？」

雷昊和笙骨肉同長，親情切深很是心傷，半晌不語，轉身離開：「謝謝大家一股熱忱，我想自己靜一靜。」說著，心中滿是感慨，背影孤伶伶的往山下走。

第十三章 傀儡師盤陀的秘術

自從刑天被阿修羅引爆符的威力震到嘔血之後，顯然受傷不輕。他的腳下飛快如風，施展輕功往曠野逃，先前為了救士兵而被炸傷，若非有神隱瞬身之術護體，恐怕早被炸得魂飛魄散。

索性阿修羅用符帖產生了氣溫變動，十里之內的範圍皆被塵土遮蔽，四國聯盟的軍隊一時也不容易察覺自己行踪。無奈沙石到處亂飛，目力不濟，週圍朦朧一團難以看清。沒跑幾步，刑天的喉嚨一腥忽噴出淤血，濺得滿身殷紅，傷勢看來顯然不輕：「可...可惡...必須先找個地方躲起來才行...」

繼續向東奔跑，花了將近半個多時辰，忽見那曠野空蕩蕩的盡是乾枯的瓜田，刑天忍不住皺眉，暗想：「曾聽人說天山國的北方常鬧旱災，沒想到幾年之間，連西北方的田地也開始乾枯了。」

再說，這時的四國聯盟和狩獵族正在打仗，整個境內不像是尋常該有的氣候，有些地方鼠疫蔓延，死亡極多。況且飽受瘟疫的地區則是百姓驚逃，而染上疫病的住戶多半一家盡死，那朝發夕死的情況使得城鎮為之空蕩，山界和田地均已荒蕪。眼看才隔不到幾年歲月，邊疆附近的城鎮變得一片荒涼，田裡寸草不生，也沒有任何產物，只有幾株枯萎的殘枝插在稻田中央，萬般稀寒。

刑天跑到全身無力，忽然看見遙遠的天空有幾團煙霧，仔細一瞧，那堆煙霧從土囪冒出來，附近房屋的屋頂用稻草和竹蓆遮蔽鋪置，牆壁則用土磚砌成。放眼瞻望，地上泥土現出裂縫，那地方風景落魄，原來竟是一座偏僻的農莊。

刑天暗喜：「太好了！這應該有人居住，我可以暫時躲著。」但想這村莊若有牲口座騎，便可買來代步。當下再過不多幾個時辰，就快要日墜西山，一旦入夜，四國盟軍要再搜尋自己的行踪可就不易。

眼看這座農村遍地荒涼，看起來倒似沒有人煙居住一樣。耳邊忽傳來嗚嗚哭聲，暗中警戒，循向那聲音推開房門：「是誰？」推開房門，忽然又聽內室傳來嗚嗚哭聲。

刑天抄出鐵錐踏入屋內，去到後室站在門口，忽見地上躺著一名男子，那人身邊有個年約六歲左右的小男孩跪坐在地。小男孩搖一搖男子身體，那人卻是動也不動。

刑天走向前去，將手指搭在男子手腕探查脈搏，說道：「小弟弟，他已經死了。」小男孩哭紅雙眼，仰起頭愣愣的猷看自己：「大哥哥，你是誰？」刑天回答：「我是一個受傷的人，小弟弟，你叫什麼名字？怎麼會自己一人在這？」

小男孩毫不理睬，挽著男子的手臂搖一搖，又開始哭泣：「我叫刀狩，村子裡的人都叫我小狩，爹爹和我本來要跟其他人一起離開，不料半路上忘記東西，跑回村莊裡來拿，不巧遇上一堆人衝撞進來。爹爹叫我趕緊躲起來，後來又跟他們打了起來，然後...然後爹爹就不醒啦！」講完，又開始嚎咷大哭。

刑天聽那小孩口齒不清，聽了再起疑心，暗想：「這人恐怕是回家拿東西，不巧村莊被強盜襲擊，所以陰錯陽差撞了上面，才會被殺。」刀狩又說：「我聽爹爹說北方那邊有大事發生，大家都跑到南方避難，強盜也來了...爹爹要帶我逃走，叫我躲在床下不准出聲，自己卻被打了，然後...然後他就不醒啦....嗚...嗚...嗚...嗚...」

刑天聽得再無疑惑，揣測：「這人錢袋中空空如也，恐怕是遭了劫奪，因為不甘心反抗，所以才會喪命。」仔細將屍體翻身一看，果然看見後腦有條刀痕，疑是遭人襲擊所至：「這小弟弟的爹爹是遭人攻擊腦袋，恐怕受了嚴重內傷，因此喪命。」當下謹慎戒備，不敢亂動屍體。

刑天乃是四國境內一流的御史，在戰場上闖蕩無數次，遇見了江湖上尋常亂事也曉得該如何應對，思索之間，又聽刀狩哇哇大哭：「嗚...嗚...我的雲雀兒...我的雲雀兒也死啦！」刑天聽他嘰哩咕嚕含糊亂叫，不明白他說什麼，疑惑問：「雲雀兒？」

刀狩擦拭眼淚，從懷中掏出一隻死掉的小鴨，哭道：「嗚...嗚...雲雀兒...我的雲雀兒...」刑天甚覺奇怪，暗想：「賊盜真是喪盡天良，怎麼竟連家禽也要殺？」想到此處，順口問了一句：「你的雲雀兒是怎麼死的？」刀狩哭哭咽咽：「嗚...嗚...雲雀兒...雲雀兒整天不想吃，整天不想動，奄奄一息，然後蹲在角落，就慢慢死啦...嗚...我的雲雀兒...我的雲雀兒死啦...」

刑天心中一震：「不吃不動，奄奄一息就死了？」刀狩哇哇大哭：「雲雀兒...雲雀兒...」房裡一時只聽到哭聲，刑天似乎記起什麼，詫異想：「不吃不動，奄奄一息的病了，難不成竟是瘟疫？」眼前無法推測，疑問：「你的雲雀兒是不是得了瘟疫？」刀狩睜大雙眼，愣愣問：「什麼是瘟疫？」房內寂靜無聲，刑天答：「豬會發瘟，雞鴨也會生病，家禽病死了就叫瘟疫。」

刀狩表情迷惘，摟著死掉的小鴨又哭起來：「嗚...嗚...雲雀兒...我的雲雀兒得了瘟疫...我的雲雀兒得了瘟疫...」刑天思索：「糟糕！瘟疫發病起來，會相互傳染，如果讓雞鴨染上瘟病，豈不是會傳染給我們？那十分糟糕，可得趕緊離開才行...」想到此處，立刻站了起身，踏開腳步往門口走去：「難道我卻丟下他不管？」回頭一望，見那小男孩孤立無助的坐倒在地，當下也不忍心將他獨自留在這裡，忍著傷勢走回去喚：「小弟弟！」

刀狩也沒理會，只管賴坐地上哇哇大哭。刑天見他亂耍性子，就算身為鎮國御史也是無可奈何，伸手將他抱起道：「小弟弟，你爹爹和雲雀兒已經死了。這地方很危險，你不能獨自留在這裡，跟大哥哥一起走吧？」刀狩吃了一驚，掙扎：「嗚...嗚...雲雀兒得了瘟疫，爹爹也不說話，我要留在這裡陪爹爹！」

刑天聽刀狩描述自己的遭遇，忽想起自己的兒時舊憶：「這個小弟弟歸家念切，若是強帶他走，恐怕傷心，只是若將他獨自留下，勢必葬送性命，眼前禍福且不計較，先得想個辦法安頓他才行。」念及此處，轉個話題問：「小弟弟，你有沒有親戚住在附近？大哥哥帶你去找他們。」刀狩哭著說：「爹爹說...爹爹說...秋月阿姨住在平瑤鎮...」

「四國戰爭還沒完全結束，我若是想安頓這小男孩，就必須快點替他尋覓親屬才好。」刑天暗想，又開口問：「小弟弟，我帶你去平瑤鎮找秋月阿姨，你別再哭了，好不好？」刀狩依舊哭著喊：「我要爹爹！我要爹爹！」刑天無可奈何，也不曉得該如何安慰這個小孩：「你別再哭，你爹爹已經死了！」刀狩只是搖頭：「我要爹爹！我要爹爹！」

刑天見他如此喧鬧，心中忽然想起爹娘逝世的景況：

「刑兒！別回頭，快跟著你娘跑！」瞥頭一看，見背後有強盜騎馬追來，舞槍大叫：「站住！還不快快束手就縛？」

荒郊野外，幾個村民推推擁擁，逃出幾步，有人被強盜一槍刺中，叫聲悽慘，顯然楚痛難當。刑天心焦得急，緊緊抓住母親手腕，不料一個強盜飛快追近，長槍揮出，硬將婦人手臂斬下。鮮血飛濺，刑天的臉上鮮血淋漓，婦人嘶聲喊叫，痛苦難當。

四個強盜扭住一人走來，罵道：「好傢伙！死老百姓居然想逃？」男子左支右拙，拼命掙扎：「快放開我！快放開我！」順目一望，見婦人右手遭斬，痛得伏在地上咆哮，焦急叫：「娘子！娘子！」

那群強盜忌他威勢，被攞脫開，不敢貿然上前：「哈哈！這廝的無禮！」辨別方位，手中刀械出招極快，一槍揮落。那男子毫無閃避之餘，滿臉鮮血，身子向後一翻，倒地氣絕。

那群強盜臉色興奮，坐在馬鞍上，哈哈大笑：「死老百姓！這時候才來投降討饒，未免太遲。」正說之間，不料斷臂婦人突然躍起，左手勒住一個強盜脖子，張口往肩膀咬：「兒子！快逃！」兩人纏成一團，強盜啊啊怪叫，落墜馬鞍。其餘幾個同伴抽劍來砍，怒道：「好個潑辣的婆娘！」幾根飛槍順勢戳下，那婦人被刺得渾身是血，可是臉色毫無畏懼之意，只管張嘴咬住不放，模樣駭然。

刑天見母親鮮血狂湧，嘶聲耗竭，無奈雙腿酥軟，站不起身。其中一個強盜躍下馬鞍緩緩走來，溫言微笑：「小朋友，你爹爹媽媽試圖逃跑，快過來叔叔這邊，你向我俯拜謝恩，叔叔饒你一命不死。」

刑天的內心怦怦亂跳，只是雙腿酥軟，無力起身。霎時之間，背後有軍隊分作四隊，搖旗吶喊的滿山遍野衝殺來，有個報捷士兵志量爽慨，高聲叫：「白雲大人救災恤鄰，哪裡來的狗賊，幾番闖禍想趁機奪占良民產業嗎？」四面八方全被圍困，那群山賊見到這等氣勢，嚇得膽顫心涼，無心戀戰，躍上馬鞍便往後逃：「蓬萊國的白雲郡主來了！大家快走！蓬萊國的白雲郡主來了！大家快走！」

蓬萊國的騎兵先發制人，快馬加鞭衝了過去，一邊大叫：「大家不必和這干賊人費什麼唇舌，先宰再說！」有個千戶長喊：「山賊煞甚無禮，大家快攞設陣隊！」不待講完，那四隊騎兵分列兩邊，排成陣勢衝殺去。

強盜見鐵騎聲勢威赫，嚇得哇哇驚叫，正要馳馬逃脫，不料眼前寒光一閃，有飛箭照面射來。他們嚇得翻墜馬鞍，豎槍去擋，可惜驚狂之餘無處閃躲。有個男子把手往腰帶抽劍出鞘，一柄長生劍幻化數道白光，戳向肩膀。山賊盡皆被斬成肉泥，倒臥血泊，氣絕身亡。

一個男子蒼白髮髯，舉止飄然的跨下馬鞍，收劍入鞘道：「把這些屍體都給埋了。」帶兵的千戶長是個直性漢子，誠意不渝，哈哈笑：「白雲大人劍法高招！」白雲齋微笑：「各位今天積有好大功勞，待得回去，我請大家喝酒慶祝。」

有個報捷侍衛見到年幼的刑天跪臥在地，甚為詫異：「啟稟大人！我們發現了一個山村小童！」白雲大人走到身邊，蹲下問：「小弟弟，你為什與人廝鬧？」刑天滿臉土灰，畏畏縮縮嚇得低頭，倒爬幾步退到婦人的屍體身邊：「娘...娘...」

這下子死裡逃生，刑天側過頭看，見婦人氣息已絕，嚇得不敢亂動。

帶隊的千戶長嘆一口氣，搖了搖頭：「白雲大人！這小子生在亂世，原本居住的村莊也被盡數奪掠，如今恐怕唯剩空城而已。不如我們帶他回去，讓他投在大人旗下，大人意下如何？」白雲大人走到斷臂婦人的身邊，點了點頭：「那好！千戶！勞煩你差人去送一封書信，事不宜遲，咱們速行備辦吧！」

此事被烙印在心中已久，想到這邊，腦海中的記憶又變成一團模糊。刑天咬緊嘴唇，冷然道：「你爹爹已經死了！」說著，伸手強拉小男孩喊：「你別囉嗦！快跟我走！」刀狩哭鬧叫：「爹爹！我要爹爹！」

刑天聽他愈哭愈大聲，沒辦法只好先將他鎖進一間空房，趁著天色未暗，尋一根鐵鏟來挖坑洞，將刀狩父親的屍體埋葬，稍待片刻再返回屋內，見那小孩已經哭得精疲力竭，飛速將他提到背上，要往農村離開。

踏出房門，一望無際均是稻田荒蕪，稀疏疏的長滿雜草，有種揮霍不去的淒涼之感。刀狩的肚腹餓得咕咕叫，忍不住又開始哭鬧：「大哥哥！我要爹爹！」刑天冷道：「再走十幾里路或許就有村莊，還有歇處可打火，你且稍安毋躁。」刀狩又哭又鬧，將雙手擺蕩：「我想回去找爹爹！我想回去找爹爹！你快放開我！救命啊！救命啊！」

刑天心中有氣，但想這孤兒才剛喪失父親，忍耐道：「你別吵...我又不是把你騙去賣掉，你爹爹死了，沒人照顧你，我帶你去平瑤鎮找阿姨。」

刀狩一時慌張，也顧不得刑天的手臂是否受了重傷，用力推開對方，拔腿就逃：「救命啊！救命啊！」刑天叫：「喂！你要跑去哪裡？」說著，非常迅速的竄到面前，扯住手腕道：「這附近有野獸出沒，你亂跑當心給野獸吃掉！」刀狩哇哇大哭：「快放開我！快放開我！我不要去平瑤鎮，我要回家找爹爹！哇！哇！」

正鬧之間，有個老和尚從遠方走來：「施主，光天化日之下，怎麼可以欺負小朋友？」刑天望對方一眼：「咦？什麼人？」一不留神，刀狩突然掙脫自己的手腕，跑向那人叫：「嗚...嗚...大哥哥欺負我，我要回去找爹爹！」

一個老和尚慈眉善目，穿著寬大僧衣，道：「善哉！善哉！貧道路見不平，拔刀相助，施主有多大膽子，竟然在荒郊野外欺負小孩？」刑天仔細看清楚，詫異：「老和尚！是你？你是狩獵族的傀儡師吧？」

老和尚聽他說出自己來歷，又認出對方的面貌竟是蓬萊御史，頗為詫異：「糟糕！」刑天抄出鐵錐：「鬼門關、雪嶺和盤岩宮都已經被攻陷，四國聯盟的軍隊正在搜查殘黨，原來你這和尚躲到了四國境內？」和尚臉色大變：「善哉善哉！貧道早已隱姓埋名，專以除惡安良，盜富濟貧為事。沒想到剛才目力不濟，好管閒事，真是得罪施主了。」

這個和尚腳下套著兩片破爛草鞋，原來竟是狩獵族的傀儡師盤陀。眼下不巧在此撞見刑天，曉得對方的神隱遁術行蹤飄忽，是個棘手人物，因此不敢隨意出手：「施主可算道行深厚，見聞廣博之人，不會隨便來為難貧道吧？」刑天問：「你我仇人見面，該當如何？」盤陀謙恭慈悲，鞠躬：「善哉善哉！施主若是缺錢，貧道願意以銀錢酬贈。」刑天冷然道：「你想賄賂我然後逃走？沒那麼容易！」

盤陀略皺長眉：「貧道與施主素昧平生，曾見過多少次面呢？若施主真要出手，貧道也不是好欺負的，只是這樣難免傷了和氣。」刑天道：「我且問你，其餘的狩獵者藏在哪裡？」盤陀答道：「善哉善哉！貧道的同伴早就死光了，施主對禪門秘奧是否有興趣？貧道見施主根骨深厚，若是願歸禪門，修成仙業之後可享奇福。」

刑天道：「你這旁門左道的邋遢和尚，別再讓我費唇舌問了，既然不肯將你同伴的行踪告知，那就快點束手就擒吧！省得我費氣力。」盤陀立刻整衣肅容，鐵青著臉：「這般出口傷人，簡直好生無理，施主怎可隨便以貌取人？」刑天答：「快出手吧！」盤陀一顆心空明瑩澈，鞠躬：「善哉善哉！貧道怎麼敢在施主面前獻醜？」

「那好！你不過來，我可要殺過去了！」刑天把雙手結個靈訣，將袖拂起塵霧，瞬間一個飛影閃到面前：「你看仔細！御光術！」盤陀啞不能言，詫異叫：「咦？貧道的媽呀！好快！」手中禪杖急往上一擋，忙將身往旁滾避開：「何方業障，竟然如此厲害？」

瞬身術的煙霧連身護住，刑天抄出如意風火輪，鏘一聲擊在敵人的禪杖：「還不投降？」盤陀看不出那是什麼路數，不敢冒昧抵擋，正要逃向左邊，刑天一雙快腳飛來踢中胸膛，猛覺一陣頭暈眼花，險些跌倒：「哎喲！想不到這妖道這般難應付？」

刑天受了重傷之後，體力有些支持不住，眼下就算使出瞬身術攻擊敵人，頂多也只能敵個平手：「呃...呃...可惡...」盤陀見他嘔出鮮血，顯然是受了內傷，大聲說道：「大膽妖孽！且容你多活幾天，貧道還有要事，改天回來再取你的狗命吧！」

刑天曉得若是讓敵人逃跑，日後可再難追回：「別想逃！」

盤陀情知不妙，將袍袖往上一舉，捉住站在近處的刀狩：「小施主別亂動！」

刀狩嚇得想跑，手腕給人揪住，嚇得哇哇大哭：「快放開我！快放開我！」刑天憤怒：「卑鄙！夾持人質，這算什麼本領？」盤陀鞠躬：「唉！善哉善哉！有些事不說開是個結，說開了又是個疤。剛才是貧道一時莽撞，才讓施主佔盡先機，咱們再來重新比劃一次。」刀狩驚慌大叫：「哇！哇！放開我！放開我！」刑天冷靜喊：「妖僧！快放了他！」盤陀回答：「施主是自身難保，還管得著別人嗎？」

刑天不願對方傷害小孩，將如意風火輪收入腰袋，退三步道：「你別對他亂來，我聽你的吩咐便是。」盤陀驚喜交集，點頭微笑：「施主這才明智！」刀狩被捏住手腕，掙扎哭喊：「啊！快放開我啊！快放開我！」

可惜無論如何，總是擺脫不開那瘋和尚，心中一急，突然張口往他的手掌咬下，聽得「哎喲！」幾聲，盤陀吃痛怪叫，一個巴掌將小孩推倒在地，大怒：「猖狂的小業障！

侮慢尊長，竟敢咬貧道的佛手？」但見手掌被咬出一排齒印，非常憤怒，舉起禪杖往小男孩腦袋劈下：「乳臭未乾的小業障，原本貧道念你年幼無知，誰曉得竟然如此猖狂？看貧道怎麼管教你的性命！」

刑天大吃一驚，連忙踏著快步追奔過去：「別殺他！」將袖袍一揚，身影已經攔截在二人中央：「小弟弟！快退開！」盤陀見敵人瞬間閃在面前，心想先下手為強，把禪杖往對方的天靈蓋擊去：「施主來得正是時機啊！」

雖然刑天身手敏捷，畢竟重傷之後速度減緩，要被敵人看出破綻也不是什麼困難之事。眼見那禪杖劈來，側身想避終究稍遲，禪杖擊中肩骨，先前的傷口裂開，鮮血將衣袖染紅了半邊。

這番變故來得突然，刀狩嚇得不敢亂動，盤陀擊中了敵人則是非常高興，驚喜之色溢於顏表：「施主剛才竟然敢在貧道面前飛來飛去？先前不聽良言，現在悔之晚矣！」

那一杖打在肩膀看似頗有力道，刑天被法器打中，痛得幾乎暈倒。但想眼前若是失手，那可是關係到二人的生死安危，即刻將手一揚，擲出鐵錐：「可...可惡...」盤陀就地打一個滾，舉起禪杖彈飛暗器：「施主已經落得這般形象，活著還有何趣味？不如自我了斷吧！」

刀狩哭叫：「大...大哥哥，你沒事吧？都是小狩的錯，都是小狩亂跑，今後寧可我將來受懲，也不再亂跑，只盼大哥哥早日脫險。」刑天聽他說得坦白，苦笑：「你...你別擔心...我沒事的...」刀狩站在遠處，急問：「大哥哥！你說什麼？」刑天勉強咽氣：「快...快走！」

當下還摸不清楚敵人路數，正要出手，忽見盤陀從懷中取出銀針，衝向小男孩叫：「傀儡術！天魔鎖心針！」說罷，袍袖往下一揮，將銀針插在刀狩的脖頸，盤膝坐定，口中喃喃唸起梵咒：「牟尼迦尼牟！牟尼迦尼牟！」刑天暗驚：「糟糕！」

忽見刀狩的頭髮豎起似刺蝟一般，兩眼圓睜，怪叫：「啊...啊...殺...殺！」

話說這種傀儡禁術能讓人神志昏迷，任憑擺佈，苦煉多年甚至還能移魂借體，無力違拗，什麼重要機密全部都吐露了。這時看盤陀合掌，用極厲害的梵咒控制傀儡，刑天見刀狩的真神被攝，曉得必須先找出破解之法，否則想救他性命可是難上加難。索性仇敵在控制傀儡之後始終未下毒手，似乎不至於想要那男孩的性命，稍微只有警示之意：「怎麼樣？施主！貧道這個傀儡術還不賴吧？佛門廣大，施主若是認罪悔改，貧道慈悲為懷，可以替施主普度罪孽。」

刑天曉得敵人的手上有俘虜，這場決鬥難操勝算，正鬥激烈，遠方忽有個女子迅速奔近：「別走！」

盤陀正盤膝坐定，見那女子纖腰嬝娜，認得是翠雲國的公主，驚得站立：「糟了！」笙遠遠也看見老和尚，暗詫：「是狩獵族的妖僧？」眼下雖然撞上這個傀儡師，卻沒空理他，只欲意迫使刑天就範：「叛徒！終於找到你了！」

盤陀見刑天有盟友來助，掐指算了算計策，但想四國聯盟的人既然出現在此，曉得再拖延下去決難討好，連忙抽回傀儡，將刀狩扛在肩上：「施主！咱們後會有期！」刑天想追：「糟了！別想逃！」笙跟著奔來：「叛徒！站住！」

盤陀隨手取出一串牟尼珠，忽然脫腕擲出，珠子在空中散成滿團白光，刑天和笙被那團光芒照得眼花撩亂，敵人早就遁光逃去。

刑天的身法何等敏捷，哪肯見死不救？身子一縱，衝向前想再去追，不料就在這一眨眼忽有顆鐵球迎面飛來：「咦？是轟天雷？糟糕！」鐵球炸成了千百碎塊飛散滿天，刑天不及防備，急用遁光術閃出百丈之遠：「啊！」

震耳欲聾，滿天紅霧往上冒個不停，竟將刑天的衣褲都給燃燒。索性他仗著瞬身移位避開了爆炸，笙見對方連閃幾閃消失不見，曉得刑天是用了瞬身術脫困，不由大怒：「你殺了我爹！別逃！」

紅光耀眼，十餘畝方圓的煙霧升到半空，樹木均被炸得斷裂。刑天的右肩血流不止，從袖上撕半截破布裹住，高一腳低一腳往前走，咬牙切齒道：「可...可惡...我...我絕對還不能死！」

抬頭一望，不遠處有座廟宇築於半山坡上，廟前十來畝的平地種植著竹林，後山是危峰峻嶺，高不可攀。那翠竹蔽日的廟宇並無圍牆，門外供著大鐵香爐，刑天披頭散髮闖入室內，支持不住，癱倒在地：「吁...吁...」低頭鑒視一回，眼看肩膀湧出鮮血，竟將牆壁都染成殷紅一片。

「叛徒！你從我哥的手中搶走如意風火輪，又殺了我爹，今天我要你用命來血償！」笙跳進門檻，不問青紅皂白，抽出長劍：「這次你逃不掉了！」刑天手酥腳軟靠在牆壁，抬頭一望：「又是妳？」笙見他面如土色，疑惑問：「咦！你受了重傷？」刑天答：「不干妳的事。」笙指著怒罵：「無論如何，你殺了我爹，我要報仇！納命來吧！」刑天哼一聲：「是誰跟妳這樣說的？」

「少囉嗦！替我爹償命！」笙的雙腳墊個人字步，伏虎鶴行，向前攻擊：「看招！」
刑天向後稍退，背貼牆壁立站起身，把手臂護住胸前：「妳是打不過我的。」笙出劍揪他肩膀，不料刑天做個翻身鷂子從頭頂飛躍，應變奇速的落在背後。笙心中一驚，扭腰攻擊：「想往哪裡逃！」

刑天企圖生擒活捉，雙掌交叉用力一推，空拳折斷劍刃，翻起手腕把她手臂扭到背後：「給我安靜！」笙杏眼圓睜，痛得彎腰：「放...放開我！」刑天冷一聲：「妳想殺我？是誰差派妳來的？說！」笙動彈不得，忍氣吞聲道：「你這叛徒背叛了四國，你殺了我爹，又從我哥手中搶走如意風火輪，你遲早會被砍頭的！」刑天冷冷說：「我沒有殺妳爹。」笙忍著淚眼：「騙人！大家親眼看見了！我爹的屍體被火燒焦，你從我哥手中搶走了如意風火輪，你這個殺人兇手！」

刑天道：「別攔著我，我還有重要事情要辦，現在得離開這了。」笙咬牙切齒：「別做夢！你殺了我爹，我絕對不會放過你！」刑天向後退步，鬆開手腕：「我現在並不打算傷害妳，但妳最好別礙著我，一旦證據確鑿，我就會揭開真相。」

笙一愣：「什麼真相？」刑天答：「殺妳父親的兇手。」笙臉色詫異：「你說什麼？」刑天道：「妳曉得為什麼我要從妳哥的手中搶走如意風火輪嗎？」笙問：「為什麼？」刑天撫著胸膛：「那是為了要對付殺了妳父親的兇手。」

笙半信半疑，伸手想抓衣袖：「等等！」刑天把腳一蹬，順著風勢躍上屋樑，衝向天窗：「我們後會有期！」笙抬頭一看，敵人的黑影躍上橫木，急抄出掌心雷，向上投擲：「慢著！」

刑天回過頭看，脫去半截上衣綁縛手腕，旋圈一轉，捲開那掌心雷的攻擊：「再會！」
笙見敵人身影極快，如鬼如魅追出天窗，瞬間跳下屋檐不見蹤影：「叛徒！還我爹一命！」

二人奔出廟宇，沿著後山的峻嶺快速移動，前方忽轉明亮，現出一座峽谷景緻。眼看那山勢崎嶇，笙卻不顧危險，揚手就是一粒掌心雷：「給我站住！」刑天見火爆彈迎面飛來，化為幾縷飛煙，瞬間一閃遁到十丈之遠：「可惡！在這樣鬧下去可是鬥個沒完沒了。」

話說笙用特殊的方法煉製了火爆彈，那豆大的掌心雷一旦與物體照面相撞，即刻爆炸，若非是刑天修煉多年，瞬身術的功力深厚，恐怕早被炸得重傷無疑。眼前明明可見仇人在場卻無法殺他，笙的好勝心強，竟不顧危險想沿著峭壁抄捷徑。她曉得刑天有御光術護身，不問火爆彈能否傷人，只求先絆住仇敵再作計較：「你逃不掉了！」

刑天見峽谷下的霧氣朦朧一團，若被炸下懸崖肯定粉身碎骨，忽然轉身，抄出鐵錐：「妳別逼我出手！」笙口中大喝：「叛徒！你為什麼要殺我爹？」刑天冷然問：「殺妳爹？妳有親眼看見我殺了雷烈郡主嗎？」笙怒喝：「我爹是被烈火燒死的！你從我哥那邊搶走了如意風火輪，難道虩龍不是你所召喚出來的？你敢對天發誓？」刑天答：「妳別忘了，在遠古時代，當初四仙人將八隻聖獸的力量分別鑄入了八種不同的萬古神器之內，可不是只有虩龍才鑄有烈火的靈能。」

笙詫異：「你...你是說殺掉我爹和千人軍隊的四象獸，乃是蟠蛟的藍焰之火？」刑天道：「我沒空跟妳閒談，現在我有更重要的事情需要解決，妳安靜等候，等到事情水落石出，我會親自造訪翠雲國一趟，解釋清楚。」笙咬牙切齒：「回答我！是不是蟠蛟殺死了我爹？」

刑天見她難過流淚，心中似乎有些不忍，沒料得一個分神，對方突然抄出轟天雷喊：「說！是不是你用蟠蛟殺了我爹？」猛聽得驚天動地轟隆聲響，懸崖邊連連晃動，火焰彈炸得野獸蟲蛇在山林亂逃亂竄。

笙從煙霧中衝來，再抄出掌心雷：「叛徒！替我爹償命！」刑天沒想到敵人又要迎戰，若再心軟早晚受擒，抄出金箍環叫：「火焰通靈術！焰禦防火牆！」週身忽燃起紅色火焰，橫排焚燒，竟然將敵人阻隔在遠處：「妳不要太過無知，兩敗俱傷的戰鬥對我們都沒好處！」話才講完，誰曉得笙竟然奮力一衝，跳過火牆：「為了真相！我可以不計代價！」說著，抄出兩顆銅鈴大小的鐵球：「極究火焰彈！雙重轟天雷！」刑天睜大圓眼：「蠢才！」

萬丈紅光，那兩顆轟天雷彷佛是火上澆油，遇到如意風火輪的火焰一觸即燃。峽谷的懸崖突然被炸出兩個大洞，刑天使用穿雲遁光之術僥倖避過，手上抱著昏迷的笙，一眨眼就閃到了十里之外：「可...可惡...」當下感覺氣息阻塞，眼前一黑，暈倒在地。

昏迷之中，前方透出一道霞光，有個溫文儒雅的青年書生打扮，坐在岩石的洞口，用紙筆記錄文字。

刑天覺得那洞窟寒氣逼人，扶著岩壁往前走了十幾步，呼喚：「幽！是...是你？」那青年回頭一看，微笑：「刑弟，你終於來了。」刑天忍不住好奇，走去問：「幽，你在看什麼？」幽瞇一瞇眼，稱心滿意道：「我在欣賞天地山海的美景。」刑天追問：「什麼天地山海的美景？」幽把毛筆叼在嘴邊，思索半晌，繼續又提筆寫字：「傳說中的四位仙人，踏遍了大江南北，走覽東西各地，我想體驗他們究竟從天地山海的奧秘之中，悟出了什麼道理。」

刑天走了過去，忽然眼前一陣明亮，遠處的汪洋大海碧波浩瀚，海藻和珊瑚通體碧綠。二人在山頂上觀看海景，長空萬里，時而可見飛鳥翱翔於青天之間。

遠處島嶼的周圍衝出幾隻鯨魚，逆浪激得海中波濤像山一般高，雪花飛湧。刑天沒空欣賞美景，關切問：「幽！這些日子來，你都去了哪裡？」幽坐在岩石上靜默半晌，站起來道：「夢想伴隨著很高的代價，我現所在之處，乃是自己追尋夢想所付出的代價。究竟是從什麼時候開始，怎麼開始，我都已經不記得了...但是這些日子以來，我一直都在這個地方。」

刑天奔到面前，扯住衣襟喊：「你一直都在這裡？我們正處於四國最大的戰役之中啊！你怎麼可以輕易說走就走？」幽嘆口氣：「這就是我所付出的代價，我們在戰爭中會失去多少人，大家應該早有心理準備。重要的並非自己的生命，而是你用生命所賭上的代價，不是嗎？」刑天咬緊牙根：「用生命所賭上的代價？戰爭時那些駭人聽聞的罪行，大家為了生存而努力活命，你有沒有親眼看到？你有沒有親耳聽到？給我睜大眼睛好好看著！那才叫做現實啊！」

幽沉默半晌，背對著同伴走到懸崖邊：「你為什麼決定要加入這個行列，成為四國聯盟的光明御史？」刑天忍不住流下眼淚，用袖擦拭：「身為四國聯盟的光明御史，以前的我曉得使命何在，卻不曉得該如何走，現在的我曉得該如何走，卻不曉得何去何從。若是你想安慰一個人，卻不能體會他痛苦的原因，那是很困難的。」幽緩緩走來，搭著肩膀安慰：「幸苦你了！我知道現在的你很挫折，也知道你感到無能為力，但是千萬別忘記了那股熱情，我們都知道這場戰役的風險有多大，但我們還是去了。做為光明御史，本來就是一條有進無退的路。」

刑天扳開對方手腕：「謊言！全都只是謊言！你要離開，也該等到戰爭結束了才離開！現在的你走了，要我該怎麼做？要...要我該怎麼做...」幽抬起頭，眺望蔚藍海洋：「刑弟，生命中有件事情值得快樂，那就是愛與被愛。別只為成功而努力，要為實踐有價值的事而努力。沒人能阻止將來，改變過去，但至少能活在當下，就是幸福。」

刑天憤怒：「你打算告訴我這些道理，然後自己一走了之？」幽走向懸崖邊，指著雲端：「你看！世間有比海洋更大的地方，那叫天空。只有相信自己能克服困難，才能真正克服困難。堅強的信念會產生堅強的人，就算我消失了，總有一天，築構和平的夢想終究還是會實現的。」刑天站在洞窟內，搖了搖頭：「你又要走了嗎？老實告訴你吧，其實我並不介意自己一人。」

幽將毛筆放入口袋：「刑弟，避免孤注一擲是智慧的法則。不要因為生命苦難，就期待死亡。肩上的責任會促使你實踐夢想。別憂慮將來的事，終會發生的事情，都是對你成長有所幫助的。」刑天衝向前，想拉對方：「等等！我還有事請想要問你！」

幽道：「人生有許多的勝利比失敗還不如，在困境中無論如何都不要放棄鬥志，唯有奮力一搏，才能找到出路。想要結束這場戰爭，拯救四國，就必須盡你所能的撐下去。記住那個夢想，即使遇到了挫折，也要以盼望來面對。切記！人需要夥伴，靠一個人無法辦到。有件事希望你能記得，無論一個人多有天賦，無法獨自改變四國...」刑天又追幾步：「幽！等等我！」

也不曉得昏迷了多久，昏睡中好似被人攔腰抱住，頃刻間一陣酸痛，從腳底直痲遍了全身。不久之後，刑天逐漸醒來，感覺渾身都不舒服，腦袋暈轉如酒醉一般：「我...我在哪裡？」當下再想尋那夢中幻境，瞥見笙閉著雙眼躺在身旁，抬頭一看，才曉得是附近山民用攤架搬運二人，推車上還載著燒臘、米酒和貨物的擔子。

遠道而行的商販進入城鎮，人群熙來攘往，各自忙碌。路邊有客人擇了木凳坐下，短裝赤膊的攤販端上籠蒸和鹹菜，微笑招呼：「來來來！客官請坐！」

戰爭的年代動盪不安，到處都有不少謠言流傳，有山民見鎮上熱鬧，忍不住好奇問：「小二哥，最近鎮上是發生什麼事情，怎麼會有那麼多天山國的農民聚集？」跑堂忙著收拾碗筷，解釋：「其實啊...這個我也不太清楚，不過十幾天前，四國聯盟攻陷了盤岩宮，有些狩獵族的殘黨潛入天山國境內。依我來看，百姓多半是害怕遇上那些賊人，才想另圖生計，跑到偏僻城鎮來闖事業吧？」客官點頭：「原來如此！」

跑堂搖頭感嘆：「唉！邊境的村民福氣淺薄，老百姓沒食物吃，連草根樹皮也掘光了。有些人填不飽肚子，只好吃山上的泥土，真是可憐。」客官聽他這麼一說，也非常氣憤：「是啊是啊！聽說幾年前，龍脈長城的北方鬧了一場大飢荒，餓死許多鄉民。有人帶著妻兒子女哭啼遊盪，有些則餓昏頭，連糞便也扒來吃，真是可憐呢！」跑堂均懷感慨：「唉！若不是狩獵族到處謀害人命，天下怎麼會變得如此混亂？」客官道：「小二哥，莫說狩獵族的賊人有錯，依照我看，就是那些遷居的百姓也是如此一般。」跑堂好奇問：「噢！這話怎麼說？」客官解釋：「您想想看，天山國那些遷居的農民來這鎮上跟咱們爭奪土地，田也不種，菜也不收，天下百姓挨餓受凍，誰來提供食物給大家吃呢？」

跑堂搖頭：「那也沒辦法啊！自從盤岩宮被四國聯盟的軍隊攻陷之後，那些狩獵者也不敢再明目張膽的做壞事了，他們混入四國的境內，才能保命。」

客官百思不解：「難道沒有辦法叫他們束手就擒？」跑堂神秘地湊近耳邊說：「依我推測...那些狩獵者混入四國的境內，恐怕另有圖謀...」客官吃驚追問：「這話怎麼說？」跑堂解釋：「狩獵者鬼鬼祟祟，私下聚在一夥商討要事，恐怕會想辦法混入重鎮區域，攻擊四國郡主的宮殿。」客官雙眼一怔：「真的如此？」

跑堂點頭：「是啊是啊！最近有江湖傳言，我聽說在天山國的境內，陸續有駐兵無故失蹤，鎮上的衙門也遭人縱火焚燒，許多無辜百姓被燒得遍身焦黑。依我看啊...這事多半與那些狩獵者脫不了關係。」客官道：「小二哥，聽您這麼一說我也突然想起來了，南方那邊確實好像有這消息。那些狩獵者的行徑鬼鬼祟祟，搞不好是想先用蠶食戰術消滅天山國和鬱樹國的軍隊，然後再併吞蓬萊國和翠雲國。」

刑天躺在牛車上聽見二人對話，暗想：「咦？狩獵者混入了四國嗎？為何要先攻擊天山國和鬱樹國呢？」思索半晌，恍悟：「啊！是了！天山國和鬱樹國靠近龍脈長城，易於攻打。」

這個時候，又聽那跑堂的閒談道：「對了！客官您有沒有聽到一件消息？」客官問：「什麼消息？」跑堂閒聊：「據說蓬萊國的刑天御史殺掉翠雲國的郡主，叛變潛逃了。」客官詫異：「你是指那個遠近馳名的蓬萊御史刑天？發生什麼事情？」跑堂搖頭：「我也不清楚，但是白雲郡主已經正式昭告天下，要緝捕任何跟他有過接觸的人，進行審問。」客官又說：「那當中包括親朋好友嗎？」跑堂點頭：「那當然啦！」客官嘆氣：「白雲郡主真是倒霉，眼下狩獵族的人已經打算要混入蓬萊國和翠雲國的境內，刑天御史這樣搗亂，不是讓兩個國家的困境雪上加霜嗎？唉！就可憐了雷烈郡主死得冤枉，翠雲國現在肯定是一團混亂，難怪這兩國的百姓要紛紛遷移到偏僻處開墾，我看狩獵族這次真的是兩蚌相爭、漁翁得利了！」

牛車停置在旁，刑天躺著聽二人說白雲齋已經昭告天下，要緝捕任何跟自己有過接觸的人，立時暗驚：「糟糕！明鏡姑娘！」

還在思索，忽聽耳邊有個聲音：「咳...咳咳...」轉頭看見笙的嘴唇發紫，臉上毫無半點血色：「看來她傷得很重，得想辦法治療才行。」忍著疼痛，掙身坐起，把手伸入口袋摸出一瓶「冠心蘇和丸」塞到對方嘴裡：「快吞下去。」

這個「冠心蘇和丸」雖具療效，卻並非醫治什麼外傷的靈丹妙藥。它是中醫常用方箋，可以活血化瘀，治療脈搏遲弱和出汗眩暈。雖然這粒藥丸有治療暈眩的作用，畢竟笙所受的乃是尋常外傷，因此就算把藥丸吞到肚裡也無法產生多大作用。只不過目前看來情況嚴重，因此也只能將計就計。

刑天見她奄奄一息，心想：「必須快點找到能治外傷的草藥。」忙把對方抱在懷內，從牛車上跳了下來，周圍的百姓均嚇得驚獃：「咦！那人醒來啦！」刑天「哇」一聲，又噴出幾口鮮血：「看來我受的內傷也很嚴重。」搭救二人的農夫看見自己醒來，急忙將犁具和乾草堆擺放在一邊，跑近牛車：「小兄弟！你感覺如何？」刑天沉默不語：「還是先離開這裡，省得又有麻煩。」

一個飛身躍上屋簷，捷足離開，轉眼之間退得乾乾淨淨。街坊百姓見刑天抱著笙施展瞬身術，還以為是什麼道士會使妖法，嚇得面如土色：「他跑去哪裡？怎麼不見了？」

眼看刑天速度極快，黑影一閃早就不見蹤影，過得片刻來到一間藥舖門口，奔到櫃檯前，掌櫃見有生意上門，急來招呼：「您好您好！請問客人要買什麼？」刑天咳嗽道：「快...快點給我封口金瘡。」掌櫃見他身上滿是傷痕：「是...是...是！」

刑天抱著笙，見櫃架上陳列著許多藥材，又問：「這裡有沒有賣乳香和沒藥？」掌櫃忙著抓藥，點頭：「有有有...請問客人要多少？」刑天答：「各給我四錢份量。」那掌櫃再問：「好的！客人還要點什麼別的沒有？」刑天又吩咐：「木鱉仁、輕粉、煅龍骨、血竭、白芨、老松香、虻蟲、白斂和五倍子。」掌櫃點頭：「有有有！這些藥材這裡都有賣，請問客人要抓幾帖藥？」刑天咳嗽：「木...木鱉仁、輕粉和五倍子，各給我二錢...咳咳...其...其餘的藥材，各給我一錢份量。」

掌櫃見他滿身傷痕，問：「客人，您不要緊吧？」刑天吩咐：「快...快去拿藥！」掌櫃快步走向櫃架，忙抓藥帖：「是！是！」刑天打量這個村莊，見街上人潮熱鬧，問：

「這個城鎮怎麼回事？這許多聚集的百姓，真的都是從天山國境內搬遷來的？」

掌櫃一邊翻櫃抓藥，一邊解釋：「是啊！是啊！實際情況我也不太清楚，不過江湖謠言，聽說狩獵族的殘黨不甘心被四國聯盟的軍隊打敗，打算先聚集軍隊向天山國發動攻擊。天山國境內的百姓聽到這個消息均是人心惶惶，因此才會移居外地，跑到這個小鎮闖一闖事業。」刑天思索：「狩獵族的行徑真是囂張，故意放出消息，豈不是讓嬋郡主他們早有防備？」掌櫃把藥用油紙包好：「客人，這些是你的藥材。」

刑天付清銀子，抱著笙快步離開，隨後又在附近店鋪買了金針、火炭、白蠟、豬油和鐵鍋。他抱著笙跑到一處偏僻地，點燃火炭，把幾包藥材磨成細粉裝在鐵鍋，用豬油加熱，又將白蠟化溶混入藥漿攪勻，等待那鍋熱油冷卻，才端著油鍋走回笙的旁邊。

眼看笙依舊睡得安穩，刑天迅速從鐵鍋挖起三大匙蠟油，塗在自己和病患肩膀的傷口。笙精神不濟，兩眼半睜半閉甦醒來：「我...我在哪裡...」刑天見她病容憔悴，吩咐：「別亂動！妳傷得很嚴重！」笙睜大雙眼，氣得胸脹又咳嗽：「你！你...你...咳咳...殺人兇手！」刑天把蠟膏攤貼，塗在對方肩膀，撮個綿包濾淨裹好：「我如果真要殺妳，妳現在已經死在這裡了。」

笙的肩膀上藥，吃痛叫了聲啊，半昏半醒問：「你...你...你為什麼要救我性命？」刑天毫不理睬，自把藥膏塗抹在對方的肩膀：「翠雲公主，這是『封口金瘡』，主治刀劍和火藥炸出的傷口。若將這藥塗在傷口，可生肌肉，只不過當時妳距離火藥太靠近，這肩膀傷得嚴重，需要塗抹更多的膏藥封口，因此我才在妳肩膀塗抹大量的藥膏。」

笙聽他描述理由，但想自己性命終究無礙，乖乖躺著沒有亂動，又問：「究竟是不是你殺了我爹？」刑天耐心把那封口金瘡塗抹完整，再以綿包濾淨，綁在對方的肩膀：「這個封口金瘡的藥效非常靈驗，我想妳的傷勢會康復極快，不到十天應該就能夠痊癒，我能幫妳的就到此為止，我們後會有期。」笙喚：「等等！」

刑天踏出兩步，回過頭：「還有什麼事情？」笙再追問：「究竟是不是你殺了我爹？」刑天答：「我不是已經跟妳說過了嗎？我有很重要的事情需要處理，等這一切水落石出，我會再告訴妳誰殺了妳爹。」

笙仔細盤算，心想：「沒辦法和他正面交鋒，可得設法弄出一些迷魂藥，使個出手段把他弄暈，再捉去治罪。」刑天見對方沉默不語，行動更加嚴謹小心：「好了！妳的傷我已經替妳包紮好了，現在的妳應該有辦法照顧自己，那我們後會有期吧！」笙試圖拖住對方：「慢著！」刑天為了搭救明鏡，片刻都不肯耽誤：「等妳傷好，趕緊離開這個小鎮，走得越遠越好，否則若被狩獵者遇見，可就不妙。再見！」說著，隨即翻個筋斗，雙腳在狹窄巷道的牆壁用力一蹬，躍上屋簷離開。

也不知跑了多久，天色逐漸開始轉暗，刑天有傷在身，潛入小鎮附近的民宅偷了乾糧和饅頭，悄悄溜走。他晝夜趕路，累了就露宿荒野，等昔日再動身。

到了夜晚人煙無寂，刑天在彩雲峽附近的山崖歇息，眼看那峻峭山壁伸手不見五指，漆黑一團，連月亮都給遮蔽了。天空看不見任何飛鳥影子，透過岩石銜接處，隱約傳來飛瀑的流水聲。

刑天看著山下不遠處一座島嶼，心想：「現在已經距離蓬萊島不遠了，過了彩雲峽那座最高的山峰，再走兩天路程，應該就能抵達。」正思索著，仰頭眺望峻峭山峰，轉念又想:「狩獵者洩漏了消息要攻打天山國，他們明明曉得嬋郡主那邊有三隻四象獸鎮守，這麼做不是自尋死路？」心中雖然隱約擔心天山國的安危，但想其餘三國均會派兵支援，況且自己淪落成逃犯，眼下最重要的事情就是救出明鏡，並且捉住魄狼以證明自己的清白：「看這地勢險峻難行，就算有追兵趕來，也必須先砍伐樹木，才容易發覺我的行蹤。」看這荒野毫無動靜，更覺心安。

附近都是翠林峽谷，谷底的河流水勢湍急，有山澗清泉直瀑而瀉，刑天從包袱掏出乾糧和火折，又把繫在腰袋的如意風火輪卸下，掛在樹幹：「看這天空的浮雲飄得很快，今夜可能會有大風，我得找大片葉子，若是天氣冷了，還可覆蓋在身上取暖。」轉過頭看，忽見樹上長滿了許多橢圓褐色的野果：「咦！是獼猴桃？」

當下把那橢圓褐果摘下樹幹，走到山澗清泉洗淨，張口咬去：「聽說這獼猴桃可以止暴渴，解煩熱。」咬了幾口，這野果嚐在口中酸甜香醇，隨後又在附近生起柴火取暖，將牛皮袋裝滿水，準備就寢。

正要睡時，不料忽被一陣馬蹄聲驚醒，刑天立時警覺，詫異：「咦！這荒郊野外，哪裡來得聲音？」迅速將如意風火輪取回，綁在腰帶，抓起泥沙撲滅火堆：「難不成是山賊？」

黑夜中一陣寂靜，忽聽見有個聲音，隱約從山邊不遠處傳來：「樂師，你手上的傷怎麼樣？」刑天暗詫：「咦？這女子聲音？是狩獵一族的乾闥婆？若是她在此，既表示符爆師錦那羅也來了？」才思索完，果然聽見有個男子說道：「仙...仙姑，妳是在嘲笑我沒用處了嗎？」乾闥婆繼續說：「樂師，拖愈久愈痛苦，你的右手臂已經廢了，長痛不如短痛，依我看不如砍掉你的右手吧？」錦那羅忍著疼痛，咬牙切齒道：「崑崙和白雲齋那兩個傢伙，居然合力用四象獸對付我們，若非我不懂得召喚幻獸，我倆絕對可以打贏這場戰爭。」乾闥婆嘆口氣：「樂師，你是可遇不可求的夥伴，若失去你，我真不曉得是否能再遇見第二個。」

錦那羅道：「妳在開玩笑嗎？即使是我的右手受了重傷，也絕不能砍掉。咱們的才能可是上蒼賦予的使命，沒有了右手怎麼能彈琴？沒有了琴聲，人生將是一場錯誤。」乾闥婆問：「你打算要怎麼做？」錦那羅抬頭眺望星空：「我現在什麼都不想做，只想要在此養靜，與妳合奏一曲。」

乾闥婆纖腰嫋娜，從袖紗掏出一個紫仙琵琶：「樂師，我是欣賞你儒雅俊秀，這次就破例合奏一曲。」錦那羅從肩膀卸下無弦琴，慢慢調整弦音：「世上有兩種琴聲，好琴聲和壞琴聲，我只彈奏好的那種。如果能找到一個合奏彈琴的知己，我就很幸運了。」

乾闥婆微笑：「樂師，你的琴賦講究指法，定要整套彈完才能養心解悶，我的紫仙琵琶若是按不得法，五音和六律的清濁高低立刻就會破壞曲調。」錦那羅搖頭：「我也幾日沒彈了，妳只需記得按弦時不可過重，輕度要如蜻蜓點水。」

二人撫琴一回，細彈細奏的樂聲隨風飄揚，林中的雀鳥都棲息在樹枝竊聽。那樂韻悠揚的靡靡之音蕩人心弦，忽有個黑影緩緩走來，錦那羅和乾闥婆均詫：「什麼人？」刑天抄出如意風火輪：「嘿！真沒想到我們又會在此見面了。」乾闥婆收起紫仙琵琶：「咦！蓬萊御史？」刑天問：「你們兩個是被白雲大人和崑崙大人打成重傷之後，逃到此地養傷的吧？」

錦那羅一手抱起無弦琴，背在肩膀：「從剛才為止，你一直在竊聽我們撫琴奏樂？」刑天搖頭：「誰有那個心情？我可是奉命來剷除你們這些狩獵者的。」乾闥婆冷笑：「憑你一個，就想擺平我們？」刑天道：「方圓十里內都已經埋伏了士兵和陷阱，你們是逃不掉的！」

二人聽了這話均是警戒，錦那羅左看右看，山中漆黑卻不見任何燈火：「哼！無論假話真話，一旦從口中說出，聽起來總是讓人覺得很愚蠢。蓬萊御史，你用謊言作為誘餌，以為自己這樣就能把我們兩個釣上鉤？」刑天反問：「半夜三更，你們兩個在山上撫琴奏樂，就算引來大批軍隊也不足為奇吧？」錦那羅哈哈一笑：「瞞天過海的謊言我見得多了，但是就算這地方真的被伏兵包圍，我也不會驚訝。」刑天心想：「可惡！他不上當。」

乾闥婆吩咐：「樂師！替我製造氣溫變動，我要召喚雪象獸，殺掉這人。」錦那羅把雙手往褲袋一抄，摸出符紙：「看來我們又不能安靜養傷了。」

一股陰寒之氣迎面襲來，冰雹紛飛，前方隱現出一片冰原雪山。刑天定睛注視，思索：「糟糕！是氣溫變動！」錦那羅撫弄琴弦，指法精巧的彈了幾聲：「仙姑，我受傷之後靈力有損，符咒威力恐怕不能維持太久。」乾闥婆答：「我會盡快解決他！」說著，摸出一串靈珠拋向天空：「靈幻術！雪象獸！」

山形移位，冰壁陷處破開了一個洞穴，有隻長毛巨象張大闊嘴，由喉間噴出一團雪球。

刑天見狀，如箭一般飛轉身向後逃：「擒賊擒王，必須先想辦法引他們上鉤，制伏幻獸師。」

雪球擊在岩壁，好些石塊忽然崩塌，轟隆之聲響徹天際。受到震波的岩石相繼坍塌，好似全山都在搖動，刑天施展輕功翻過山坡，攀岩踏雪，喘著氣疾向前奔行：「我沒空和你們浪費時間，後會有期！」

二人一怔，心想：「怎麼突然逃跑？」這才恍然大悟，對方激自己召出幻獸，目的就是要將軍隊引來，既已上當，只好將計就計。乾闥婆和錦那羅二話不說，身如捷猿追逐在後：「樂師！趁他一人，這是解決掉四國御史的好機會！」、「我曉得！我不會讓他逃走的！」說著，忽又伸手抄出兩張靈符，喊道：「冰雹術！雪霧紛飛！」

刑天擁有一身好武功，靠著吐納也能抵抗寒冷氣候，無奈靈符把前方變得雪景壯闊，一片白茫茫看不清楚路徑：「糟糕！是障眼法！」三人均是身輕體健，在冰原上疾行如飛，錦那羅手掐靈訣，不斷揮舞符紙：「仙姑！我困住他了！妳快用雪獸制伏他！」乾闥婆驅象迎敵，喊：「捉住他！」

長毛巨象的鼻子伸長數丈，一個大旋轉甩了過來，刑天回頭驚看：「咦！什麼？」當下驟不及防，想要瞬身遁避卻來不及，痛辣辣被那象鼻打在背脊，擲出老遠倒臥在地：「呃...呃...可惡...」乾闥婆飛趕來：「吶命吧！雪獸！劈開他！」

毛象咧開大嘴，長鼻自半空劈下，刑天不由大吃一驚，急喊：「神隱霧遁！」

巨獸逞起威風，長鼻劈在地面竟將岩石損毀成碎礫狀，空氣中瀰漫著雪霧，刑天爬出雪堆，喘氣：「咳...咳...再逃慢一點，差點就被殺掉了。」當下雖然自己一身本領，卻被幻獸擺佈得體無完膚，乾闥婆見敵人無力抵抗，顧不得將他迅速收拾：「雪獸！再上！」

毛象的長鼻一甩，刑天又再次使用瞬身移位僥倖閃掉，錦那羅夾攻過來，袍袖一展，抄出靈符喊：「仙姑！妳攻擊他左邊！」

乾闥婆將手一指，雪獸忽然將鼻子向左伸縮，以鼻擎住敵人的右腳，拋去數丈。

刑天原本想用瞬身術遁開，身受禁制卻無法逃脫，一頭撞入雪堆，冰涼徹骨：「可惡！又太大意了。」長毛象走到膝前伏跪，乾闥婆冷呵呵笑：「沒想到遠近馳名的蓬萊御史，今天要喪命於此了。」

刑天咬牙切齒，負痛爬了起身：「我...我不會再給妳出手的機會了。」錦那羅飛趕過來：「蓬萊御史，這世界太多陷阱，有時候能讓你跌得滿身傷痕，還是渾然不知。」

雖然刑天被象鼻擲出幾丈，撞得渾身骨節酸痛，但是經過幾次教訓已經將動靜觀察清楚，冷笑：「嘿！陷阱？你們真的以為憑著你們兩個，就有辦法打贏我嗎？」錦那羅警戒：「什麼？」刑天舉起如意風火輪，喊道：「山靈獸！出來！」

天空中旋起紅雲，有隻巨龍破地而出，闊嘴一張咬住長毛象的下顎關節處，錦那羅和乾闥婆難以抵禦，左右逃開：「糟糕！忘記他身上有萬古神器！」、「可惡！陷阱果然是無處不在。」刑天的手中握著如意風火輪，雖然金箍環燃起火焰，那火卻不燒身，只是順著穴道骨脈流遍全身：「冰是無法抵擋火的熱度，你們已經輸了。」

乾闥婆把紫仙琵琶抱在懷中，護住前胸喊：「雪獸！快用冰柱困住火龍！」

長毛象的下顎被鮀龍緊咬不放，獠牙深入顎骨，刺住喉間，全身又被烈火燒得炎熱，根本無法造出巨大的冰岩。鮀龍身上的火焰把附近耀照如同白晝，雪獸漸漸抵禦不住烈火威力，地面的積雪都溶化成水。乾闥婆狀看地勢才恍悟山上能靠著雪崩驅散火焰，敵人卻引誘自己二人來到了平地，用意就是要用大火消耗雪象獸的靈力。

眼看雪堆都被火焰吞噬，煙沖雲霄，天空立刻被燒得一派通紅。雪獸漸漸抵禦不住烈炎，乾闥婆又毫無脫困之策，只好衝向敵人：「樂師！先搶下如意風火輪！」錦那羅追隨在後：「仙姑，人不為己天誅地滅，如果發生什麼意外，我可不會捨身救妳的。」

乾闥婆問：「難道你沒有任何感情？」錦那羅回答：「什麼感情？沒有謊言比感情更危險的，它可讓你死的時候仍舊渾然不知。」乾闥婆道：「怎麼？你擔心會被殺掉嗎？放心吧！你很快會習慣的。不要擔心敵人太強，相信你自己夠殘忍、夠堅決，就不會死！」錦那羅冷笑：「廢話別多說，敵人來了，準備好應戰吧！」

刑天的速度如疾風一般飄來，錦那羅上前抵禦，豐姿飄逸的舉起無弦琴彈奏：「滅魔神音！」手中的琴聲夾雜一種強烈樂奏，好似無形飛刀照面擲去，那樂聲震得自己耳鳴目眩，刑天曉得魔音厲害，一個瞬身閃到面前，試圖阻止：「別想施展邪術！」

錦那羅的琴弦魔音驚奇刺耳，傳入耳中肯定震得臟腑損裂，可惜敵人的身影忽像煙霧迸散開，隱現眼前：「咦？好快！」猛覺頭昏眼花，想要躲開已經太遲，刑天手持如意風火輪向肚腹斬來，情急中只好低頭閃避，可惜速度趕不上他，一個大意竟被刑天用左手捏住喉嚨，玄陽烈火把自己脖子燒得冒煙，錦那羅哎喲想叫，無奈喉嚨被人扯住，叫不出聲：「啊...啊...啊！」

乾闥婆見同伴有難，抄起紫仙琵琶前來救援：「蓬萊御史！明年的今天就是你的忌日！」刑天的體內有如烈火一般的真氣相助，左手瞬間燒成火圈，冒出一團火霧：「火象通靈術！焰火柱！」

一團火雲照面撲上，乾闥婆曉得若不避開就會陷入危境，腰身一轉，滾倒在地：「樂師！快用靈符！」錦那羅被掐著脖子無法動彈，聽同伴提醒立刻抄出符咒：「靈符破爆術！」

不料還沒點燃，引爆符的硫磺已經觸動敵人身上的烈火真氣，火勢助長竟燃燒符紙。一股烈火的真氣由頭頂百會穴竄到腳下湧泉穴，通過任督二脈，貫穿全身經絡，刑天體內的氣血通暢，火焰真氣順著陽蹻脈上下循環：「咦！原來這就是如意風火輪的真正威力？」

引爆符的威力助長火勢，刑天無意之中發現了火靈珠的奧妙之處，眼看金箍環的真氣盡數彙聚掌心，手心一熱，雙拳瞬間燒成兩團烈火：「好！你們兩個準備受死了！」

錦那羅直喊邪門，無弦琴掉落在地，脖頸已經被火焰燒得焦黑：「呃...呃...」刑天鬆開左手，拋下他道：「你已經輸了。」錦那羅捂著脖子，厲聲道：「就...就算殺了我...你也無法阻止戰爭的...」刑天望著對方：「能否帶來和平我並不在乎，只不過我曾經答應過幽，我會親手結束狩獵族的這場戰爭。」

錦那羅面目猙獰，冷笑：「嘿...嘿嘿...別假裝這世界仍然美好，瞞天過海的謊言我見得多了，沒有什麼比謊言更加危險，它可以讓你死得時候渾然不知。人生經歷太多變化，很容易會變得搞不清楚狀況，謊言讓人迷失方向，找不出合理解釋，人...人生真是莫名其妙...」

刑天聽不明白對方在說什麼，略一停頓，乾闥婆揚手擲出兩枚攝魂釘：「樂師！讓我送你一程！」刑天不曾留意，瞥見暗器射來，縱身一躍逃脫了開：「妳連自己人都殺？」錦那羅的胸口刺著攝魂釘，全身抖顫不停：「我...我不是已經說過了嗎？這世界太多陷阱，謊言喜歡戴著無辜的面具，一臉慈眉善目，讓你跌得滿身傷痕，死...死得時候還渾然不知...」

刑天曉得狩獵者為了防止敵人從俘虜身上套出秘密，出手時會毫無惻隱殺了同伴，這時見乾闥婆緩緩走來，說道：「樂師，你是一個可遇不可求的夥伴，失去你，我恐怕不能再找到第二個知己了。你不要擔心，很快就會習慣的。」錦那羅疑問：「仙姑...妳覺得我太仇視人了嗎？」乾闥婆搖頭：「此時此刻，你想聽真話還是假話？」

錦那羅抬起頭仰望天空：「人都曉得話語無法代替真心，卻總是被話語欺騙，過去的已經消失，將來的更是渺茫，唯...唯有此刻才是真實...」

乾闥婆抄出一柄利刀，插在對方胸膛：「可悲的是...許多人對實話感到吃驚，對謊言感到意外的卻不多。藥師...你安息吧...」錦那羅吐出幾口鮮血，冷笑：「誰...誰還再信妳的鬼話...」講完，胸口冰涼，手足僵硬就此不動。

刑天冷靜看著敵人：「為了不讓俘虜在戰爭中留下任何線索，妳竟然連自己的同伴都可以狠心殺掉？」乾闥婆回答：「殘忍也是感情的一部份，藥師不夠殘忍，所以活得不久，這是他應得的懲罰。」

刑天道：「看來妳也會用謊言讓敵人放鬆戒備，然後趁機一刀殺掉我吧？」乾闥婆冷然問：「蓬萊御史，看來你未曾經歷過大風大浪，所以無法體會話中含義？欺騙本身並沒有錯，有的時候，事實比謊言更加殘忍，更加傷人，不是嗎？」

刑天聽了這話，不知為何，胸口一股莫名委屈如受重擊似地，暗想：「事實有時比謊言更加殘忍？」乾闥婆招呼：「我們後會有期！」刑天抬起頭喊：「別想逃跑！」乾闥婆結個靈訣叫：「雪遁術！冰封寒禦！」刑天心驚：「糟糕！忘記還有那隻巨象！」

長毛象遍體寒凍，周圍忽堆起千丈冰壁，將虪龍阻擋在外。眼看雪象獸用堆積丈高的冰雪當作屏障，隔絕了山靈獸的攻擊，乾闥婆又喊：「雪嶺崩塌！」

頓時一陣轟隆聲，壓迫之力竟使得冰岩坍塌，迸得碎裂。虪龍被碎冰給掩埋，索性身軀的熱度迅速融化了冰雪，雪團撞在火焰散出煙霧，竟把周圍全都遮蔽，白茫茫的難以目視。

刑天曉得敵人趁勢想逃，一個飛身奔近，可惜火焰燒得碎冰霧氣瀰漫，看不清楚，乾闥婆早已經迅速遁到遠處，不見踪影。

第十四章 進擊的雷鳥

將近半個時辰過去，刑天抬頭眺望，遠處的鄉鎮有山環繞，一座寬闊木屋築立水畔：「那個幻獸師應該還在附近不遠處吧？」眼下似乎跟丟了敵人，左觀右看，附近有山泉澗瀑隱在霧中，他謹慎的走入鎮上，也不曉得究竟哪個地方才是去路：「咦！這是一座小鎮嗎？」

走到鎮上，見東鄰西舍大約七八十家，尋訪片刻才曉得這個地方是平瑤鎮。市集上有賣漿者搭了棚子在做生意，刑天沿著石階奔下斜坡，那道上有石牌跨路，經過一座牌坊，抬頭觀望，見石牌屹立中央，附近有巷道四面彎轉，宗宇祠和堂被古樹環繞，還有水磨砌成的青磚高牆，古色古香。

韻味濃厚的建築物古意盎然，有種迷離之感，前庭後院呈階梯狀，匾額高掛在房屋外，大紅燈籠和雕花彩繪的木柱豎立兩邊。
刑天抬起頭看，牆高七層樓，一整排屋簷向外翹，陽光從高處透射下，將池塘映照得波光瀲灩。走入暗巷，兩邊皆為房簷遮蔽，天只長長一條隙線，忍不住想：「這地方太容易藏身，如果那個幻獸師逃到此處，該從何找起？」

臉頰邊吹過一陣涼風，刑天見泉水順著房屋的渠道流過，像條小溪沖走，心想：「這地方真是寧靜...」

道路旁有柳枝被風撫動，鎮上的茂密樹林，每一處都是依山傍水，曲徑通幽。刑天來到鎮上搜尋乾闥婆的下落，因此不敢耽擱，也沒空歇息。右腳踏下石階，瞥見轉角屋簷有個黑影飛落，衝向自己：「蓬萊御史！留下性命！」

刑天轉頭見對方迅如疾風朝著自己奔來，背對敵人反應不及，差點就遭對方偷襲，抽出鐵錐彈開攻擊：「終於找到妳了！」雙方器械相交，擦出火花，乾闥婆被震得體內氣息翻湧，向後躍開：「真是可惜！」

刑天向後退了兩步，舊傷復發，無力的右臂差點兒握不住如意風火輪：「可惡！沒辦法再跟她繼續耗下去，必須儘早結束才行。」

乾闥婆見對方似乎有傷在身，將兩枚鐵錐貼在掌心，隨時準備出手：「你真是對我窮追不捨啊！」刑天嚴守戒備：「嘿...嘿...終於追上你了...」乾闥婆道：「要是你有所行動，我也不會安份待在原地等候你來攻擊的。」

刑天搖了搖頭：「我曾答應過幽，要將四國帶往和平的道路，你們狩獵族企圖攻佔四國，我豈能袖手旁觀？」乾闥婆道：「雖然我是個女人，但我可不是個弱女子，現在我們兩個的戰鬥可是殊死搏鬥，出手吧！還在猶豫什麼？」

刑天飛速迅捷，身影一閃向前衝去，雙手各抄出鐵錐：「我來了！看清楚！」乾闥婆反應機靈，後翻三圈用手臂撐住地一跳，騰上屋簷。眼看鐵錐飛來，待要閃避卻已不及，抄出紫仙琵琶，「鏗」幾聲將暗器給彈飛。她向後倒退三步，防禦：「好身手！」刑天聽對方稱讚自己，心中免不得有些得意：「妳若知趣，就快投降，或許還能有活命機會！」

幾枚鐵錐遭到紫仙琵琶擊飛，凌空旋轉，拋在丈許之遠插在牆壁。刑天和乾闥婆正在全神貫注，忽見遠處有幾支羽箭射來，二人均詫：「什麼？」雙方斜身避開，破空聲中又射來幾支羽箭，一個黑影敏捷的從旁飛奔近，銀光閃動，忽從口袋抄出鐵錐攻擊二人：「拿下這兩個罪犯！」

刑天驚望：「羌左使？」眼看對方的手中握著一柄金鵰弓，那射箭之人正是天山國嬋郡主的左護使風羌：「刑天御史！在你臨死之前，我還有個問題要問你。」刑天凝神戒備：「你想問什麼？你是奉嬋郡主之命來捉拿我的？」風羌問：「你為什麼要背叛四國聯盟？」刑天搖頭：「我沒有背叛四國聯盟。」風羌再問：「那為什麼要搶奪翠雲國的如意風火輪？為什麼要殺害雷烈大人和一千多條無辜的性命？」刑天冷笑：「我從以前開始一直都是這麼說的，我沒有背叛四國聯盟，無論如何，你們總是不相信了吧？」

風羌轉頭打量了乾闥婆幾眼，朗聲吩咐：「眾士兵聽令！嬋大人有聖旨，即刻捉住這個幻獸師！」

街道河畔相鄰，水巷繁密，忽有許多人擎起劍戟，一整隊伍押著盾牌趕來。刑天暗詫：「全是天山國的士兵？好大陣仗！」眼看駐兵黑壓壓站了一堆，封鎖岸邊，侍衛陸續從背後筒子抽出羽箭，手指一鬆，瞄準目標射去：「困住她！」乾闥婆抖轉長袍，兩條翠袖旋轉如風，羽箭全數捲開，掉落地下：「真是一群沒用的東西，這種程度是傷不了我的。」

弓兵再從筒中抽出羽箭，喊聲射去：「放箭！」乾闥婆反應極快，腰身一轉又把羽箭抄在翠袖，拋在地上：「這些士兵這麼弱，卻陰魂不散。」兵丁舉刀持劍，接二連三擁上喊：「殺啊！」

乾闥婆曉得敵人實在太多，若是硬拼只會吃虧，縱身一跳騰上屋頂：「沒空和你們糾纏，再會了！」侍衛鼓噪混亂：「快追！」

十幾枝羽箭射上天空，乾闥婆用紫仙琵琶當成掩護，旋圈一轉，彈飛弓箭。屋頂上箭雨如蝗，短短距離變得寸步難行，她護住週身要穴，用琵琶撥打羽箭：「可惡！真是糾纏不休！」士兵喊：「快捉住她！」

乾闥婆身手矯健，用紫仙琵琶彈飛了羽箭，腳貼著磚瓦橫步移動：「必須先想辨法離開這邊。」

風羌見敵人輕易擋掉士兵攻擊，正想親自出手，刑天忽然奔近，一個飛身擋在面前：「不要小看她，要打敗她，必須以殺死她的心態去迎戰。你退到後面去！」風羌怒吼怪叫，忽舉起金鵬弓，劈面砍下：「別裝好人！天山國還有一筆賬要跟你算！」刑天被逼得向後撤退：「我說過我沒有背叛四國聯盟！我們擁有共同的敵人！是狩獵者！」

風羌的金鵬弓砍在屋頂，磚瓦碎裂：「少耍花樣！你用什麼計謀迷惑海棠？促使她也背叛了我們？」刑天睜大雙眼：「你胡說什麼？」風羌道：「海棠背叛了天山國...背叛了嬋大人和我們！是因為你的緣故吧？」

刑天搖了搖頭：「我不曉得你在胡說什麼，但是眼前解決這個狩獵者要緊，我沒空跟你胡鬧，等解決了她，你再跟我解釋清楚。這場戰鬥是我跟那個幻獸師之間的事，你不要牽扯進來，我會親手將她制伏！」講完，一個飛身在空中散成煙霧，瞬間閃在乾闥婆的面前：「投降吧！沒有符爆師協助的妳，還有辦法召出幻獸嗎？」

眼看民宅附近有許多侍衛駐守，乾闥婆進退兩難，跳下屋簷：「不想死的讓開道路！」士兵嚇得撤開兩邊，退出一條道路：「大家小心！」刑天跟著躍下屋簷：「我會在這些士兵出手之前...結束這場戰鬥！」

乾闥婆沒有符爆師的協助，已經無法使用氣溫變動而召出幻獸，眼看敵人速度如風，自己的招式彷彿受到限制：「可惡！繼續待在這肯定無法活命的！」刑天黑影一閃，又用瞬身術遁到左邊：「投降！」乾闥婆吃驚：「糟糕！」

刑天揮出如意風火輪，籠罩敵人周身要穴：「謊言會讓妳迷失自我，妳也該衡量自己光景，好好的面對現實了！」乾闥婆見那金箍環來勢勇猛，不敢用紫仙琵琶硬拼，潛神運勁跳了開，心想：「這個蓬萊御史深謀遠慮，看來我沒有勝算了，該怎麼辦好？」立刻將琵琶挾在腋下，雙手伸入袋中抄出鎖骨釘：「你不怕死就過來！」

風羌在旁觀戰也忍不住叫：「小心暗器！」刑天識得鐵釘厲害，向後躲避：「羌左使！這些鎖骨釘有劇毒，快撤開軍隊！」乾闥婆忽抽出紫仙琵琶的琴弦向上一甩，迴旋飛舞：「蓬萊御史，你奮不顧身掩護這些廢物，倒是顯得大仁大義啊！」講完，琴弦一抽，往對方頭顱劈下。

刑天為了掩護侍衛，可惜慢一步竟被琴弦纏住腳踝，差點摔倒，倒立把手撐住地面，喊道：「火象通靈！」

沒想到才剛講完，烈火威力受到了如意風火輪的牽引，火焰順著刑天的陽蹻脈輪動流轉，竄到腳下湧泉穴，竟將那根琴弦製成的長鞭引火燃燒。乾闥婆見手中的長鞭冒起煙霧，詫異：「咦？糟糕！怎麼回事？」還在遲疑，敵人已經衝到面前：「這種程度的攻擊，對我來說毫無用處！」乾闥婆立刻鬆開長鞭，揮手攻擊：「又想用你擅長的瞬身術逃跑嗎？」

刑天的腳踝被那琴弦製成的長鞭抽出幾條痕跡，忍著疼痛，往敵人攻擊：「我的能力遠遠超過妳所能預料，不管怎麼戰鬥，妳都無法打贏我的！」乾闥婆的手心一熱，彷彿給野火燒過，痛得跳開：「這可是如意風火輪的能力？可惡！別太小看人！」當下不敢過份逼近，身形一閃往右滾避，紫仙琵琶幻化數道虹光之後，又再攻擊：「這次總該捉住你了！」

刑天靠著瞬身術閃到背後，舉起如意風火輪抵在脖子，冷然道：「膽怯只會讓人心生恐懼，妳已經輸了。」眾士兵在旁觀戰，風羌橫眉一豎，喊道：「拿住他們兩個！」乾闥婆曉得若是自己亂動，勢必就有性命之憂，冷笑：「看來你和我的命運一樣啊？」刑天不敢輕舉妄動，盯著周圍靜觀勢態：「羌左使，這是什麼意思？看來你們還是不信任我嗎？」

風羌冷靜觀察，見那琴弦製成的長鞭被火焰燙得焦紅，審細打量：「刑天御史，你究竟有什麼陰謀？為什麼要離間海棠來背叛我們？」刑天反問：「你在胡說什麼？」風羌狐疑：「你是真的不知道，還是裝傻？」刑天道：「究竟是怎麼回事？」

風羌聽對方問起，腦海中突然浮出一個記憶：

天山懸樓殿外塵灰起處，忽颳起一陣大風，殿內安靜，走廊傳來嬋的叫聲，喊道：「來人啊！」風羌快步飛趕，循著路徑推門進房：「嬋大人！發生什麼事情？」

士兵隊伍人數極多，陸續湧進殿堂：「殿內有動靜！保護嬋大人！」嬋回頭望眾人一眼，臉上不快樂說：「立刻召告翠雲國、蓬萊國和鬱樹國，海棠盜竊了地靈獸白尾麋，叛離天山。從今天起，她不再是天山懸樓殿的棠右使，遇者斬殺！」講完，轉身先向外走，飄然出門，頭也不回往大殿離去。

事出突然，風羌聽到這話，心裡感覺冰冰涼涼，站在原地獃著不動：「什...什麼...海棠她...」

眾人聽了命令不敢違抗，背後有許多侍衛分作四隊，湧入殿堂：「嬋大人有令！把懸樓殿看守住，海棠那個叛徒應該還沒跑遠，快搜出她的行蹤！」幾個守衛又持槍趕來喊：「保護嬋大人！大家快捉住叛逆者！」風羌跪倒在地，垂頭嘆氣：「怎...怎麼會這樣？」

想到這邊，腦海記憶又變一團模糊，風羌沉默半晌，回答：「海棠離開了天山國，難道這事真的與你無關？」刑天搖了搖頭：「我不曉得你在胡說什麼...」

乾闥婆將二人的對話聽在耳中，盤算：「必須想辦法逃離這邊，否則逗留在此，只是自取滅亡。」忽把頭向右側偏開，舉起紫仙琵琶抵擋如意風火輪叫：「蓬萊御史！去死吧！」風羌暗覺不妙，睜大眼喊：「小心！」

刑天全然充耳不聞，身手奇快的閃到敵人面前：「還沒死心嗎？妳已經輸了！」不待講完，如意風火輪勢走輕靈，畫個半弧砍在脖頸上。乾闥婆被逼得向後滾避，只是無論如何終躲不掉，胸前削出一痕長長口子，跪倒在地：「可...可惡...這究竟是什麼招式？」刑天冷然道：「瞬身術之神隱霧遁！」乾闥婆感覺胸前濕濕黏黏，低下頭看，殷紅色的鮮血滲出衣襟：「蓬萊御史...你很厲害，年紀輕輕...確...確實...人...人不可貌相...」講完，脖頸斷開，血淋淋的頭顱滾落地下。

刑天一發不語，背向風羌走遠三步：「剛才我已經說過了，這個幻獸師交給我來阻止。」

在場的侍衛見對方瞬間殺掉狩獵者，如敬畏天神一般不敢觸犯，均向後退：「風...風羌大人！他...他...」

刑天見到許多天山國的軍隊，問道：「為什麼你會出現在蓬萊國的範圍之內？」風羌回答：「天山國收到消息，雷烈郡主才剛逝世，翠雲國的境內肯定亂成一團，狩獵族的殘黨打算趁這時候攻打翠雲嶺，所以嬋大人派兵支援，差遣我先去協助。你若對四國還有一絲忠誠，就不應該趁這時候起來造反。」刑天道：「那是你們天山國和翠雲國之間的事，我對此毫無興趣。」

風羌問：「為什麼要搶奪如意風火輪？你的意圖究竟是什麼？」刑天答：「這你不必管，等真相水落石出，我就會親自將萬古神器歸還給翠雲國，只是現在的我需要借助四象獸的力量。」風羌道：「沒有如意風火輪的力量，翠雲國絕對無法抵抗狩獵族的攻擊，這嚴重性你豈不曉得？」刑天道：「我沒空跟你解釋了，我們再會！」

風羌怒氣填胸，舉起金鵬弓喊：「叛徒！站住！」

刑天在四國境內極少遇過敵手，也不想用武力與對方一較高下：「羌左使，說謊之人無法結交到讓自己信任的夥伴，無論你信也好不信也罷！我沒有跟棠右使談過任何事情。你若要有所行動，就應該先查清事情的真相，誤解只會引發兩國的鬥爭，那鬥爭勢必會將戰爭的野火蔓延到四國各處。」

風羌不清楚對方有何陰謀，凝神戒備：「如果你要證明自己的清白，就先跟我回去天山懸樓殿會見嬋大人一面，將事情經過解釋清楚！」
刑天不願惹起爭端又急於找回明鏡，便將如意風火輪放入袋內：「在真相尚未水落石出之前，我還有重要的事情要先調查清楚，請恕我無可奉告，失陪了！」風羌喚叫：「等等！」正要攔阻，卻見對方如煙霧一般，消失在黑漆漆的暗巷之中。

刑天為了避免重蹈復轍又和軍隊糾纏上，揀了小道繼續趕路，索性剛才自己用神隱霧遁之術甩掉風羌，若是再被士兵圍攻，又要浪費氣力。眼前心甚掛念明鏡的安危，腳步輕快不敢再停頓，道路兩邊的花叢迅速倒退，速度竟是愈奔愈快。他邊跑邊思索：「棠右使背叛嬋郡主，離開了天山國？這樣對她有什麼好處？」

過了三柱香，刑天來到了一座碼頭，遙遙相望，隱約可見島嶼藏在霧中：「終於回到這邊了。」轉頭四處看了看，附近均有打鬥痕跡，地上到處散佈著蓬萊國的旗幟和刀械，血跡斑斑，心驚：「難不成羌左使說狩獵者準備偷襲蓬萊島的消息是真的？糟糕！碼頭的駐兵都被殺掉了，難不成那些狩獵者已經潛入了宮殿？」

一陣微風呼颼而過，吹得身上的衣袖蕩三兩下，刑天無法渡船，思索：「該如何抵達對岸？」左顧右盼，草叢後突然轉出一個男子，嚇好大跳：「哎喲！」刑天和他面龐相對，飛快擋在身前：「等等！」

男子膽顫發抖，嚇得神態失常：「大...大英雄，求...求求你別殺我啊！」刑天問：「碼頭這邊發生了什麼事情？」男子怕得跪地討饒，磕頭哀求：「小的什麼事情都...都不知道，小的...小的只是個划船的...貧...貧窮人家...」刑天再問：「碼頭這邊究竟發生了什麼事情？怎麼死了這麼多人？」船夫嚇得磕三個響頭:「回大英雄的話，這...這可不關小人事啊！求大英雄饒得性命，小...小的將身上的銀子全都給你...求大爺饒我性命吧！」刑天道：「告訴我發生什麼事情！」

船夫嚇得描述經過：

畫面轉到幾個時辰之前，碼頭附近有許多艘船逆江行駛，岸邊站著閒聊的旅客，相互介紹，並且敘說各人搭船的原因。船夫幫忙把行李擯在一邊，與幾個外地富商輕談：「客人要搭船去蓬萊島嗎？來來！這邊請！這邊請！」

岸邊還有販布的商人趁這機會做了一些買賣，要搭船的婦女看見首飾，挑幾條翡翠手環和青緞項圈準備付錢，忽聽見碼頭哨崗傳來喧嚷聲喊：「好大膽子！大家快圍住他！」旅客嚇得紛紛退避：「那邊究竟發生什麼事？」船夫安慰：「大家別驚慌！那只不過是官府捉賊罷了！」旅客驚慌：「捉個賊需要動用大批軍隊嗎？碼頭怎麼突然來了一批軍隊？」船夫急忙解釋：「大家別怕！大家別怕！據說彩雲峽附近有座洞窟，是海盜的賊窩，往來的船隻曾經遭到過劫掠，所以蓬萊國的白雲大人派了許多駐兵看守，大家不必擔心！」

有個侍衛瞪那船夫幾眼：「哼！百姓別湊熱鬧，快點離開！」船夫引領旅客上船：「大家別看了！快點上船！咱們準備啟程！」渡船的旅客踏上甲板，邊走邊看碼頭的遠處：「究竟發生什麼事情？怎麼那麼多官兵？」

一陣微風吹過，遠處有個男子的背上背著一個大爐鼎，獨自站在核心中央：「老夫喜歡結識天下的英雄好漢，一向也敬重賢士，可惜你們這群士兵都只是一些垃圾和蠢蛋，若不趁早除去，只會像老鼠愈生愈多。」

駐守碼頭的士兵見面前站定一個男子，多半都認得他是狩獵族的幻獸師帝釋天，大家見他單身一人來到這，不由暗暗佩服敵人膽量，有個蓬萊士兵回答：「你們狩獵族多行不義，以致身敗名裂。狩獵族的王！我們奉了白雲大人之命，要將你捉拿入獄！」帝釋天哈哈大笑：「老夫在此也算得上是貴客，怎麼不請你們白雲郡主出來接見？」士兵回答：「你有什麼話，只管當眾講出來，由我們來收拾你就夠，用不著白雲大人親自出馬！」

帝釋天聽了又是一聲怪笑：「老夫乃是創立狩獵一族的始祖，不值得與你這後生小輩接談。」侍衛叫：「既然如此，那有什麼話，就在地下跟閻王爺說吧！」帝釋天仍舊談笑自如，不把眾人放在眼中：「嘿！一群不自量力的蠢蛋，要殺老夫，只怕不太容易？」

蓬萊士兵叫：「這裡可是蓬萊國的領土，前輩已經鬧動了境內，白雲大人差派騎兵在境內搜捕，你就算武功再高，想要逃走，只怕比登天還難。」帝釋天冷笑：「嘿！你說老夫要逃走，比登天還難嗎？眾位真的如有本領，老夫等恭候大駕。」蓬萊士兵喊道：「戰爭才剛結束，盤岩宮淪陷，你們狩獵族全被四國郡主打得落荒而逃，白雲大人需要時間安定民心，今日就讓我們來為民除害！」

帝釋天搖了搖頭：「誰說戰爭已經結束了？正是為了戰爭的緣故，老夫才親自登門領教，你們也不必再以口舌取勝，看來只有先殺掉你們這些蠢蛋的性命，才能叫人服氣了。」侍衛喊：「大家攻擊！」帝釋天仰起頭笑：「來得及嗎？」瞬間一個飛身衝進人群，塵土飛揚，碎沙碎石打在旁人身上，均感刺痛。

蓬萊國的士兵被那股氣勢逼向後退，唯恐被敵人的掌風擊斃，「咻」一聲突然有羽箭射去，一個侍衛舉起弓喊：「攻擊！」其餘的同伴跟著射箭：「大家別驚慌，我們困住他了！」士兵高舉火炬，手持刀械圍住敵人：「再攻擊！」

帝釋天觀看四方，腰轉半圈忽把背上的爐鼎卸下，將雷靈珠拋入鼎內，唸個咒語喊：「雷鳥！出來！」火花飛濺了四尺高，忽聽遙天幾聲長嘯，一隻巨鳥飛舞衝上半空，蓬萊國的士兵在陽光下看個明白，嚇得後退：「大家小心！射箭！」

雷鳥在光線的照耀下銀光爍閃，展開羽翼，衝到面前，混亂中奔馳出幾匹鐵騎企圖擺出槍陣攔截，不料卻被雷火打中，起火燃燒。其餘的侍衛嚇得調頭就逃，彩雲中放出幾道神雷閃光，有人來不及跑竟被活生生劈成兩截，無數的殘軀斷體倒在地下。

帝釋天的雙手結個靈訣，默運玄功將手一揚，爐鼎又冒出火花：「哼！老夫可不像你們四國的人那麼無能，需要萬古神器才能召喚靈獸！」有侍衛喊：「只要幻獸師的身邊帶著爐鼎，不需要符爆師的協助就產生氣溫變動，大家快攻擊爐鼎！」帝釋天叫道：「雷震術！九雷轟頂！」

那隻巨鷹收翅束尾，略展羽翼飛在半空，忽聽得霹靂連聲，巨鷹的周圍旋起雷雲，天上一陣閃光夾著雷電之聲，許多士兵不及避讓，被雷火打中了盔甲：「啊！」帝釋天捏訣念咒，冷笑：「一群不識好歹的東西，今天就叫你們全數葬身在此！」

濛濛霧中燒成一片火海，渡船的旅客見碼頭岸邊到處橫著屍體，侍衛都被炸成灰煙，嚇得驚喊：「殺人啦！妖獸殺人啦！」掌船的舵夫見到雷鳥飛在天空，嚇得急轉船舵：「大家快來幫忙我！若是這艘船不走，誰都沒命啦！」幾個旅客驚得魂不附體，只管亂喊：「大家快跳水裡啊！免得被那妖獸殺掉！」船夫見勢態混亂，驚叫：「大家別慌！別慌！快來幫我轉舵！」

這個時候，船邊突然湧起一波浪濤，船身劇烈搖晃，幾乎翻顛，許多旅客立足不穩，陸續跌倒：「哎喲！」船艙內喧嚷聲不斷，有旅客逃向甲板，挾著包袱跳進水中：「哎喲！天上有妖怪啊！」有人聽了這話，嚇得連滾帶爬伏在地上：「救...救命啊！」甲板又濕又滑，船身左搖右晃，許多旅客一連在地上摔了幾跤：「大怪鳥飛下來啦！」還未喊完，江河中水浪激飛，打得船身劇烈搖動。

船夫扶著船杆，驚慌叫：「哎喲！要翻船啦！」還未講完，那船身硬是撞在碼頭岸邊，甲板傾斜，江裡的水流如洪災氾濫，大夥兒被水花淋得滿身濕透，有人嚇得緊緊抱住船杆不敢鬆手，喊叫：「妖獸抓住我們啦！老天爺救命！」

水船接著撞在岩石，那船夫按住頭頂布帽，見許多旅客搖搖晃晃都被撞落水中，更加驚慌：「救命啊！」不料說時遲那時快，一道神雷從天空劈下，船夫嚇得雙腳酥軟跌倒在地，腦袋不慎撞到木板，眼前一黑，滾到水中。

船夫將事情經過描述到此，仍舊心有餘悸：「大...大...大...大俠...饒命啊！」

刑天放眼眺望，看見船骸與屍體浮在水面，心裡曉得是不速之客闖入了蓬萊國的境內，似乎正打算攻擊蓬萊島：「我問你！哪裡還有船隻？」船夫看著士兵的屍體浮在水面，早嚇得渾身抖顫：「船...船...船...」

刑天沒空再拖延，瞥見碼頭右邊有艘小船，提著如意風火輪飛奔過去：「必須趕緊回到蓬萊島才行！」索性岸邊水淺，一個飛身跳上小船，起篙解纜，順著風勢的方向往東急駛去，轉眼之間，已經遠離了岸邊。

待得水船飄離河岸稍遠，中途恰遇順風，刑天立刻拉扯布篷，划著竹篙向蓬萊島前進。他站在船首，手中握著如意風火輪觀望著蔚藍天空，但想自從經過狩獵之役，多艱多難的歷程都熬過了。雖然當時被眾人冤枉了還不至於感覺挫敗，唯獨恐懼的則是明鏡有什麼不測，但想魄狼的企圖究竟是什麼，目前還摸不清楚端倪，愈想愈是無助，低了頭半晌無語。一旦想起幽冤死在盤岩宮，心中又是莫名感觸，抬起頭看，眼見夕陽逐漸沉下，遙山的遠處逐漸朦朧，不一個轉眼就到了傍晚。

刑天經歷過這次的戰爭，心中感觸良多，耳邊聽得江河的波浪打在船身，心中也是起伏不定。正在思索，哪知湖面蕩起煙霧，立刻驚覺船隻已經接近蓬萊仙島的岸邊：「就快抵達了！」當下划著竹竿幾下起落，一座偌大島嶼突然隱現，屹立岸邊。

經由蓬萊島流過的江河平時有船熙來攘往，自古就是臨水通舟的重要關口，島嶼外環河圍繞，八座鐵閘可用絞鍊控制，均由拱式水門貫穿而成。眼看小船順風蕩去，緩緩駛進了蓬萊島的水閘門，刑天調舵轉行，停泊在碼頭靠岸之後，見河道附近的街巷被火焰燒得煙霧瀰漫，心驚：「發生了大事！」

火光將那地方耀照的通明，一個黑影大搖動大擺走了過來：「嘿！真是一群弱者。」刑天跳出小船，，暗驚：「果然是他！」正思索間，忽見幾個侍衛衝出巷道，喊叫：「快點！從旁邊繞過去包抄！」

帝釋天的盤岩宮曾經被刑天和其他光明御史潛入，這消息讓自己出醜受辱，後來想起時常憤怒，見對方站在遠處碼頭，橫眉一豎：「哼！終於找到你了！」士兵不敢怠慢，陸續射出弓箭，「嗖嗖」幾聲響亮，燃燒著火的羽箭射向敵人：「圍住他！」帝釋天一聲暴喝，抽出戰天斧砍向羽箭：「誰敢阻擋老夫？」

刑天見侍衛繞到左右打算三面圍攻敵人，急喊：「快讓開！你們不是他的對手！」侍衛正要追擊敵人，忽見帝釋天的口中念念有詞，一個飛身騰上屋簷：「雷神閃光！」眾士兵把刀舉在半空，抬頭驚看：「咦？」

幾道閃電夾雜著雷電之音，穿織成一盤光網籠罩下，兩個士兵被雷火打中，炸成粉碎。其餘的侍衛嚇得只想逃走，誰知雙腳沉重，釘在地上一步都不能走動。半空中忽然又劈下一個大雷，其餘的士兵大叫一聲，空中飄著硝磺氣味，眾人均是燒成焦木黑炭。

刑天舉起如意風火輪，謹慎應對：「戰神！你居然敢獨自闖到蓬萊島來？」

一大團雷火由高空劈下，霎時天昏地暗，日色無光，帝釋天單手握著戰天斧，緩緩走近：「蓬萊御史，先前那道神雷就可將你擊死，你曉得那雷為什麼沒有打在你的身上嗎？那是因為老夫要發雷儆你，要不然你便有一百條性命也早完了，你聽明白了嗎？」

烏雲密布，震天一聲霹靂，萬道閃光弄得眾人眼花繚亂，刑天冷然道：「這場戰役，你們狩獵族已經輸了，如今憑你自己一人，有辦法抵擋蓬萊島上所有的軍隊嗎？」

帝釋天冷笑：「盤岩宮一戰，老夫還沒跟你算賬呢！」刑天冷靜異常：「快投降吧！你已經輸了！」帝釋天問：「你是說老夫自己闖到這裡，是個錯誤嗎？」刑天答：「四國境內有八柄萬古神器，憑你一人，能成得了什麼氣候？你獨自闖到此地，本身就是一個錯誤，今天我不會讓你活著離開的。」帝釋天哈哈笑：「不知天高的小伙子，看來你忽略了一件很重要的事情。」刑天緊握著如意風火輪：「什麼？」

帝釋天搖了搖頭：「小伙子！不必害怕錯誤，這世界上沒有什麼錯誤可言的，所謂的強者，就是失敗了九十九次，第一百次才成功的人，但老夫不會失敗，你曉得這是什麼原因嗎？」刑天問：「說了那麼多，這就是你死前的遺言？」帝釋天臉色一沉：「你為什麼這麼執著？犧牲性命的代價，替四國守護萬古神器，對你自己究竟有什麼好處？」刑天咬牙切齒道：「我不會棄守這個地方的！我曾答應過幽，我會將四國帶往和平的道路，因此我要除掉你！」

帝釋天仰頭觀天：「小子，你忽略了一個重點，所有成大事者都懷有遠大夢想，可惜唯有能操控雷鳥的人，才是成功的強者！吶命來吧！今天這邊才是你的下葬之地！」講完，天空中神光籠罩，一隻巨大的獵鷹低空飛下，霹靂聲隱現密雲之中。

刑天似乎也防到有此一著，神速飛遁到屋簷下，背脊貼著牆壁喊：「山靈獸！出來！」

手中的金箍環瞬間冒起一團煙霧，天空中也跟著旋起紅雲。雷鳥振翅高飛，忽見前方一隻巨龍猛肆爪牙，尾端橫掃，將附近耀照得如同白晝。

帝釋天見巨鷹被吞在火焰之中，頃刻被燒得一派通紅，急喊：「雷震術！九雷轟頂！」轟隆連聲，緊接著又是一大團雷火劈到，虺龍的身軀被神雷震得黑煙直冒，無數火花夾雜著斷樹和泥沙，灰塵亂飛。眼看雷擊太猛，虺龍的身軀燃燒著滿團雷火，拼著靈力受損，嘴一張動，噴出十餘丈的火焰想驅趕敵人。

獵鷹無法接近虺龍，飛在天空徘徊旋轉，蓬萊島的上空則是能見到成群飛鳥不計其數，振翅飛逃。

帝釋天見這情景哪敢大意？抬頭緊盯，暗詫：「虺龍果然氣勢磅礡，不愧號稱靈獸之首！必須先奪下那小伙子的如意風火輪，才有辦法逆轉情勢！」刑天見他分心，腰身一低衝向敵人：「神隱霧遁！」帝釋天將戰天斧向前劈出，既準且狠：「哼！豈容得你輕易來去？」

可惜對方卻連閃幾閃化成灰煙，仿彿騰雲駕霧似地消失不見，眼看石磚碎裂，手中的戰天斧把牆壁劈出一個大窟窿：「快點現身！想往哪裡逃？」忽聽得背後有風聲響，急忙旋轉戰天斧迴旋一揮，如意風火輪碰撞出火花，刑天向後滑行幾丈，找到煞腳之處，穩定住：「真不愧是狩獵一族的首領。」

帝釋天先前忽然感覺一股勁風掃來，情急中兵器相交，一股熱流震得氣血翻騰，險被彈飛，索性身子一沉勉強將阻力壓下，這般比式顯然是對方輸了一籌：「蓬萊御史，趁你還沒被神雷劈成木炭之前先反省清楚，自古以來多少不自量力之人，落得悲慘下場？」

刑天思索：「這個戰神不是什麼泛泛之輩，既然雷鳥已經被他召喚出，看來只能盡量拖延時間，等待白雲大人派救兵來支援了。召喚出幻獸的爐鼎應該藏在附近，必須立刻找到它，摧毀才行！」帝釋天飽吸口氣，一個飛身騰上屋簷：「強者自強，你是打不贏老夫的！」

這個時候，長街對面突然飄來一陣怪風，有個男子飛奔來喊：「土象通靈術！瑞麒麟！」刑天驚喜：「白雲大人！」帝釋天見敵人想召出靈獸，立刻從袋子抄出三枚鐵珠，夾在指間：「可惡！真不是時機！」刑天叫：「白雲大人！小心！」

三粒鐵珠連續射到，男子虎口一震，雙腳向後滑行數尺，手中的金箔大力杵差點兒彈飛：「哼！閣下好厲害的暗器！」帝釋天忽使奇策，用鐵珠將敵人擋在數尺之外，警示不可接近自己：「白雲大人？哈哈哈！原來是蓬萊國的郡主，鼎鼎大名的白雲齋大人！」

街道上一時擠滿了侍衛，有人奔來叫：「捉刺客啊！」刑天吩咐：「這地方由我來守護，你們大家保護白雲大人！」白雲齋千思萬慮，冷靜問：「刑天，自從你刺殺雷烈之後，就一直沒有消息，為什麼如今會突然出現在此？」刑天急要解釋：「白雲大人！我並沒有刺殺雷烈大人！」白雲齋再問：「雷烈是被火焰燒死的，難道不是你搶走如意風火輪的嗎？」刑天道：「蟠蛟也能施展火焰術，或許雷烈大人是被蟠蛟的藍焰燒死的，也說不定！」白雲齋問：「那混天乾坤圈呢？當初指派任務的時候，是我親手將混天乾坤圈交付給你的，那柄混天乾坤圈去了哪裡？」

刑天一時也難辯解：「啟稟大人！這件事情說來話長，乾坤圈被魄狼御史給搶走了，我來此便是要搜尋他的下落！」

帝釋天毫不理睬，打斷雙方的對話道：「白雲郡主！你們四國靠著運氣攻陷了盤岩宮，但叫老夫不死，這筆帳肯定跟你們結算清楚，今日老夫就殺光你島上所有的士兵，你臨死前還有什麼遺言沒有？」

在場的侍衛全無動靜，圍在遠處不敢接近，白雲齋冷靜說：「閣下想必就是狩獵族的首領？狩獵族對四國百姓趕盡殺絕，四國攻占盤岩宮只是為了要阻止殺戮擴大，並且守護和平。」

帝釋天道：「在這世界上，弱小的註定都要被除滅掉，若是想要存活下來，就必須變得更強，或者躲起來不被追殺。人只有認清缺點，才能自救！怎麼樣？狩獵族對你們四國沒有惡意，降老夫的人都能活命，並且這場戰爭從今之後一筆勾銷，你們降是不降？」

白雲齋悶一聲：「哼！四國幾千年歷史，四位老祖宗流傳下來可是不滅的產業，怎麼可能淪亡？憑閣下單獨闖來此地已是大膽，還想奪篡政權、擴張邊界？這等野心雖大，要實踐它可比登天還難！我若妥協於你，死後怎麼會有顏面見歷代祖宗於地下？」

刑天聽到這話，胸口湧上一股熱血：「白雲大人！雷烈大人的死因和如意風火輪一事，大家可以日後再調查清楚。眼前重要的是打贏這場戰爭，我是吃白雲大人的飯、穿白雲大人的衣，白雲大人對刑天的恩惠有如天高海深，刑天願與白雲大人死生一處，也不獨活！這場戰役交給刑天來打吧！我會替蓬萊國帶著勝利，凱旋而歸！」白雲齋點頭：「刑天，知錯能改善莫大焉，那些事我們可以日後再談清楚，眼前重要的是解決這個幻獸師，若是你戴罪立功，我會再賞賜你官職，四國的百姓或許也會因此而接納你。」

刑天已經決心替蓬萊國抵擋敵人，只是忌諱對方的通靈召喚術，也不敢輕易出手：「戰神！投降吧！一切都過去了，大勢已經無法挽回，憑你一人是抵擋不了四國的千軍萬馬。」帝釋天笑了笑：「哈哈哈！有句話說：做事容易做人難，亡國不怕，只怕關係搞不好，人家不給他官位坐。你這年輕小伙子真是傻得無可救藥！好好的不去享福，幹什麼盡做一些驚世駭俗的傻事？你無緣無故，幹什麼要來白白送死？」

白雲齋替刑天辯屈道：「閣下一派胡言！凡是心情厚道之人，都被譏笑為傻子。刑天！不要被他的話語給迷惑，他不過是想造謠是非，利用人性多疑的弱點讓雙方自相殘殺。」

刑天聽了有些猶豫，帝釋天繼續又說：「喜歡冒險的人絕對不能當官，喜歡當官的人絕對不能不發財。這天下本來就是弱肉強食，勝者為王，太過薄弱的早應該要被淘汰，降老夫的人都能活命，怎麼樣？你真的想要白白送死嗎？」

刑天思索良久，咬牙切齒道：「這塊土地上殺戮太多，百姓受苦太多，貧窮太久，猜忌使得大家都變得沒有安全感，也不再輕易相信別人。我不會在此空談生命！我希望在這種關鍵時刻，能以使命的信念來結束這混亂的時代，拯救天下蒼生，引導四國走向和平之路！」

帝釋天冷笑：「成敗定高低，自己的命運要靠自己掌握，要靠自己開創！老夫沒空再跟你們滿腹經論，自古以來，天下便受萬靈之長所支配，人定勝天，無論你如何攔阻，老夫的勝勢總不落空。嘿！這都是你們自取滅亡，可怪不得老夫！吶命來吧！雷鳥！」

刑天舉起如意風火輪，喊道：「保護白雲大人！」

一群蓬萊士兵迅速奔來，急忙擁護白雲齋退向背後的巷內，帝釋天舉高戰天斧喊：「九雷轟頂！」

十餘丈的閃電從天空劈下，寒光耀眼，忽見房屋的周圍青草蔥鬱，巷道內忽激起綠葉滿空飛灑。枝上滿綴繁花，成排古木全都像春筍冒出新芽。茂林密樹遮蔽了屋頂，閃電劈在樹幹，丈許方圓的繁花綠葉瞬間變成焦炭，索性無人傷亡，也算是不幸中的大幸。

繁花如蔭，藤蘿瑤草長滿在民宅周圍，草木舒展開頓成奇觀，帝釋天不曉得誰來搗亂，憤怒罵：「敢和老夫作對？」白雲齋驚訝：「咦！是土象獸白尾麋鹿？」刑天暗詫：「難道嬋郡主也來支援了嗎？」

魈龍盤踞在東北峰一塊巨岩，獵鷹則是旋在半空不敢飛近，眼看一隻白尾麋鹿破穴鑽出，帝釋天和雷鳥的情勢頓時逆轉：「哼！想要倚多欺少嗎？」白雲齋舉起金箔大力杵：「刑天！用火焰擋住雷鳥後路！」刑天立刻明白：「火象通靈術！流星焰火球！」

魈龍見雷鳥飛上高空，立刻張口噴出一團紅色火焰，帝釋天猛覺氣溫變熱，情知不妙：「雷鳥！雷遁！」

原本那隻獵鷹想逃出火焰恐怕已來不及，沒想到全身忽散發出高速的電磁光，霹靂一聲，穿梭在半里之外。刑天看得目瞪口呆：「好快！」白雲齋喚：「別讓它逃掉！土象通靈術！沙土埋葬！」

天空忽變得遮蔭蔽地，帝釋天驚訝：「可惡！」抬起頭看，週圍的土地都在搖動，高崖地陷好似波浪起伏，危岩和崩石迎面壓下：「雷鳥！快過來！」獵鷹兩翼兜風，一個勁往下俯衝，在那電光石火之際忽撞向岩石，數不盡的碎石爆裂開，飛向四方。

震天一個霹靂打得眾人震耳欲聾，獵鷹的電流將岩石劈裂開，塵土翻揚。白雲齋見敵人想施展神雷之術，急叫：「土象通靈！瑞麒麟！」

黑煙飄在天空，倒坍崩塌的碎石忽然激起塵沙，四處飛灑，一隻土黃色的麒麟迅速穿越荊棘，跳到帝釋天的面前，阻擋去路。刑天手持如意風火輪，追奔來喊：「大家保護白雲大人！」

蓬萊士兵戰戰兢兢不敢接近，眼看房屋都被神雷炸裂，早都嚇個驚惶失措，怎麼還敢裏外圍攻？帝釋天觀察情勢，曉得久戰對自己非常不利，戰天斧一揮，將兩個侍衛攔腰斬成四段：「哼！便是一千個士兵，老夫都不害怕！」

白雲齋為了要除掉心腹之患，顧不得危險立刻追擊：「瑞麒麟！用沙土淹沒掉他！」
瑞麒麟忽往地鑽下，穿山鑿穴打出一條通道，地面好似波浪起伏，帝釋天曉得敵人想用土埋術把自己扯下地穴，情急應變喊：「雷電風擎！」

「糟糕！」刑天驚見雷鳥旋起一股強大的電流，探出尖銳鷹爪飛向白雲齋，再顧不得情勢危急，邊跑邊結印喊個靈訣叫：「御光術！神隱霧遁！」

巨鷹的翅膀散發出強烈電流，許多士兵的盔甲著火，皮膚和毛髮也開始燃燒。眾人一遇火便化為炭，瞬間被神雷劈成焦皮黑骨，刑天抱著白雲齋消失不見，隨著灰煙隱現在房屋的牆邊，一個不慎卻把牆撞出大窟窿，石磚碎裂：「咳...咳咳...白...白雲大人！」白雲齋拍了拍灰塵，爬起身道：「我沒事情。」

帝釋天又喊：「雷電風擎！」刑天驚叫：「小心！」白雲齋仰起頭看，運足氣力聚向雙腳：「快跳！」二人使出鷂子翻身騰上屋簷，巨鷹的神雷劈在牆壁，發出霹靂閃光，帝釋天趁這良機豈肯放過，結個靈訣再喊：「雷震術！九雷轟頂！」

忽聽得霹靂連聲，巨鷹的周圍旋起雷雲，刑天和白雲齋猛覺有股強大電流急速攪動，仔細一看原來是數道雷電迎面劈來，驚望：「糟糕！」說時遲那時快，眼前忽然激起紅花綠葉，滿空飛灑，成排的樹根和藤蘿像是春筍冒出新芽，雷電將藤蘿劈成焦炭，枯萎在地。

帝釋天見有人在暗地使用萬古神器，借助草木之靈抵擋了神雷，氣得怒罵：「哼！老夫不信劈不死你們這些小兔崽子！」刑天喊：「虺龍！快用火球！」

虺龍張口噴出兩顆火焰球，獵鷹拍振羽翼正想飛向後躲，不料瑞麒麟早已經鑽入地下，穿山鑿穴打出一條通道，瞬間跳出地穴，一口把巨鳥的頸項咬住。

雷鳥想要掙扎，無奈竟只能墜飛落下，往地翻滾，刑天驚喜叫：「白雲大人！我們制伏它了！」白雲齋謹慎應對，舉起金箔大力杵喊：「瑞麒麟！用地穴將雷鳥掩埋！」

帝釋天喊：「還沒結束呢！霹靂雷霆！」白雲齋和刑天暗詫：「那什麼術？」

瑞麒麟咬住雷鳥的頸項不放，猛覺有股強大電流凝聚全身，瞬間四肢麻痺，倒在地下。眾人見地靈獸倒臥在地，隨風化成一團霧氣，煙消雲散，都嚇得不可思議：「那隻獵鷹全身都能放電！」帝釋天滿臉得意：「看來老夫的雷鳥，還是比麒麟厲害？」

白雲齋吩咐：「刑天！我暫時沒辦法召出瑞麒麟了，你使用鮀龍必須小心！千萬別被神雷劈中！」刑天點頭：「我知道了！」帝釋天哈哈笑：「老夫已經說過千百遍了！強者自強，唯有能夠召喚雷鳥之人，才配稱為天下第一強者！」刑天思索：「可惡！那隻巨鳥的神雷簡直就是攻守兼備，該怎麼辦好？」

「既然沒辦法近身搏鬥，不如就轉移目標，攻擊爐鼎吧？」一個女子從暗處走來，手裡握著鐵樺殺威棒，長裙飄蕩道：「白雲郡主、刑天御史，這隻雷鳥由我對付，你們只要找到幻獸師的爐鼎，應該就能解決雷鳥了。」刑天見對方膚色蒼白，柔細髮絲垂落肩膀，認出是天山國的護法：「棠右使？」

白雲齋問：「根據宮殿的消息指出，天山國護右使者盜走了鐵樺殺威棒，閣下為什麼要背叛天山國？」海棠全神貫注：「白雲郡主，現在不是閒談這些事情的時候，您應該擔心該如何驅逐這個幻獸師吧？」

白雲齋點頭：「妳助我抵擋戰神，事成之後，我會以將功贖罪的理由說服嬋，請她重新給妳機會回到天山。」海棠一個飛身跳上屋簷：「白尾麋！出來！」

房屋附近的土地忽冒出遮天蔽地的大樹叢，一隻巨大麋鹿破穴而出，仰起牝角，海棠又喊：「土縛術！」帝釋天曉得若是被藤蘿纏繞，肯定牢牢捆縛無法脫困，立刻飛身逃上屋簷：「雷鳥！載我上去！」

一股旋風急速捲動，霧起雲湧的衝下天空，雷鳥仗著兩翼兜風之力低空飛行，帝釋天一個飛身跳在巨鳥的背脊，飛上高空，乘著雷鳥騰雲駕霧，飛往蓬萊島的宮殿。

白雲齋驚覺：「糟糕！刑天！快追！」刑天恍然大悟：「戰神的攻擊目標乃是神樂殿？」海棠道：「白雲郡主！刑天御史！幻獸師交給我來應付，勞煩二位盡快找到召喚雷鳥的爐鼎，將它毀壞，大家待會兒見！」說著，一個飛身躍上白尾麋鹿的背脊，喊叫：「土象通靈術！土流遁！」才剛講完，地面好似波浪起伏，白尾麋仿彿施展什麼穿山行地之術，一雙前蹄往地底震脈挖掘，頃刻間全身鑽入地下。

眼前只剩滿天籠罩的黃土滾滾翻飛，裂縫成紋的地表突然塌陷，嚇得圍觀士兵向後推擠：「小心！大家小心！」、「別看別看！敵人逃掉了！還不快追？」

白雲齋喚：「刑天！」刑天轉身看著對方，眼神堅定道：「白雲大人請放心！我會阻止戰神在此搗亂的！」白雲齋問：「你回來蓬萊島，是要尋找魄狼御史和那位明鏡姑娘的下落？」刑天雙膝一曲，跪倒在地：「白雲大人！請讓我通過，我要親手結束掉這場戰爭！」

白雲齋蒼白髮鬢，舉止飄然道：「刑天，我們蓬萊國是以四國盟軍的身份而行動，逮捕你是所有郡主的意願，我各人的意願，是無法改變任何事實的。」刑天憤怒道：「魄狼才是真正的殺人兇手！」

白雲齋問：「即是如此，咱們與狩獵族的戰爭還沒完全結束，你卻搶走了如意風火輪，打算將四國境內搞得驚天動地？這麼大的責任，你能承擔得起嗎？」刑天咬牙切齒道：「白雲大人...請相信我！真相很快就會水落石出！」

白雲齋伸出雙手，搭著對方的肩膀安慰：「刑天，你一直都是我最信任的鎮國御史，如果今天的四國沒有萬古神器來支撐，和平絕對無法維持，這道理你明白嗎？」刑天點頭：「嗯...」

白雲齋微了微笑，語帶雙關道：「現下沒空多談，咱們還有共同的敵人，先想辦法捉住那個幻獸師。」

刑天一個飛身騰上屋簷，將如意風火輪綁在腰帶，魈龍立刻化成煙霧，風消雲散：「白雲大人，就像您曾經教過刑天的，要是一個國家的人都保守行事，這國家已經敲響了喪鐘，不是嗎？大人請放心！我會盡快捉拿魄狼御史歸案的，然後一切就能真相大白！」講完，雙足輕快躍上彼端的屋簷，迅速離開。

另外一端，雷鳥載著帝釋天向南方飛去，底下景致凌亂，可見樹叢與花草迅速倒退。中途有許多岩石雕刻豎立兩側，自北往南依次排列，還有規模龐大的哨崗築樓。雷鳥迅速飛越幾座氣派雄偉的大石門，闊路兩邊城樓撅起，青磚壘砌的城垣上站了許多弓兵，紛紛喊叫：「大家快射箭！」

箭雨如蝗，帝釋天把長袍當成掩護，旋圈一捲彈飛羽箭：「哼！一群垃圾！」有侍衛喊：「殺掉他！快把他射下鳥背！」

「看老夫怎麼解決你們！」帝釋天身手矯健，揮舞戰天斧彈飛許多枝羽箭：「九雷轟頂！」突然間颶風旋天，獵鷹衝天而起，飛上九霄雲端，鳥瞰整座蓬萊島。兵丁嚇得驚獃，舉目頻視：「要打雷啦！」

一隻巨大的麋鹿隨後追上，迅速穿越玫瑰花叢和幾株白檀巨木，轉眼抵達了莊院的廣場。海棠抬起頭可見雷雲聚集在上空，急喊：「白尾麋！快用土牆擋住雷擊！」

危急之間，廣場的地磚忽然破裂，成排樹根和藤蘿像春筍冒出新芽，周圍的視線均被樹影遮蔽，竟將宮殿的牆壁籠罩在內。

幾道神雷夾雜著閃光從天劈下，成排槐樹立刻起火燃燒，重檐樓的璃琉瓦碧也都裂成碎片，摔落在天壇廣場。索性無人傷亡，嚇得侍衛躲在土牆下避難：「大家小心！千萬不要被雷電劈中！」

索性這島嶼遍植松柏，海棠要借助草木之靈攻擊敵人也非難事，只不過有一座鐘鼓樓和白塔築建在蓬萊島最高點，反倒成為獵鷹的引雷導線。帝釋天乘着雷鳥俯瞰整座島嶼，見山坡上偌大的宮殿巍然峙立，大殿階前一座氣勢莊嚴的坪台，大門玄關掛著匾額，刻了「神樂殿」三個大字，冷笑：「哼！神樂殿？看你個神仙還能快樂多久？今日就叫你整座宮殿淪陷於火海！」

天空閃爍，一道神雷自空劈下，竟將神樂殿的匾額劈成兩截，海棠見大氣中聚滿了雷雲，擔心樓層再被雷電擊中會引發天火，急喊：「素聞狩獵一族戰神威名，怎麼今天見面才曉得是個只敢躲在天空攻擊城樓的儒夫？難不成戰神竟是不敢接受我海棠的挑戰？」

帝釋天站在雷鳥的背上哈哈一笑，俯瞰天壇廣場道：「妳便是天山國的棠右使？」海棠一個飛身躍下巨鹿：「曾經是！」帝釋天跟著跳出雷鳥，兩個翻滾疾向下墜，安安穩穩的站在神樂殿的屋頂最高處：「哼！年輕人！不知天高地厚！」

海棠向前躍數十步，抄起鐵樺殺威棒喊：「接我一招！」帝釋天縱身一躍跳出神樂殿，落在廣場：「今日就叫妳見識老夫的厲害！」

海棠的左手忽抄出鐵蒺藜，拋灑在地：「有本事就過來！」帝釋天見鐵蒺藜灑落在地，無論如何也沒辦法近身搏命，一個順勢側滾開：「哼！卑鄙！」海棠曉得對方武藝高強，若單打獨鬥實非敵手，暗想：「我只需要盡量拖延時間就可以了！」

帝釋天抄出戰天斧，想把敵人砍個筋骨寸斷：「現在該妳接老夫一招！」

海棠看得驚訝，無可閃躲，只好舉起鐵樺殺威棒抵擋，被那勁勢逼得向後倒退，險些跌倒：「可惡！」帝釋天的下盤有如泰山屹立不動，忽伸出左手，牢牢抓住鐵棒：「看妳還往哪裡逃？」海棠原本忌諱敵人武藝高強，一見對方握住自己的鐵棒，立刻高喊：「白尾麋！趁現在！快用土縛術！」

巨鹿仰起牝角，四蹄一蹬衝到宮殿近處，百畝方圓的地面忽有藤蘿破土而出，帝釋天沒料到樹根竟會從背後來襲擊自己，一股憤怒激動的湧上胸口：「可惡！卑鄙的陷阱！」

雷鳥見主人有難，立刻展開羽翼衝向天壇廣場援救，不料破土而出的樹根牢牢捆縛住羽翼，帝釋天眼睜睜看著幻獸被植物糾纏卻無法掙脫，氣憤喊：「想暗算老夫？沒那麼容易！霹靂雷霆！」海棠暗詫：「糟糕！」

許多樹根和藤蘿纏繞住雷鳥的頸項和翅翼不放，忽然有股強大電流穿梭過，植物瞬間燒成焦炭，枯萎在地。

海棠迴旋一腳踢開帝釋天的左腕，飛身跳上地靈獸的背脊，喊道：「快用土遁！」

白尾麋鹿用牝角和足蹄掘土往地穴一挖，頃刻間全身鑽入地下，不見蹤影。帝釋天見敵人趁亂脫逃，怒氣沖沖叫：「哼！一群垃圾！」

眼看碎裂的磚瓦散佈在天壇廣場，重檐樓附近的槐樹全都起火燃燒，帝釋天曉得若是這座神樂殿損毀，肯定對蓬萊國的士氣有所打擊：「雷鳥！準備用神雷將這地方夷為平地！」

這個時候，成群結隊的侍衛從廣場擁來，為首的指揮官叫：「快放箭！」侍衛齊聲吶喊，帝釋天見幾百枝弩箭連環射來，再不躲避恐怕把自己穿個透明窟窿，手持戰天斧遮護：「哼！雕蟲小技！」一個飛身向後避退，縮到神樂殿內：「看老夫怎麼剷除你們這群垃圾！」

披掛盔甲的士兵都是輕弓短箭，見敵人逃到殿堂把桌椅踢個翻天覆地，大廳內的花瓶盡被粉碎，射入殿內的連環箭將木屑搞成如雪花似的滿堂飛舞：「大家小心！別讓那個幻獸師逃出來！把他困住！困住！」

帝釋天的身法飄拂如風，神樂殿外喧聲嘈雜，攔截者的數量也愈來愈多。大家恨不得立刻擲槍射箭將敵人遍身都刺成窟窿，無奈對方行動之快，躲在宮殿內的死角也不肯出來：「大家小心天上怪鳥！千萬別被雷電劈中！」

帝釋天順手抓起一張黃花梨木桌，朝著殿外投擲：「哼！躺下！」那張沉重的梨木桌衝撞出門，幾個士兵不及閃躲，木桌的柱腳斷裂，硬是壓在身上，嚇得鳴鑼擂鼓，人群大亂。

帝釋天趁隙奔出神樂殿，弓兵見狀急忙射箭，破空聲響，羽箭連排插在天壇廣場的地磚，帝釋天矯健揮起戰天斧抵擋。許多暗器被他用勁風掃開，還有一些插在牆壁，令他開懷大笑：「哈哈！該老夫出招了吧？」

正要呼喚天空中的雷鳥展開攻擊，白尾麋鹿突然又破穴而出，海棠一個飛身落在面前，長裙飄蕩道：「你想逃得先通過我！」帝釋天見她柔細髮絲垂落肩膀，模樣顯得弱不禁風：「哼！妳還沒逃走嗎？看老夫如何收拾妳！」

正要結個靈訣施展九雷轟頂，忽有兩個黑影衝入天壇廣場，對自己喊：「閣下已經沒路可退了！」帝釋天瞥見白雲齋迅速奔近，刑天尾隨在後，背上扛著一個大爐鼎叫：「戰神！注意這邊！」講完，抄出鐵錐朝那爐鼎斬落，閃光過處，爐鼎全都裂成碎片。

帝釋天原本將召喚雷鳥的爐鼎藏在島嶼的隱秘處，可惜還是被敵人找到，並且毀壞。

這時，只見雷鳥瞬間失去了靈力，忽聽轟隆聲巨響，獵鷹兩翼搧風，撞向神樂殿的圓柱，聲勢驚人，百丈塵埃全都飛揚彌漫。眾士兵回頭一看，巨鳥和建築相撞發出雷轟電掣之聲，屋瓦墜到地面碎成了千百團沙石，在場之人全被震攝住，海棠機靈應變叫：「趁現在！土藤纏縛術！」

地磚崩裂，天壇廣場的石縫中突然冒出植物新芽，許多不知名的奇花異草陸續隱現。帝釋天猛覺腳底被一股力量纏住，低下頭看，暗驚：「糟糕！被陷阱困住了！」海棠舉起鐵樺殺威棒，喊道：「土象通靈！土牢！」一根粗大的藤蘿纏在脖頸，帝釋天根本無法逃脫，雙手扯住植物叫：「可惡！老夫絕不會輸的！」

白雲齋驚喜：「快取他的首級！」

「遵命！」刑天抄著鐵錐奔向敵人，正要出手，三道劍光當頭罩下：「咦！什麼人？」跟著火光中彈出半截寶劍，十多個敵人將去路阻住，當中走出一個慈眉善目的老和尚，身穿一件烈火袈裟，右手拿著瘋魔禪杖，左手單掌當胸，鞠躬：「善哉！善哉！萬事講一個理字，施主豈可隨便殺人？」

刑天詫異：「糟糕！怎麼連這老和尚也來了？」白雲齋奔到身邊：「是狩獵族的傀儡師？」刑天點頭：「白雲大人

請小心！這和尚不容易對付！」海棠緩緩走近：「這個傀儡師讓我對付吧！」

白雲齋問：「閣下為何要協助我們？」海棠冷然道：「這算不上什麼幫忙，我只不過是湊湊熱鬧罷了。」刑天吩咐：「別太大意！這老和尚會利用傀儡製造出更多的傀儡，一旦被下了咒術的武器砍傷，傀儡術也會傳染上身，受他控制。」

海棠仔細打量，見老和尚身旁的同伴有人面目奇醜、有人相貌威儀、有人瘦小枯乾、有人高大壯碩，只不過眾人均是兩眼發直，表情好似死屍一般：「是老和尚帶了徒弟來救援首領嗎？這些人面無表情，看起來不像活人。」

刑天道：「這和尚想利用傀儡製造軍隊。」白雲齋問：「刑天，那和尚是個傀儡師吧？這些人都被咒術控制？」刑天謹慎答：「白雲大人，我們必須立刻採取行動，若是拖延愈久，那傀儡師就會製造出更多的傀儡。」

海棠問：「難道這傀儡術沒有破綻？」刑天道：「破綻是有，這傀儡術的厲害之處是它能夠利用傀儡控制傀儡，在短時間內，創造出極多數量的傀儡兵。缺點是效果無法維持太久，若是施術者一旦歇息，咒術就會被迫解除。但是只要我們被傀儡攻擊受傷，肯定無法活著逃脫。」海棠點頭：「嗯！我會小心謹慎的！」

盤陀的傀儡軍團及時出現來搭救，帝釋天氣急敗壞，扯掉樹藤：「哼！老夫不需要這等品類不齊的援兵來救，自有辦法安然脫身。」盤陀歉疚說：「貧道未曾趕得及支援，望乞恕罪。」

帝釋天悶聲：「哼！老夫在未有成就之前，不知曾經遇見多少艱難辛苦，後來還不是化險為夷？無論多厲害的強敵，老夫都不放在眼裏，何必依賴你臭和尚的傀儡幫忙？」盤陀急忙躬身合掌，謙遜道：「戰神福緣深厚，當然能夠化險為夷，只不過閃失難免，若是不存輕敵之念，便能保得萬無一失了。」

帝釋天意氣風發道：「老夫連萬古神器所召喚出來的幻獸都已見識過了，難道還有更厲害的劫難不成？」盤陀不敢反駁，心裡卻想：「貧道好心來救，你卻擺這臭架子做什麼？」

刑天見和尚身邊站了許多受縛的傀儡，有人面貌威嚴，還有的猙獰兇惡，定睛細看，忽見人群當中有個小男孩非常眼熟：「咦！是那個小狩？」

原來，刑天曾經被阿修羅的符爆術炸成重傷，僥倖用瞬身術逃到一座農村，卻遇見了失去雙親的刀狩。刑天本來想帶刀狩去平瑤鎮，不料在途中撞見了盤陀，後來笙追上來，盤陀夾持刀狩逃得不見踪影，原來是將小男孩歸化為自己的傀儡。

刑天想是敵人動了惻隱之心，沒殺掉小男孩，但見刀狩兩眼無神彷彿中了邪似地，也不免氣憤：「卑鄙的老和尚！用小孩當擋箭牌嗎？」盤陀兩眼一閉，虔誠點頭：「善哉呀善哉！若換常人，長途跋涉不是累死就是餓死，這位小施主就是一路饑渴也都忍受下來了。貧道見他毅力堅強，所以想收納為徒弟修練道行，因此捨不得殺掉性命。」

刑天冷笑：「什麼收納為徒弟修練道行？明明就是將他歸化為傀儡驅使吧？哼！老和尚！你的破綻我已經查個一清二楚，並且通報給四國境內所有的軍隊知道。無論你再多歸化幾個傀儡，也沒辦法擊敗我們，我勸你趕緊將這些傀儡放走，免得死傷性命只會多增加你的罪孽罷了。」盤陀用鐵杖擊地，鏘鏘聲響：「善哉！善哉！施主也太不長進，又在背後向人家談起貧道的隱私了嗎？」

帝釋天的雷鳥連續失利，就此罷手更不甘心，而刑天、海棠和白雲齋雖然持有萬古神器，卻也不敢擅自反守為攻。

雙方暫時僵持不下，盤陀的傀儡均是看來眼神呆滯，任人擺佈：「人必須修行，才有辦法到達圓融境界，可惜無論何人，一旦入了紅塵心就為其所惑。三位施主若是想要修成正果，不如讓貧道幫個大忙，用法術幫三位練成不壞之身。」刑天冷笑：「你的意思是把我們變成傀儡吧？」

盤陀慈悲問：「如何？貧道見三位天資異稟，若是虔心修練，肯定很快可以參悟天道。」海棠道：「那和死了有什麼分別？誰會有興趣當個沒有靈魂的傀儡？」

帝釋天忽然冷不防舉起戰天斧攔腰一砍，將兩個傀儡腰斬成兩截：「哼！和尚！吩咐你的傀儡走開，老夫有辦法對付他們！」

盤陀擔心同伴和敵人衝突會害到自己不得脫身，湊耳秘咐：「戰神若想殺掉些人，貧道可以替您歸化出一批武力強大的傀儡，只不過貧道需要一點時間。俗話說得好：留得青山在，還怕沒柴燒？聽說力神大人已經去攻打翠雲國，這消息可以分散敵人注意，此時且忍一忍，來日方長，咱們再報仇不遲。」帝釋天把眼一瞪，罵道：「來日有什麼用？你是咒老夫活不了幾天？」

盤陀擔心人救不出，自身還要失陷在此地，急忙賠罪：「善哉！善哉！貧道只是認為雷鳥的爐鼎已經損毀，若要再召喚它，勢必耗費不少時間和功力。貧道的傀儡軍團雖可傷敵，但目前的數量卻不足抵擋萬古神器的威力。」

帝釋天雖然狂妄，也並非不識大體之人，見兩排傀儡萬籟無聲的侍立左右，搖了搖頭：「若非雷鳥的爐鼎被毀，你們豈能動到老夫一根寒毛？」第二句話還沒出口，便被敵人識破了先機，白雲齋始終謹慎，不敢疏忽，一聽對方說了此話，立刻警覺：「快！攔住去路！別讓他們逃跑！」

刑天知道不妙，趕緊去追：「遵命！」盤陀口中唸唸有詞，大喝：「傀儡術！雙重防禦！」說著，將袍袖一抖，纏在傀儡脖頸上的符咒稍微飄動，背後彷彿有數串棉線牽動似地，兩排身穿鐵盔軟甲的人各持刀劍，砍向敵人：「殺！殺！」

刑天早防到這一招，迅速從懷中取出三十粒火爆彈，一出手便看見火團在傀儡身上炸開：「戰神！妖僧！別想逃！」盤陀的傀儡被那火藥炸得有相形見絀之勢，恰似斷線風箏，滿頭亂髮，跌倒在地：「啊！」

刑天不等敵人出招就先下手為強，飛身一躍打在敵人胸口：「躺下！」傀儡士兵只不過奉命行事，被拳頭打在身上不痛不癢，好似會金鐘罩的功夫用刀也砍不死，滿臉鮮血喊道：「殺！」海棠抄出鐵樺殺威棒追來，一路棍法使得旋轉如風：「小心！」

傀儡兵仰身向後，倒在地上，天壇廣場一陣大亂，蓬萊國的侍衛喊：「快捉住狩獵者！」帝釋天將袍袖往空一揚，幾百枚蒺藜落在地上：「嘿！人生最遺憾的就是機會永遠一瞬即失！真是愚蠢的垃圾！咱們後會有期！」蓬萊侍衛有人被暗器擊中，半截胳膊竟給蒺藜剁了，痛得逃跑：「哎喲！救命！」

盤陀跟著騰上宮殿的屋簷，將袖袍一拂，廣場上的傀儡彷彿被棉線抽回，往四方逃散：「唉！人呀人！把世界搞成這樣，真不知僅守本分！真是罪過罪過！」蓬萊士兵見許多傀儡轉眼散盡，催動劍影準備追敵，卻被白雲齋攔阻叫：「別追！」

眾士兵曉得此乃誘敵之計，也沒再追趕敵人，在廣場上靜候指示，海棠先前見盤陀將縛束的傀儡叫住就住、放行就行，暗暗稀奇也想不通這咒術究竟是如何辦到的，但想自己若被對方施展牽線的妖法控制住，豈不也淪為傀儡？刑天謹慎走來，蹲下身用袖擦淨了血，對蓬萊士兵吩咐：「快將這些屍體給埋了！」

事發倉猝，牽線的傀儡師盤陀和幻獸師帝釋天用邪術逃脫，白雲齋見盤陀的傀儡被刑天殺得橫屍遍地，內心暗愁：「這次讓狩獵族的首領溜掉了，日後躲起來暗續兵力，對四國來說恐怕是後患無窮。」

刑天問：「白雲大人，現在該怎麼辦？」白雲齋思索半晌，吩咐：「眾兵聽令！將蓬萊島上的樹草全都砍了，立刻縱火焚山先將樹木焚毀，再去搜人！切記！狩獵族狡猾之極，絕對要連山僻小路都查乾淨，千萬不可放過任何蛛絲馬跡！」

「遵命！」蓬萊士兵提著刀槍迅速退去，一旦有消息即刻彙報。過得片刻，天空中開始轟隆隆響，隨著陰霾烏雲增多雨勢逐漸擴大，刑天左看右看卻尋不著刀狩的屍體，暗想：「那小伙子也逃掉了嗎？」海棠緩緩走來：「你的眼神...充滿了憎恨。」

刑天沉默一陣，轉移話題：「妳也是打算來通緝我的？」海棠搖了搖頭：「不是。」刑天盯著對方手中的鐵樺殺威棒，詢問：「嬋郡主吩咐妳來支援蓬萊國？」海棠紋絲不動，立在原地：「你也打算搶走我手中的神器嗎？」

白雲齋不動聲色，仔細觀察二人對話，刑天激動問：「為什麼！為什麼你們全都要這樣質疑我？」海棠淡然一笑，搖了搖頭：「有時你會對自己很不滿意，卻沒有任何理由，你不是應該也很能體會這個道理的嗎？」刑天扯住對方衣襟，憤怒道：「我是因為有個使命，所以才會在此！他們或許會叫我罪人，但我問心無愧！」海棠問：「為什麼你要來此？」

刑天正要回答，白雲齋忽然插話：「刑天，你已經不再是蓬萊國的鎮國御史了。」

刑天急轉過身，茫然失措看著對方：「白...白雲大人！」白雲齋嘆氣：「你既搶奪如意風火輪，並且還殺了雷烈和一千多名侍衛，此舉大逆不道，非一死可贖者也。」刑天雙膝一軟，跪倒在地：「白雲大人！我...我沒有殺害雷烈大人！」白雲齋臉色慨然：「刑天，盜竊神器的大錯已經鑄成，四國聯盟將你列為危險人物，你在此跪了兩天是跪，再跪十年也無法改變事實。」

刑天磕個響頭，力竭聲嘶喊：「請白雲大人暫且等候，就要處治，也等刑天把事情查個水落石出！」白雲齋問：「把什麼事情查個水落石出？」

刑天正想辯解魄狼才是殺人兇手，見海棠站在旁邊，腦海浮現一個畫面：

在冰洋極海時，鯀曾經提問：「你不覺得魄狼御史背叛四國，是早有預謀嗎？你不打算揭發真相？」當時的自己回答：「這事尚未查明清楚，不能隨便妄下結論，等我親自將他捉拿歸案，我會揭發真相。」

鯀再問：「如果兇手不是他呢？」刑天道：「你這是什麼意思？」鯀分析：「魄狼和你我一樣，暫時被任命為光明御史。我們都只是接受命令而執行任務的，如果他殺人的動機，是因為有人在背後操控呢？」刑天略皺眉：「你懷疑白雲大人？」鯀解釋：「你們二人不都是蓬萊國的重要御史嗎？唯一能對你們下達命令的，只有白雲大人了。」刑天毅然搖頭：「不會的！我很清楚白雲大人的為人，他不會這樣對待我們！」

鯀疑惑：「你任由殺人兇手逍遙法外？不打算先向其他三位郡主通報嗎？」刑天搖頭：「魄狼也算得上是白雲大人的重要輔佐之一，如果他真的有心背叛四國，這消息肯定會對蓬萊國造成不小影響。現在的戰爭還沒完全結束，我不想驚動白雲大人，這事你先別插手，也別跟任何人提起，我要親自去查明清楚。」鯀點頭：「好吧！我會替你保守秘密。」

想到這邊，腦海的記憶全都湧上心來，咬緊牙關忍住不說：「白雲大人！請恕刑天暫時無法將實情告知，一旦事情水落石出，刑天會立刻向眾人揭發真相！」白雲齋問：「你明知道自己被四國聯盟列為通緝要犯，為什麼還膽敢回來？」

刑天解釋：「啟稟大人！刑天這次回來是要找一個人。」白雲齋問：「是魄狼御史？」刑天急問：「他在哪裡？」白雲齋搖了搖頭：「他不在這，我差派他前往翠雲嶺通報消息了。」

刑天問：「什麼消息？」白雲齋解釋：「戰爭雖然已經結束，四國聯盟打贏了仗，但是狩獵族還沒被完全消滅。我派魄狼御史前往翠雲嶺，要他告知翠雲國，我們蓬萊國即將在彩雲峽展開搜尋，依我經驗來看，剩餘的狩獵者很可能會躲在樹林茂密的山谷附近，因此我們必須在彩雲峽展開搜索行動。」

刑天憤怒：「白雲大人！為什麼差派他去接受這項任務？魄狼御史不能被人信任！」白雲齋解釋：「那麼你能夠被人信任嗎？」刑天沮喪：「白...白雲大人...難道連您也不相信我了嗎？我真的沒有殺害雷烈郡主！」白雲齋問：「如何證明？難道搶奪如意風火輪的人不是你嗎？你身為蓬萊國的光明御史，居然做出如此違逆行徑，如果不將你逐出蓬萊國，該如何給翠雲國一個交代？」

刑天聽了這話，一顆心如墜落冰窖，沉默半晌道：「白雲大人請放心！我不會連累到蓬萊國的，但現在的我必須找到魄狼，才能將事情的真相查個水落石出。」

白雲齋看著他手中的如意風火輪，只是有第三者在場，也不好明言要刑天遞出神器，只道：「你走吧！這次你幫助蓬萊國阻止了狩獵族的突襲，只不過下次再見面的時候，蓬萊國會把你當成敵人看待。」

刑天鞠躬：「白雲大人自己保重！」一個飛身準備離開，海棠突然迅速追上，舉起鐵樺殺威棒攔在面前：「慢著！」刑天見了有些疑惑：「還有什麼事情？」海棠道：「我有事情想要問你。」

刑天心想：「眼前救出明鏡姑娘要緊，拖延不得，若是繼續待在這裡，不知又要浪費幾個時辰。」當機立斷，矮身從對方的身邊竄過：「有什麼事情我們日後再談！」

海棠執意要他留下，揮舞神器想阻擋：「等等！」刑天根本無暇理會，一個飛身，捷如羚羊消失在遠處，白雲齋安靜在旁觀望，將這情景全看在眼中：「無論是速度還是力量，妳都無法趕上他的。」海棠一手將鐵樺殺威棒收入腰間，嘆口氣說：「這我曉得！」

白雲齋轉個話題，忽問：「傳言不假，難道閣下是真的背叛了天山國，擅自盜走鐵樺殺威棒？」

海棠沉默不語，眼前突然閃過一個畫面：

風羌體寬臂大，一個箭步飛趕來，曲膝下跪道：「啟稟嬋大人！他果然已經叛變四國聯盟了！」嬋轉過身問：「戰爭才剛結束，四國聯盟的軍力都耗損很嚴重，他曾是白雲齋的心腹，若是再讓他竊走其它的萬古神器，四國會陷入一團混亂。」

海棠站在旁邊，問：「嬋大人，這件事情發生得太突然了，為什麼他要叛變四國？」嬋搖了搖頭：「我也還不曉得，須把來龍去脈查個清楚才行。」風羌揖手抱拳，恭敬道：「嬋大人！不如讓我去除滅他吧？」

嬋沉默不語，心裡似乎在想什麼事情，海棠則插話道：「你殺不了他的。」風羌臉色一愣：「什麼？」

嬋將好話收起，抬出正經事分析：「海棠說得對，他曾經受過嚴謹訓練，可以算得上是四國境內第一等的人才，要殺他，沒那麼容易。」海棠揖手抱拳：「嬋大人，海棠有個請求。」嬋吩咐：「妳說吧！」海棠折疊雙膝下跪在地，鞠躬：「請讓海棠去吧！」

嬋還在疑惑，海棠又磕個響頭：「嬋大人愛民如子，是辨識明理的郡主，這個海棠也懂，因此才斗膽請求。既然榮華富貴和名望權勢不是擺在首居要位，就應該要以擔當大業為重任，豈不是嗎？」嬋思索半晌，吩咐：「風羌，你先退下。」風羌茫然不知所措，躊躇道：「嬋大人！我...」嬋也不直接拒絕，只把話遣開：「我有些私事想詢問海棠。」

風羌怕海棠有什麼不妥之策，想要勸阻，可惜對方已經明言吩咐自己退下，無可奈何，安靜的撤出懸樓殿，不再言語。

嬋走入梳妝室，身上套換一件體面衣袍，扮裝起來，威嚴比較往昔更勝不同，蓮步輕移，緩緩又走出房說：「一國自相紛爭，就變成荒場；一家自相紛爭，也必傾垮。海棠！這道理我也懂，妳企盼能憑真心誠意平息造反勢力，但他可不是一般的庸俗之輩，妳卻甘願落得自己一身擔飢受凍的，只為了平息內亂，難道這樣做值得嗎？」

海棠答覆：「嬋大人，這幾年來，邊疆的狩獵族攻打我們四國聯盟，逢人便殺便辱，害得百姓受累不淺。如今好不容易狩獵族的戰爭結束了，四國距離和平的日子終於不再遙遠，如果他叛變一事，意味著另外一場戰爭的開始，那海棠絕不會容許有人再次利用四象獸的力量，擴展勢力。」

嬋悶悶不悅，問：「海棠，這個世態有多少人情冷暖，妳自己心裡應該也很清楚吧？如果大家都知道妳是背負罪孽才活著，大家會開心嗎？」海棠沉默半晌，開口問：「嬋大人...這樣的海棠，您是怎麼樣看待的呢？」嬋搖了搖頭：「海棠，這要付出多少代價，妳可明白？」海棠心意已決，咬緊牙道：「為了持守天山懸樓殿和四國的和平，海棠會不惜任何代價，甚至是犧牲掉自己的性命！」

嬋見她始終如一，聽這話說得情詞懇切，多可憐了屬下一片誠心，從寶櫃掏出鐵樺殺威棒，嘆口氣說：「這隻白尾麋鹿，是天山國的鎮殿之寶，妳帶牠走，土獸的力量能夠保護妳的。」

海棠伸手接過，存著知恩圖報之心，曲膝下跪：「嬋大人一生恩惠，海棠絕不忘記！」嬋搖了搖頭，忍著喉嚨哽咽：「那個叛徒智勇兼備，唯獨趁著他現在勢力薄弱，這個計謀才能奏效，若是等他勢力擴張，要再混入可就不容易了，妳早點動身吧！自己小心保重。」

海棠緘口默言，將鐵樺殺威棒掛在背後，推開花窗，一個健步跳躍出去：「嬋大人珍重！」天空颳起一陣大風，嬋望窗外看，見懸樓殿附近的風沙愈吹愈強，喊道：「來人啊！」風羌快步飛趕，循著路徑推門進房：「嬋大人！發生什麼事情？」

才剛講完，隨即士兵隊伍人數極多，陸續湧進殿堂：「殿內有動靜！保護嬋大人！」嬋回頭望眾人一眼，臉上不快樂說：「立刻召告翠雲國、蓬萊國和鬱樹國，海棠盜竊了地靈獸白尾麋，叛離天山國。從今天起，她不再是天山懸樓殿的棠右使，遇者斬殺！」講完，轉身先向外走，飄然出門，頭也不回的往大殿離去。

事出突然，風羌聽聞這話，心裡感覺冰冰涼涼，站在原地獃著不動：「什...什麼...海...海棠她...」眾人聽了命令也不敢違抗，背後突然有許多兵丁分作四隊，湧入殿堂喊：「嬋大人有令！把懸樓殿看守住，海棠那個叛徒應該還沒跑遠，快搜出她的行蹤！」

幾個守衛又持槍趕來，喊叫：「保護嬋大人！大家快捉住叛逆者！」風羌跪倒在地，垂頭嘆氣：「怎...怎麼會這樣？」

回憶到此，海棠一發不語，踏出兩步準備要離開，白雲齋見她有意迴避，故意再度拿話試探：「看來這個傳言不假，閣下果然也已經背叛了我們？既是天山國的敵人，就是蓬萊國的敵人了。」海棠略停頓：「白雲大人打算在此結束我的性命？」

白雲齋尚不失郡主的身份，搖了搖頭：「今次妳幫助蓬萊國擊退了強敵，論及功過，我也不能太過為難閣下。只不過如果此時此刻嬋在這裡，她會如何看待妳呢？」

海棠仰望天空：「走自己的路，讓世人去批判吧！無論是被誇耀還是責罵，隨世人去論斷吧！」白雲齋再補充：「棠右使，閣下從嬋那邊竊走了鐵樺殺威棒，可曉得日後會有什麼下場？那個結果，絕對不會是一個和平的下場。」

海棠絲毫不畏，笑了笑：「和平不是一個結果，它是一種心境。」說著，縱身一轉往山崖跳落，沿著斜坡下滑，不見踪影。

第十五章 魄狼的計謀

有個人影穿越草叢，望著遠方的山峰，空盪一片，到處都是險峻的高山和峽谷。那男子紫臉高顴，腰帶綁著十枚飛刀，看著山邊暗想：「我連夜兼程趕路，數十日一路走來，沿途中居無定所，如今已經離開了刑天御史，卻不曉得今後該何去何從？」

思索半晌，忽然背後的樹林傳來沙沙腳步聲，男子不敢觸犯，連忙抄出幾枚飛刀，縮入草叢：「晦氣狗頭，這等偏僻之處也會遇見敵人？」

寒風飄來，幾株大樹枝葉扶疏，雜草在懸崖壁上被風吹得搖搖欲墜，又有一個男子沿路走來，停住腳步：「嬋大人，風羌還是無法理解，為何海棠要背叛天山國？」

嬋站在懸崖邊，身邊冷風咻咻吹過，當下也沒心情欣賞野景：「走吧！海棠一事，日後再想解決之道不遲，眼下還是要以追捕狩獵族的殘黨為首要任務。」

風羌忍不住再提起這話題：「嬋大人！海棠與我們原是同一夥，她絕不能如此絕情，若能讓我當面向她詢問清楚，相信這場誤會肯定能化解開的！」

嬋沒有心情多加理睬，沉默不語，心裡又開始思索別的事情：「希望這個埋藏伏兵的圍攻之策能夠湊效。」風羌靜靜觀察，見郡主全然無動於衷，立刻跪倒在地：「嬋大人！風羌有一件事情相求！」

嬋回過神，面上冷冰冰問：「什麼？」風羌道：「下次再遇見海棠之時，風羌會親手將她緝拿住，親自交在嬋大人手中，希望您能慈悲開恩，放過她一條生路！」

嬋不以為意，問：「你想替她開脫罪行？」風羌心中焦急：「我只是不想海棠一錯再錯。」嬋將實情隱瞞在心中，頓覺有愧，嘆口氣說：「這個你不必擔心，我自有解決之道。」

風羌見她答應，忍不住就想磕頭，心中感激不盡：「多謝嬋大人開恩！」

這個時候，有個校報從背後遠遠跑來，高喊：「啟稟嬋大人！軍隊已經將四方都包圍住了！」風羌急著追問：「有沒有狩獵者的消息？」校報點頭：「啟稟風羌大人！軍隊確實看到狩獵族的人往翠雲嶺去，三人分別為力神阿修羅、艷屍羅裟和蛇王喇珈。」

風羌驚喜：「嬋大人，看來這消息果然不假！」嬋點頭：「我們必須採取先發制人的行動才行。」

校報的侍衛跪在地上恭諭：「懇請大人指示！隨行的力士都把弓弦準備好了，軍隊撥排都已經安頓妥當，均在下處守候消息，只等著嬋大人發號施令。」

嬋揚手一揮：「傳令下去！先派人偽裝入城，將那三人行踪告知於翠雲少主，我們分東西走向包圍，從中途攔截，並且殺他個措手不及，等待時間拖延一長，狩獵族若沒有救兵支援，勢必置之死地。」

校報裝束威嚴，應喊一聲：「遵命！」退了開去。

風羌心中大喜：「嬋大人！上次僥倖讓那些賊人逃走，今番一定要全數捕捉，折磨他們受盡痛苦，方可泄氣！」嬋點頭：「看來這情報果然不假，但是無論如何，我們還需謹慎戒備。」

聽到這邊，躲在草叢的男子滿臉疑惑，心思專注想：「戰爭似乎還沒完全結束！是否要將這個消息告知刑天御史？

可是我該去哪裡找尋他好？」正想再窺看草叢外幾眼，卻見嬋和風羌施展輕功往山崖下奔去，也不敢隨意行動，撕開長袖，裹著臉頰：「不如我跟去探個究竟。」

男子一時倒不敢大意，腳步飛快的尾隨在後，暗想：「連天山國的郡主都出現在翠雲國境內，敵人肯定大有來頭。」但想自己曾蒙刑天收留的恩典，此刻遇見四國聯盟的人又豈能袖手旁觀？當下也顧忌不了許多，總是探查情報來得重要，因此腳步更加迅速。

此人正是刑天的夥伴鯀，他在四國境內到處遊蕩，卻恰巧遇見了天山國的軍隊。來到翠雲嶺山下的一座村莊，河街相鄰，店鋪的巷道狹窄難行，暗驚：「看來在此埋伏軍隊，肯定能將敵人一網打盡。」

抬起頭看，忽見前方有條黑影迅速閃過，那男子手中扛著一捆麻布袋，瞬間穿梭長街，矮身竄進暗巷裡。但見對方步法輕快，不似尋常百姓，狐疑想：「咦！難道是敵人？」當下更加疑惑，只是在黑夜裡也不敢隨便亂走，蹲下牆邊伏貼著，忽見那男子奔到嬋和風羌面前，恭敬鞠躬道：「嬋大人和羌左使別來無恙？」嬋道：「魄狼御史，看來你所提供的情報不假，狩獵族果然潛入了翠雲國的境內。」

魄狼呵呵大笑幾聲：「身為蓬萊國的光明御史，我魄狼可不曾提供過任何虛假的情報。」

鯀躲在牆後不敢亂動，探頭窺伺，見到魄狼濃眉大眼，身粗體闊，果然是那遠近馳名的蓬萊御史：「咦！晦氣狗頭！怎麼是他？」

風羌追問：「你也是打算來此協助我們捉拿狩獵一族？」魄狼回答：「我只不過想來湊個熱鬧，還有要事在身，得趕緊去辦。」

嬋有些疑心，問道：「你手中那個袋子是裝了什麼？」

魄狼將粗麻布袋卸下，用手拉了一拉麻繩解開：「自古以來，傾國傾城的紅顏多是美麗人物，刑天御史被這個狐精迷住了，可見她是個妖魅。我奉白雲大人之命要捉拿刑天，說不得也只能使出非常手段，才有辦法擒拿住他。」

麻布袋一打開，滿頭烏絲長髮先自披散，有個女子臉色蒼白，渾身顫抖叫：「放...放開我！」

嬋和風羌均是詫異：「是一位姑娘？」魄狼搖頭：「若是妳肯乖乖合作，又何必逼得我使出這種手段？」

躲在牆壁後的鯀，認得那標緻臉龐的姑娘正是明鏡，手中握住飛刀提防，暗驚：「原來魄狼御史捉住了明鏡姑娘？」

嬋聽了有些不悅：「你打算利用威逼之勢，強迫刑天投降？這般行徑並非男子漢大丈夫的作為。」

風羌一腔熱血，也忍不住罵：「魄狼御史！這手段真是太卑鄙了！即使刑天御史殺害了雷烈大人，盜走神器並且背叛四國聯盟，我們也不能以這方法驅他投降！我們的責任是緝拿賊人，公事公辦絕不含糊，豈能將無辜之人牽連在內？」

魄狼冷道：「大家都是明白人，自己冷靜想一下，遇上像刑天御史這等罪過之人，在尚未發動大波叛亂之前，必須要想辦法剷除掉他，否則後患無窮。有句古話說『無毒不丈夫。』四國聯盟的前途禍福，在此一舉，當然二位也是能夠想得到的，倒用不著我來耗費口舌解釋了。」

明鏡在旁聽了這話，心灰意冷，咬著嘴唇兒：「你...你們拿住我是為了要捉拿刑公子？」魄狼微笑：「妳別擔心，待事成之後，我會放了妳的。」

嬋有些疑慮，再三叮囑：「魄狼御史，我看這方法並不妥當，請儘早放走這位姑娘，免貽後悔。」

魄狼反問：「難道嬋大人不知當今世態惡薄？當一切準備就緒，毫無疏漏之處，就已經稱得上是萬事大吉了，只要這項計策能成功就算過得去，不管對錯，至少我也是認真辦事的，起碼這是我的個人見識。」

風羌搖頭：「你這樣亂搞，只會愈弄愈糟！」魄狼視若無睹，冷笑：「良機可不是隨處都有的，若要平反動亂勢力，必須儘早，否則一旦刑天御史的勢力擴大，誰還能平得了他？」

嬋沉住氣說：「魄狼御史我有一事相勸，自古清廉清白之人，誰人不敬？如果只是為了不擇手段而達到目的，絕對無法長久立足於萬世之上。」

魄狼平素被捧慣了光明御史的名號，這時又博不得笑臉風光，反被言語教訓，心中大怒：「我做什麼事情心中自有分寸，還需你們來指指點點？」嘴上卻說：「請恕我還有些事情，暫且告別。」

明鏡哭喊，掙扎：「拜託快放了我！」

嬋再要阻止，街道末端忽有侍衛跑來，喊叫：「啟稟嬋大人和風羌大人！行...行踪被敵人發現了！」風羌詫異：「糟糕！」嬋當機立斷：「開戰！」

魄狼一腳踏出穿雲勢，扛著明鏡跳上屋簷：「看來此地無法久留了！」風羌回頭喊：「等等！」嬋吩咐：「風羌！大敵當前，先應付狩獵一族！」

風羌正想攔住魄狼，忽見前方燈火通明，巷道內擁擠了許多侍衛，聲勢浩大的奔馳來：「嬋大人！風羌大人！這裡需要支援！」尚未講完，幾個士兵背部中拳，立刻向前跌個四腳朝天，眾人壓倒在地，其餘周圍的夥伴也忘記要喊救命，嚇得拔腿就逃：「敵人殺過來啦！」

遠處有三個人影神出鬼沒，如風似地衝了過來，其中一個女子喊：「力神！看來我們中計了！」

阿修羅咬牙切齒：「哼！原本以為自從雷烈駕崩以來，翠雲國的境內應該戰力薄弱，沒想到居然還有盟軍的埋伏？」

嬋和風羌立刻抄出萬古神器，一起攔在前面，將狩獵者的來路擋住：「妖孽！在嬋大人面前還不快乖乖束手就擒？」、「風羌！千萬不可輕敵！」

羅裟酥胸半裸，只穿了半截紗裙，露出兩條玉腿，玉靨生春的笑：「嬋郡主！枉稱妳是一派宗主，居然埋了伏兵在此攔截我們？倚強凌弱，我真替妳感到害羞啊！」

嬋謹慎地打量眼前敵人，心中對這力神阿修羅、艷屍羅裟和蛇王喇珈尚有幾分顧忌，按兵不動道：「你們狩獵一族心腸歹毒，除了欺善怕惡，還有什麼好誇口的？」

喇珈聽了也不惱怒，反而笑嘻嘻：「天山國的郡主妳自己愛管閒事也就罷了，看來翠雲國的境內無啥高手，否則你們天山國為何要舉兵來此？咱們三個自來翠雲國暗中探聽虛實，干妳甚事？妳天山國強來出頭，別人怕妳，須知我蛇王卻不怕。」

嬋曉得敵人語含譏諷，滿不在意道：「你因懼怕天山國的軍力，不敢前來侵犯，反而趁著雷烈駕崩之時來侵犯翠雲國。我們天山國與翠雲國既有盟軍之誼，又豈能坐視不管？」

喇珈咧著一張闊口笑：「胡說八道！我看你們天山國才是想要倚多為勝！」

風羌雖然性如烈火，畢竟這三個敵人本領超凡，一時之間也不敢輕舉妄動：「嬋大人，這三個妖孽禍害無窮，今日如不將他們化魄揚塵，此恨難消！」阿修羅冷笑：「勝者為強，敗者為寇，如果覺得自己不是敵手的話，只管自己請便。」

風羌怒容滿面：「好！」寒光耀眼，腰帶上的寶劍忽然出匣：「那我便來領教看看！」羅裟將頭一搖，滿頭長髮披散開：「力神，留意身後！」

阿修羅正打算和風羌過招，不料一片火光照得滿街明亮，千百枝羽箭斜射過來，力神阿修羅、艷屍羅裟和蛇王喇珈聞聲警覺，曉得是仇敵來襲，待要轉身防禦，風羌早將身劍合一，迎面刺到：「該死的狩獵一族，四國聯盟尋你們多日，今日我若不將你們這些畜生處死，誓不為人！」

阿修羅的反應甚是機警，儘管已經四面包抄被圍困住，依然甩出兩截大襟衽，喊道：「火焰殺！」周圍突然震天一聲大霹靂響，風羌知事不妙，連忙倒退往屋簷上逃：「糟糕！」

煙霧朦朧，萬道紅光震得屋瓦亂飛，樹枝和磚牆均被引爆符炸得沖上天空，阿修羅利用了符爆術將寶劍和羽箭一齊擋住。

鯀忌諱那爆炸威力，原本打算藏身暗處觀戰，誰知周圍的磚牆被炸，只好換個位置避開：「晦氣狗頭！真是倒霉！」

遠處聽見嬋喊：「風羌！且將妖孽引往別處除害，免得傷害到民宅！」

這個時候，翠雲國的援兵也已經趕到，街道遠處映出一個人影，接著便聽到洪鐘般幾聲大喝：「來者何人！可是狩獵一族的妖孽？」

此乃千載難逢的良機，難得今日有此敵愾同仇的聯盟軍趕來支援，風羌急喊：「翠雲少主休得看輕這三人，他們乃是力神阿修羅、艷屍羅裟和蛇王喇珈，千萬不可放他們逃走！」

阿修羅、羅裟和喇珈滿以為可以趁著雷烈駕崩之時突襲翠雲國，沒想到天山國的軍隊早一步收到消息，埋伏在此。喇珈見了仇人本要翻臉，估量自己三人勢孤單薄，難免不吃眼前虧，只得忍隱：「呵呵呵！嬋郡主，好一個倚強凌弱的郡主！真是枉稱妳一派宗主，怕硬欺軟，今日真是大開眼界，我蛇王真替妳感到羞愧啊！」

自從盤岩宮的戰役落幕之後，翠雲國的境內卻尚未平靜，相隔雷烈郡主駕崩的時間，轉眼已經過了幾個多月。雷昊返回翠雲宮殿，傷心難過之餘，便下令建一座祠堂紀念父親和千人軍隊的英勇義行。

這消息傳遍了整個四國，侍衛加足軍備，在許多城鎮駐點，誓言要替翠雲郡主消滅狩獵者。如今終於從魄狼收到了消息，雷昊火速帶著軍隊趕到山下的村莊查看，疑是有敵人來境內搗亂，沒想到竟是阿修羅想趁著父親駕崩之時，冷不防來個突襲，這下恰好迎個相逢，立刻備戰。

只見街道上靜悄悄的，全無動靜，就在雙方僵持之際，笙也帶著援軍趕到：「哥！」雷昊一聲斷喝：「別過來！這邊危險！」

羅裟曉得自己三人不是敵手，嬌媚的抬起玉臂，微笑：「小兄弟，我們換個地方如何？免得毀傷房屋，殃及無辜。」

笙定睛一看，見對方是個打扮艷麗的妖婦，這才認出是那狩獵族十惡之一的羅裟無疑。當下怒睜杏眼，高聲喊：「狩獵族這般不知進退，竟敢溜到翠雲國境內來撒野？你們三人的死活全在我們的掌握之中，如今還想往哪裡逃？」

羅裟酥胸半裸，露出兩條玉腿：「小妹子，不如妳快快投降，拜我為師，我便饒妳。不然，就將妳和哥哥一同殺了。」笙曉得對方是個硬敵，不敢怠慢，抄出寶劍：「哥！你們別插手，待我來除去這個賤婦！」

羅裟道：「小妹子，妳父親死前的慘樣，我當時可是親眼目睹。」笙驚訝：「妳說什麼？」羅裟冷笑：「妳不曉得嗎？是了！妳的父親已經死了，沒辦法親口描述給妳聽！」笙質問：「是誰殺了我爹？快說！」

羅裟描述：「妳父親死的時候我也在場，但是最後他卻不是被我所殺，妳曉得他是被誰暗算的嗎？嘿！如果我說了，妳一定不會相信！」笙憤怒問：「快說！是誰殺了我爹？」

羅裟描述：「當時你們四國盟軍奇襲盤岩宮，餓鬼與我鎮守不住雲間道，後來負傷而逃，在曠野遇見了妳的父親，他本來想殺掉我們兩個，沒料到中途竟會衝出一人，那人正是你們四國聯盟的光明御史！嘿！看來你們翠雲國也應該要小心選擇盟友，因為總有一天，妳哥哥和妳也會落得像妳父親一樣，被火焰焚燒的下場啊！」

雷昊、笙、嬋、風羌和在場的侍衛心裡均想：「光明御史？殺人兇手果真是刑天御史！」

喇珈笑問：「原來是有內奸，自己人殺自己人？艷屍！那麼有趣的故事，妳怎麼從來沒有跟力神與我分享過？」羅裟冷然道：「呸！你又沒有詢問過我？」阿修羅吩咐：「艷屍！別跟敵人多說廢話！專心應戰！」

笙聽了這話，對於殺父仇人乃是刑天一事，更加深信不疑：「我會去殺掉刺殺我爹的兇手的！但是在那之前...」一個健步奔向敵人，再喊：「我要妳先留下性命！」雷昊警惕妹妹叫：「笙！小心獵命師的煉血術！」、「我曉得！」

羅裟可用媚眼攝神，蕩去敵人心志，只要對方的手指一沾著她的肌膚，便即失魂喪志，任憑自己擺佈，可惜笙同樣是女性，不為妖淫所動，任憑羅裟使出許多伎倆，也不見生效。

另外一端，阿修羅正與敵人殺了個難解難分，絲毫沒有撤退之意，蛇王喇珈則是將背上懸掛的鐵鼓拿下來，撕開鼓皮：「你們不要害怕，我蛇王今天決不傷害任何人！快樂的時刻結束了，大家鼓掌吧！」

那鐵鼓黑沉沉只有兩點綠光閃動，不知是什麼怪物藏在內，忽然一股刺鼻腥味，數十條白鱗大蟒將頭昂出鐵鼓，有四條是二頭一身，頭從頸上分岔，令人看了毛骨悚然。

許多侍衛見敵人從鼓內喚出毒蟒，嚇得一團騷亂，有三個士兵動手想斬那蛇頭，提著大刀劈向前去，不料手臂忽被蛇群纏住。一條條毒蛇將尾巴鉤住刀刃，蛇身恰似千百彩繩懸在手臂，三個士兵厲聲慘叫，癱軟在地。

喇珈樂呵呵笑：「你們這三個殘廢的，不是早就說不傷害你們的嗎？這般猴急做什麼？」

嬋不敢怠慢，對眾人喊：「大家小心！千萬別接近他的毒物，久聞這蛇王心腸歹毒，莫要中了他的暗算！」喇珈笑道：「如果想接近我的毒物，就算成全你們也無不可。」

風光顧不得保護民宅，抄出捆仙繩：「海靈獸！出來！」

猛然震天連聲巨響，水柱爆散，一隻巨龜如泰山壓頂的佔據了方圓百畝。遠處聚集許多侍衛，見那巨獸發威，嚇得狼狽逃跑。

阿修羅抄出靈符：「蛇王！這烏龜交給你收拾！」講完，氣溫異動，周圍的天空突然湧起一片毒霧，喇珈咧著嘴笑：「力神！謝啦！」

風羌全神專注於前方的敵人，無暇旁顧到傷及無辜，正想發動洪水的攻擊，使用漩渦水柱應付狩獵一族，沒想到左邊忽然有隻大蟾蜍轉眼臨近，張開闊嘴，吐出五色彩霧。

嬋驚喊：「快用水牆防禦！」風羌叫：「海靈獸！海水倒灌！」

巨龜將頭昂起，左腳向下一踏，海浪立時高湧起百丈，所經之處，毒氣和斜坡地勢稍低一點的地方全被淹沒。那隻大蟾蜍相隔數丈，雖未逃退，也被海水震得天搖地動。

雷昊望見滔天濁浪奔流滾滾，翠雲嶺的境內變成了氾濫之勢。低處百戶人家的田舍都被淹沒，山勢較高之處也只露出半截屋頂，急喊：「快住手！莫要傷及無辜！」

眼看遍地毫無炊煙，水淺之處有許多災民被圍困而棲身於樹上，侍衛就算用船舟救濟災民，也是無濟於事。

時見成群浮屍順水漂浮，到處都是哀鳴求救之聲，慘不忍聞。排山倒海的浪濤順著急流往山坡下瀉，倒塌的民宅夾雜著浮屍和斷樹被濁流捲去，不悉水性的士兵唯恐送命，索性水勢一時消減了許多，有人見蟾蜍的毒氣被巨龜的洪水牆擋住，紛紛歡呼：「風羌大人萬歲！幹掉狩獵一族！」

阿修羅、羅裟和喇珈動作神速，預先逃到岩石上避開了洪水襲擊，可惜今天不巧遇上了強敵，加上對四象獸的威力存有戒心，羅裟叮嚀：「力神！今天這場戰役關係到我們的成敗，必須留意，要不避一避，等聚集了足夠的兵力，改日再戰？」

阿修羅疑是多次受挫，忍不住惱羞成怒：「哼！賤婢！妳敢出言頂撞？」羅裟心中不悅卻不吭聲，暗想：「我們這邊只有蛇王可以召出一隻癩蛤蟆，就算戰神來了恐怕也需苦戰一番，你區區一個符爆師，螳臂如何能夠擋車？」

另外一端，風羌拿著捆仙繩站在巨龜的甲殼上，眼看決堤的水勢一瀉千里，原本青綠茂盛的山嶺瞬間被沖刷成荒地，山坡上近萬人民喧嘩之聲，無數的災民扶老攜幼，肩挑背負紛紛往山高的地勢逃跑，心中萬分過意不去：「該死！」

笙追奔過來，踏著甲殼跳到近處：「善惡皆有報應！羌右使！我知你捆仙繩的厲害，但是此神器一出，要傷及無數生靈，這裏的災民與你無仇無怨，何苦造此大孽？亂傷生靈只會於事無補，你絕對討不了好處回去！」風羌硬著頭皮：「可惡！妳剛才沒看見那隻蛤蟆吐出毒氣嗎？那傢伙利用了無辜之人做為掩護！」喇珈站在遠處，哈哈笑問：「愚民無知，何苦與他們一般見識？」

風羌因見識了海靈獸的威力，不敢過度使用法力禁術，眼看還有救災善後的需要煩惱，甚是苦惱：「有本事就過來！與我在此地作個了斷！」喇珈冷笑：「我素來不知道什麼叫造孽，被洪水沖走仍有活命機會，但是若吸入我那蛤蟆的毒氣，便難活命了，你想不想嘗試看看？」風羌曉得對方手狠心毒，憤怒：「我會迅速將你處死，省得留在世上害人！」

「風羌！」嬋手持鴛鴦鉤，乘在赤鷲的羽背上：「先將喚獸師幹掉，否則蟾蜍一旦發狂，除牠便難！」低頭由高空俯視，洪水流過的地方蜿蜒於山野之間，山坡上的人影大如蟲蟻：「風象通靈術！凌虛御風！」

天空中碧綠青蒼，赤鷲因飛得高，房舍和田園僅如豆粒大小，羽翅下的彩雲映著日光現出銀輝。忽然大鳥向下俯衝，宛如白鷗回翔在水面，轉眼又往天邊飛去。阿修羅、羅裟和喇珈來不及防，立刻伏在地上，彼此不能相顧。

附近有幾個侍衛抱著樹幹掙扎，索性那風雲來得急也去得快，餘人雖然大半跌得皮青臉腫，僥幸也沒有受到重傷。等到大風刮完，依舊又是日暖風清，晴天一片。

阿修羅和羅裟毫無勝算之策，眼看同伴喇珈被風勢掃到天空，孤身墜落在遠處的草叢，已漸有些灰心：「力神！這怎麼辦？」

阿修羅雖不害怕，總覺心神不安：「我用符爆術將那隻大鵬鳥給炸下來！」羅裟暗想：「不被怪風刮走，就死不認輸？」

喇珈跌得耳邊嗡嗡聲響，大叫：「力神！我與這些愚人無緣，沒空管他們閒事，請恕我還有些事情，暫且告別，下次再會！」轉過頭去，對著風羌、雷昊、笙和嬋又喊：「我曉得你們黨羽甚多，要約人也無妨。今天我暫時不肯與你們為難。日後可來北方尋我便了。你如不赴約，待我尋到你們之後，料你們也逃不掉！」

羅裟多番受挫，害怕待在這邊也一起葬送性命：「力神！你找他們算賬，算好便好；算不好無端挨一頓揍，我要走了！再見！」說著，尾隨著喇珈往山坡下飛奔去。

笙見敵人想逃卻哪肯縱容，並肩追趕：「大膽妖孽！今日叫你們來得去不得！」喇珈對同伴喚：「艷屍！叫他們見識看看妳的血遁！」

「我知道！」羅裟咬破舌尖，一口鮮血噴吐敵人：「好小子！真是陰魂不散！」笙驚訝：「咦？」

一片血雨煉化出的妖術迎風撲來，忽聽一聲嬌叱，嬋對自己喊：「小心！是煉血術，陰陽奇門遁法！」笙見勢不妙，迅速向左避開：「可惡！」

那團血霧濺到幾個侍衛的身體，眾人口吐白沫：「啊！」笙側避滾遠，並且潛心防禦用真氣閉住，索性只是頭腦微昏，並未重傷，否則若將那團血霧吸入肚腹，免不得七孔流血：「真是驚險！」雷昊追來扶住肩膀，急問：「妳怎麼樣？」笙搖頭：「哥！我沒事！」

喇珈和羅裟趁著場面混亂避開了敵襲，一個飛身躍下懸崖，衣袖盪在風中，消失不見。
眾人丟失了敵方行踪，轉而攻向阿修羅：「大家快困住南邊！別讓他逃！」風羌不敢怠慢，握住捆仙繩喊：「海靈獸！用水柱攻擊！」

許多侍衛在後面加緊追趕，忽然迎面飛來一道水柱，阿修羅見勢不佳，欲往原路遁逃又被水勢攔阻。眼看水氣彌漫的山坡已經被海浪倒灌，田野淹沒釀成了巨災。原本滿以為自己用符爆術懲一儆百，敵人的士兵必被驚退，哪知天山國的侍衛再加上翠雲國的後援軍一來就是千百成群？

況且海靈獸玄冥龜的攻擊無論多堅厚的河堤也能攻穿，當下又有兩個戰友逃跑，等於是失了支柱，在這險要之際連想反擊的機會都辦不到。雖然阿修羅的個性寧死不退，幾味蠻打也曉得毫無勝算，眼前既沒有應對之策，見勢危急，雙手抓了五張靈符往下一揚，喊道：「火焰殺！氫符爆破術！」

紅光照天，一陣轟隆隆聲，半畝方圓的侍衛被烈火燒成焦碳，索性風羌有捆仙繩和水柱護體：「可...可...可惡！別...別逃！」當下疼得渾身是汗，腳底也覺著熱痛難耐。眼看近腳尖處紫黑了一片，炙手火熱，知道自己被烈焰傷得不輕：「大...大家...別接近這邊！」

阿修羅消失在煙霧之中，揚揚得意道：「哼！今天暫且就饒過你們！在我尚未找回顏面以前，決不會善罷甘休！」

雷昊、笙和嬋見識那符爆威力，空曠的山坡地冒起一大片灰煙。迎著陽光，許多株大樹濺著飛散的火星，敵人卻已經不知去向。

在這瞬間，原本名山勝景的翠雲國境竟會變成一片火海，再加上先前的洪水倒灌，周圍數十里的樹木連根拔起，無怪乎恆古傳說記載了四象獸所經之處都會變成瓦礫荒丘。

風羌、雷昊、笙和嬋見天空的雲彩變成紅色，氣溫異動使得眾人遍體汗流，洪水的災區則是更廣，森林與田野全數荒廢。看來四象通靈召喚的禁術只能防禦一時，無法經年累月持續使用，否則殃及生靈，後患無窮。而風羌差點被符爆術炸死，索性有海靈之力護體，雖未遭焚身之慘，也已經受傷不輕：「翠雲少主！翠雲公主！」說著，拜伏在地，恭恭敬敬膝行近前，跪稟道：「等我解決了狩獵一族，再親自來此拜山請罪！」

雷昊和笙曉得對方用洪水毀壞了村莊是個意外，心中雖然有氣，卻也沒有形於詞色，均想：「以這次情況而論，羌左使殺敵不成，那只是自己通靈召喚術的經驗不夠，並非不盡心力。雖然有罪，也無法全責怪他。」

風羌一時疏忽造成了洪災，受傷之後更是滿面愁容：「嬋大人，風羌有一事相求！」嬋問：「什麼事？」風羌忍著痛，走到身前跪下：「在戰爭結束之前，請容許風羌保留捆仙繩，一旦消滅了狩獵者，風羌希望能夠親手將捆仙繩塵封於外島一處安全之地，四國境內從此再也不會有洪患發生。」

嬋曉得這個隨護最是執拗，憐憫他大有悔意，點頭：「這場戰役是關乎到四國百姓的生死存亡，風羌你並未為惡，也無相害之念。今日之禍純屬意外，但若捆仙繩的海靈之力落入了惡人手中，難免仍要為禍世間。」

風羌道：「嬋大人，風羌只是不想冒犯先祖和四仙人的遺訓，自取滅亡之禍。」嬋聽他說得頗為虔誠，也不好再婉拒：「我聽你所言似乎是想力圖挽回什麼，有朝一日待得戰爭結束，我允許你將捆仙繩帶往外海塵封，免致貽患。」風羌不顧傷勢，強忍痛苦謝恩：「蒙嬋大人轉賜捆仙繩，這次的戰役無法報得大恩，還當來日再圖補報。風羌此後定當努力，萬死不辭！」

雷昊曉得這個隨護對郡主萬分敬仰，只是大敵當前不可疏忽：「羌左使，看來狩獵者已經潛入了四國境內，等我們驅逐他們，再謝恩惠吧！眼下有更重要的事情需要擔心，不如你趁這時候靜養傷勢，我也會派遣搜查兵去打聽狩獵者的消息。」風羌神態恭謹，言詞誠懇道：「多謝翠雲少主的建議！」

嬋吩咐：「風羌，狩獵者為了躲避被我們訪查出形跡，肯定會躲在荒山野嶺的偏僻處。彩雲峽那邊盡是一片極難走的森林險徑，不如你先帶軍隊由鳳凰嶺繞過去，想辦法拖住他們，等我召集了崑崙和白雲齋的聯盟軍，會再與你會合。」風羌回答：「遵命！」

雷昊道：「羌左使，我也和你一起同去！」風羌點頭：「有勞翠雲少主了！」

話鋒一轉，雷昊又問：「嬋郡主，還好您及時趕來救援，可是您怎麼會曉得狩獵者潛入了翠雲國境內？」嬋解釋：「狩獵一族原本以為可以出其不備的偷襲你們，沒想到我們事先收到了密報，礙於情況緊急，因此沒先派人通知你們一聲就趕過來，還請見諒。」雷昊點頭：「自從家父駕崩以來，翠雲國境內亂成一團，還好天山國趕來支援，否則情況不敢想像。」

笙左觀右瞻，忽問：「嬋郡主，怎麼不見海棠姐姐？」嬋沉默不語，風羌終於再忍不住，接話道：「海棠...海棠她叛變了！」雷昊和笙均是詫異：「什麼？」

風羌憤怒解釋：「眾人都沒想到...海棠...海棠她居然會背叛嬋大人和天山國！」雷昊問：「棠右使她因何叛變？」風羌回答：「海棠她盜走了天山國的鎮殿之寶鐵樺殺威棒，一聲不響離開了天山懸樓殿，如今嬋大人已經下令派人搜查，將萬古神器給奪回來。」

雷昊和笙聽了這番解釋，均感疑惑，暗想：「父王才剛駕崩，我們還沒有將狩獵者一網打盡，刑天御史又叛變了四國聯盟，棠右使為何要選在這個敏感時機盜走鐵樺殺威棒？」思索半晌，雷昊繼續又說：「嬋郡主、羌左使，依我來看，這件事情並不單純，棠右使選在這個時刻盜走神器，難道竟是另外有人暗中主導？」笙問：「哥！你的意思是說？」雷昊道：「刑天御史正積極地收集萬古神器，難道棠右使是被他的話語所打動？」風羌激動叫：「不可能！不可能！海棠她絕對不是這種人！」

嬋道：「翠雲少主，海棠她是否被刑天御史所說服的，目前無從而知，這件事情我們仍要查明清楚，況且我這邊還有許多疑問要找他釐清。如今四國聯盟的安危要緊，如果還有其他的狩獵者潛伏在境內可就糟了，不如我們趕緊召集軍隊，聯繫白雲齋和崑崙，其他的事，到時候再談吧！」雷昊鞠躬：「一切聽從嬋郡主建議！」

笙聽了眾人對話，靜靜站在一旁不知該說什麼才好，腦海中突然浮現了自己在山坡廟宇撞見刑天的景況：

當時的笙引爆了轟天雷，鐵球炸成千百碎塊飛散滿天，刑天不及防備，用遁光術閃出百丈之遠仍舊受了重傷。索性他仗著瞬身移位避開爆炸，饒是如此，衣褲也被火焰燒得破爛。

笙見敵人用瞬身術脫困，大怒：「你殺了我爹！別逃！」

紅光耀眼，十餘畝方圓的煙霧升到半空，樹木均被炸得斷裂。刑天的右肩血流不止，從袖上撕半截破布裹住，高一腳低一腳往前走，咬牙切齒道：「可...可惡...我...我絕對還不能死！」

抬頭一望，不遠處有座廟宇築於半山坡上，廟前種植著竹林，後山是危峰峻嶺。那翠竹蔽日的廟宇並無圍牆，門外供著大鐵香爐，刑天披頭散髮闖入室內，支持不住，癱倒在地：「吁...吁...」低頭鑒視一回，眼看肩膀湧出鮮血，竟將牆壁都染成一片殷紅。

「叛徒！你從我哥的手中搶走如意風火輪，又殺了我爹，今天我要你用命來血償！」笙跳進門檻，不問青紅皂白，抽出長劍道：「這次你逃不掉了！」刑天手酥腳軟的靠在牆壁，抬頭一望：「又是妳？」笙見他面如土色，疑惑問：「咦！你受了重傷？」刑天答：「不干妳的事。」笙指著怒罵：「無論如何，你殺了我爹，我要報仇！納命來吧！」刑天哼一聲：「是誰跟妳這樣說的？」

「少囉嗦！替我爹償命！」笙的雙腳墊個人字步，向前攻擊：「看招！」

刑天向後稍退，背貼牆壁立站起身，把手臂護住胸前：「妳是打不過我的。」笙出劍揪他肩膀，不料刑天做個翻身鷂子從頭頂飛躍，應變奇速的落在背後。笙心中一驚，扭腰攻擊：「想往哪裡逃！」

刑天企圖生擒活捉，雙掌交叉用力一推，空拳折斷了對方的劍刃，翻起手腕把她的手臂扭到背後：「給我安靜！」笙杏眼圓睜，痛得彎腰：「放...放開我！」刑天冷一聲：「妳想殺我？是誰差派妳來的？說！」

笙動彈不得，忍氣吞聲道：「你這叛徒背叛了四國，你殺了我爹，又從我哥手中搶走如意風火輪，你遲早會被砍頭的！」刑天冷冷說：「我沒有殺妳爹。」笙忍著淚眼：「騙人！大家親眼看見了！我爹的屍體被火燒焦，你從我哥手中搶走了如意風火輪，你這個殺人兇手！」

刑天道：「別攔著我，我還有重要事情要辦，現在得離開這了。」笙咬牙切齒：「別做夢！你殺了我爹，我絕對不會放過你！」刑天向後退步，鬆開手腕：「我現在並不打算傷害妳，但妳最好別礙著我，一旦證據確鑿，我就會揭開真相。」

笙一愣：「什麼真相？」刑天答：「殺妳父親的兇手。」笙臉色詫異：「你說什麼？」刑天道：「妳曉得為什麼我要從妳哥的手中搶走如意風火輪嗎？」笙問：「為什麼？」刑天撫著胸膛：「那是為了要對付殺了妳父親的兇手。」

笙半信半疑，伸手想抓衣袖：「等等！」刑天躍上屋樑，衝向天窗：「我們後會有期！」

想到這邊，腦海中的記憶又變成一團模糊，當下的笙雖然不知仇人在何處，回憶起刑天所說的話則是愈想愈疑，決意再去尋他一次，對眾人道：「哥！我打算暫時離開翠雲國一趟！」

第十六章　天山國的通緝重犯

眼看東方已現曙色，樹木參天的孤峰高聳如雲，刑天坐在峭壁上歇息片刻，準備動身。

「我現在已經進入了翠雲國的境內，看來再走幾個時辰，翠雲嶺就在前方不遠了！」一邊奔跑一邊想，連山景也無暇欣賞。他仗著瞬身術的上乘武功不費氣力，轉眼奔到百里之外，下山之後，穿越了古樹林的一座廟宇，不知不覺來到鎮上。

刑天將如意風火輪貼身藏在包袱，戴了斗笠，換一身勁裝走進北門，先尋街市上一處飯館：「翠雲國境內之大，到處亂走也不是辦法，肯定沒辦法搜到魄狼的行跡，不如先到人多聚集的熱鬧之處打探消息，再做決定。」

進入城內，左右兩邊盡是舖陳街道，窄巷相鄰，沿路的欄杆懸掛了許多旗幟，房屋張燈結綵，供遊人評閱。演雜劇的在臺上擺設佈置，刑天沿著路邊東張西望，看見有道士手持竹籠，托盤算命，還有賣藝的吞劍嚼鐵，不少遊民熙來攘往，圍觀熱鬧。周圍幾個百姓聚集一起，閒談：「今天清早我出門砍柴，有幾個士兵被人殺掉，滿身是血躺在街上，真是恐怖！」同伴解釋：「聽說前幾天晚上有人目擊，有三個裝扮詭異的怪客來了咱們梨源鎮，這件事或許跟他們脫不了關係。」百姓驚訝：「什麼裝扮詭異的怪客？你曉得嗎？」同伴搖頭：「聽說他們的裝扮不像四國境內的人，當時根本沒人敢接近去問那三個怪客，我怎麼會曉得呢？」

刑天思索：「咦？三個穿著詭異的怪客？」

走進餐館找個位置坐下，跑堂的伙計捧著碟盤跑來喚：「麻煩借路！麻煩借路！」刑天聞到那香氣撲鼻，早就餓得手軟腳軟，招呼的伙計端幾碟熟菜到斜對面的桌子，熟雞嫩肉堆在一個男子面前，客人將雙手撲上，任意扒個精光。

刑天見那男子臉黃似蠟，一眼辨認出就是貊：「咦！是那個天山國的通緝要犯？」貊舀酒去燙，暢飲入懷，樂呵呵笑：「真是爽快！吃香喝辣！這才叫人生熱趣！」刑天的頭頂戴著斗笠遮蔽臉龐，容貌難以分辨：「他在這裡做什麼？看來他沒認出是我，我現在被四國聯盟通緝，還是暫別輕舉妄動，先低調行事比較妥當。」

正自享用大餐，食堂外又走來了兩個客人，大搖大擺找一張板凳坐下，呼喚：「夥計！上酒！上菜！」跑堂的端了茶酒上桌，客人吩咐：「夥計！有什麼好吃的，通通都端上桌來！」隨行的同伴問：「大哥，叫那麼多菜，待會兒吃不完，不是浪費？」客人笑：「哈哈！錢鈔擺在口袋裡，遮得你暖寒嗎？吃最重要！」同伴回答：「現在戰爭還沒完全結束，四國境外的百姓吃不飽穿不飽，我們卻這般奢侈，轉眼就把盤纏花個精光，豈不浪費？」

客人從衫布兜取出一袋銀兩，呵呵笑：「有錢吃飯，怕什麼呢？咱們兩個既然來到了梨源鎮，就轉業做個生意人，拿銀子來做一筆大買賣，到時候淨賺一筆，不愁吃也不愁穿，豈不挺好？」同伴回答：「咱們兩個多年沒回家鄉探望，我只希望能拿這本錢去掙一點紅利，舒舒服服回家，度過下半輩子。」客人暢飲三大碗酒：「四國和盤岩宮那邊打仗的時候，百姓都是無地容身了，你怎麼還是老想著要回家鄉呢。」隨行的同伴疑問：「大哥！好歹咱兩個也是有情有義的男子漢，這麼久沒回家一趟，你不想念家人嗎？」客人答：「我當然也希望！但是那些狩獵者那麼恐怖，還能怎麼辦呢？盤岩宮缺少肯為國家打仗的士兵，你我回去，肯定被人捉去配軍，難道你不害怕嗎？」同伴搖頭：「我害怕，可是...」客人笑：「那就對啦！別說閒話，來！肚子餓了，快點吃飯！」

貊恰巧坐在那兩個客人的近處大吃大喝，刑天在桌端與那兩個客人對席相坐，稍微側過身免得被識破身份，跑堂的夥計腰下圍一條布巾，端了菜盤走向那兩個客人：「二位客官！這是你們的熟牛肉！」講完，恭恭敬敬遞上桌去。客人招了招手，又呼喚：「夥計！順便再打一壺酒！」跑堂的問：「請問客官要打多少酒？」客人答：「就打兩角酒吧！」

那跑堂的點了點頭，收拾貊桌上的空碗，端盤走回廚房。

兩個新來的客人瞪大雙眼望那熟牛肉看，嘴角垂涎欲滴，拾起筷子，你揪我挾吃了起來，又聊：「對了！大哥！江湖上有謠言，聽說蓬萊國出了一個鎮國御史，此人英略獨擅，每逢大敵，絞殺虜級獨多啊！卻不曉得是何等人物？」客人答：「你不曉得嗎？這漢子名叫『刑天』，他的父母遇上山賊被殺，索性那個刑天被蓬萊國的郡主救了一命，後來成為了聞名天下的光明御史啊！」同伴愣一愣：「喲！真有那麼厲害？」客人答：「是啊！」

刑天聽到這，心想：「這兩人是在談論我嗎？」見那兩個客人吃得津津有味，又聊：「我曾聽說那個刑天御史的武功高強，活脫脫就是一條英雄好漢，可惜後來不曉得是什麼原因，竟然殺掉了翠雲國的雷烈郡主，現在正被四國聯盟的軍隊給通緝呢！」同伴說：「真是可惜！若非我沒權沒勢，原來我還真想叫人引薦，去蓬萊國窺他究竟什麼樣子哩！原來那鎮國御史居然是個叛國賊？唉！太失望了！」

貊坐在旁邊聽不下去，不耐煩問：「喂！我說！你們兩個認識刑天御史嗎？」客人笑：「當然認識，咱們倆剛剛才談起，他不就是四國聯盟正在通緝的叛國賊嗎？」貊呵呵一笑：「刑天御史是叛國賊？是哪個傢伙編得無聊故事？天下屈事千千萬萬，嘆不得世事多反復噢！許多百姓有冤無處訴，有屈無處伸，有權有銀愈是榮耀，無權無銀倒顯落魄，不如我明天也去考舉當個官兒，倒還是個實在事業，你們兩個說是不是？」

客人也跟著笑：「那當然！那當然！此後若有人問你叫什麼，只說叫大人、叫秀才，就好！」貊冷笑：「嘿！你們兩個懂什麼？古時後戰爭發生的時候，在這塊浩劫餘生的土地上就會充滿貪婪與仇恨。官人稅金收不夠多，士兵拿不到軍餉，就會到處壓榨無辜百姓，姦淫辱掠，甚至還燒殺搶奪。有人被叫唆陷害，一狀告到衙門替死頂罪，在牢獄裡被謀了性命，從此再也審不出實情。那些付不出稅銀的貧窮人家，活活餓了是一條死路，不餓也是一條死路，最後無計可施，倒不如挺命走險，與強盜一起組織黨派，抵抗士兵。最後遭殃的，還不是那些又殘又弱的婦幼寡人？他們經歷了長年積累的痛苦與煎熬、經歷了孤苦無依、也經歷了世間的人情冷暖，就連親手為自己所愛的人立下臨終遺囑也沒有能力，如果我真的想要遺臭萬年，何必當賊？直接當官反而容易！」

刑天豎著耳朵，聽對席那桌的客人和貊繼續又聊，兩個客人感慨嘆一口氣：「唉！幾千年來，恩怨是非總是化解不開，有人審判公明，遭人嫉害，有人卻是縱情酒色，樂享餘年。」貊問：「這世界若是真有公義，你們兩個且說一句正道話，你們覺得這世界公平嗎？」

其中一個客人反問：「那還能怎麼辦？人生短暫，反正痛苦一下，死了以後什麼都感覺不到了！」貊笑呵呵：「大多數的人追求樂趣，歡樂不過是痛苦的間歇，既然人生短暫，就應該多多追求不同樂趣，免得白走一遭。何必當官、當秀才？遺臭萬年的事業是自尋煩惱，來！不如跟我一起去殺人放火吧！」

兩個客人還以為對方在講笑話，互望一眼，捧著肚腹哈哈大笑：「呵呵！大哥啊！你別鬧了！誰會沒事跑去殺人放火當強盜？您跟我倆說笑吧？」隨行的同伴也跟著說：「是啊！是啊！大哥您真是愛開頑笑！殺人放火若是撞上了四國聯盟的軍隊，肯定會被他們逮捕啊！無論什麼三頭六臂，哪裡還有命在呢？」

貊見兩人態度輕藐，臉色一沉：「誰在跟你們兩個開頑笑？怎麼？殺人放火又怎麼樣？看不起強盜嗎？」兩個客人還以為對方胡扯，面面相覷幾眼：「大哥啊！這...這...」

貊的臉上顯現殺氣，衣襟前露出一團胸毛，活脫似個捉鬼鍾馗：「做人別這般膚淺，做官的是人，做賊的就不是人嗎？」兩個客人嚇得奉承：「大...大...大哥有先見之明，腦...腦袋機靈，大家都是文明人別動刀動棍的...您的帳...您的帳就算在咱們頭上吧！」

貊放開喉嚨叫：「實不相瞞！我就是天山國的第一通緝要犯！你們兩個隨便編個故事，一會兒說刑天御史是英雄好漢，一會兒又說他是叛國賊？冒名偷了人家的油水事小，抬舉自己的事大，歹徒騙子最喜歡欺你哄我，隨便一數，天下倒有千萬條英雄好漢都喜歡聽你們編故事了？」講完，惡狠狠瞪幾眼，一腳將他們踹倒在地：「如今這話傳到我這邊，算你們倒霉！自己將手伸出來給我砍斷，省得費事！」

兩個客人嚇得心驚膽寒，趴在地上求饒：「好漢饒命啊！」貊惱怒起來，柴刀寒芒一閃，從桌底下抽出：「叫什麼叫？今天就叫你們兩個趴著吃狗屎！」

跑堂的伙計恰巧端一壺酒來，嚇得擺在桌上就逃：「大...大爺！您的酒！別...別殺我！救命啊！」貊哈哈笑：「還不快滾？沒事的人給我滾出店去！再不走就當豬肉宰了你們！」

這事來得突然，餐館內一團大亂，人群逃命似的往門口擠去：「救命啊！殺人啊！」貊舉著屠刀哈哈大笑：「嘿嘿！這才叫做人生樂趣！」

正自得意洋洋，突然間手腕一緊，回頭驚看，竟是被頭戴斗笠的陌生男子給握住：「咦！什麼人偷襲我？」當下不分青紅皂白，手中的柴刀高舉半空，砍向敵人臉頰：「露出臉來！」

眼前鋒芒閃爍，刑天也來不及答話，向後躍開：「真是個衝動的傢伙！」貊跟著撲上，右腳一個掃堂腿踢向敵人右脅：「想逃？」刑天曉得那勁勢厲害，雙手向上一推，撐起他的右腳跟：「你快住手！我沒興趣跟你打架！」

「嘿！真是矯健，不如我們來玩一玩？」貊聽那聲音耳熟，一時卻想不起來究竟是誰，打得興起哪肯罷休？企圖要顯一些手段，硬是將右腳往下壓：「若是自知本事不佳，儘管快點投降！」

刑天不肯示弱，雙手撐住敵人的右腳，沒迴避處便向後倒退：「你這通緝要犯真是麻煩！」貊的身軀向前傾，雙腳劈成一字腿，褲襠也扯破裂開：「罵誰通緝要犯？可惡！居然敢弄壞我的褲子？」

刑天見對方的褲襠裂出一個縫隙，忍不住好笑：「需不需要借個針線縫補？」貊惱羞成怒，一招伏虎鶴形往敵人下盤抓去：「有什麼好笑？」刑天的腳下急向後退，不慎背脊撞到牆壁：「咦？沒路了？」貊順手從櫃檯旁邊抓起一簍竹籃，甩向自己：「請你吃麵團！」

那簍竹桶裝滿了白色粉末，白茫茫一片飛散空中，刑天來不及防禦，粉末噴得全身到處都是：「糟糕！」索性頭上戴著斗笠沒被粉末遮蔽視線，可惜反應變得有些遲鈍，心裡也忍不住惱怒：「有本事應該光明正大打一場！怎麼使用這等卑鄙伎倆？」

貊樂得哈哈大笑：「你不是罵我通緝要犯？通緝要犯做事情可是不講規矩的。」刑天冷靜窺看形勢，按兵不動道：「你這麼卑鄙，難怪大家都要通緝你。」貊毫不客氣，手持柴刀衝了過來：「哼！做人就是要卑鄙，不卑鄙怎麼會有樂趣？看我宰了你！」

刑天一聽腳步聲接近便有警覺，聞風辨位，迴旋一腳踢向對方手中的柴刀：「拋下武器！」突然間噹啷幾聲，那柄柴刀竟然斷成兩截，貊驚得乾瞪白眼：「什麼？」刑天再度迴旋一踢，右腳正中對方腹部，貊「哎喲」一聲，滾個筋斗，跌倒在地：「乳...乳臭小兒！去你媽的千年大王八！」

刑天早前曾暗中觀察敵人的攻擊方式，一腳將半截柴刀踢飛，插在木樁上：「嘿！輸給我應該也算是一種人生樂趣吧？不是嗎？」說著，摘下頭頂斗笠：「怎麼？你不認得我了嗎？」

貊滿臉驚訝，原本還想把對方祖宗十八代都給罵盡，先是一愣，隨即哈哈大笑：「天離地有多遠，居然又在這裡遇見你？搞了半天，原來竟是你這個強人啊？難怪！難怪！」

自從貊被多蘿蘿捉走之後，就被她用一捆麻繩綁縛住，吊在屋簷受盡虐待。後來四國聯盟與狩獵者發生戰爭，刑天在奇襲盤岩宮的途中將他解救，並且釋放。貊被人生擒捕獲之後又氣又惱，不甘受辱，沿路打聽多蘿蘿的行踪，最後居然不分東南西北遊蕩到此，終於又再次給刑天撞見。

刑天問：「你怎麼獨自一人到這裡來？」貊道：「我來找那個虐待我的小妖女，你有看見她嗎？」刑天搖了搖頭：「你是指狩獵一族的傀儡師嗎？我沒遇見。」貊咬牙切齒：「真是可惡，我已經連續追了十天十夜，聽說那個小妖女來到了四國境內，若是讓我遇見，瞧我不宰了那隻烏龜崽子！」

刑天同樣也在尋人，沒空與他閒聊：「既然如此，我們後會有期吧！」貊睜大眼問：「你去哪裡？」刑天道：「我正在打聽魄狼御史的行踪，聽說他來到了四國境內，他捉了我的朋友。」

貊問：「看在你曾經救過我性命的份上，需不需要我的幫忙？」刑天原本已經有點心灰沮喪，但想如今既然湊巧聚集在此，多一個人幫忙就多一份力量，心喜問：「你願意幫我？」貊劣嘴大笑：「怎麼？你不相信？」

刑天與他談得甚契合，點頭應承：「我相信！」貊也希望對方能幫自己逮捕到多蘿蘿，故意開個玩笑問：「那麼我幫助你，能獲得什麼報酬？」刑天為了表示同心之誼，毫不猶豫便說：「好！你協助我捉到魄狼，他手裡其中一柄萬古神器便歸你所有！」

貊瞪大眼睛：「萬古神器？」刑天道：「你不是強盜嗎？應該會喜歡稀世珍品吧？他手中有一柄鐗鐮刀，可以召喚出風象屬性的天靈獸。」貊疑問：「你說真的假的？」刑天反問：「怎麼？你不相信？」

貊也點頭應承：「嘿！我相信！你真是個有趣的傢伙！」刑天喚：「既然如此，那我們就快點走吧！」貊問：「先去哪裡？」刑天回答：「翠雲嶺！」

二人加快腳步離開餐館，才剛踏出門外，忽然聽見街道末端傳來馬蹄聲響，有官役大喊：「你們兩個！站住！」刑天暗想：「糟糕！在館子裡鬧事的那番舉動，恐怕已經驚動了官兵！」貊聳一聳肩膀：「嘿！這些傢伙讓我來解決就好！」刑天壓低聲道：「低調行事！我不想驚動境內的軍隊！」

混亂之中，數十多個侍衛一字排開，阻擋去路喊：「你們兩個想去哪裡？」

還沒等刑天出手，貊突然一個踏步向前躍出：「嘿！看來我們早已經驚動了境內的軍隊了！」士兵警戒森嚴，挺槍亂刺：「把這兩個狗賊捉回衙門！別讓他們逃了！」

圍觀的群眾見到縣衙的役兵都嚇得躲避，刑天原本想趁亂逃走，卻見貊把兩名士兵夾領揪著拋飛開，似乎無意撤退：「嘿！一群沒用處的東西！」衙役的首領乾瞪白眼，又喊：「可惡！別讓他們逃走！千萬別讓他們逃！」

其餘的隨扈手持刀械趕來，團團相護，聯手擺出劍陣圍困二人：「衙門來抓人，你們兩個誰敢反抗？」刑天暗想：「對方是衙門的人，若是動起手來，這消息傳到翠雲宮殿那邊，絕無好收場...」想到此節，忍氣吞聲勸：「大人的手下都是國家梁棟，專門用來鎮守城池，再說...君子動口不動手，大家有什麼問題可以提出來商量討論，何必一定要舉刀弄劍的？這樣豈不傷了和氣？」

衙役的首領毫不客氣問：「你們兩個什麼人？為什麼在館子內打架鬧事？」刑天解釋：「我們只是在過招比武，並沒有打架鬧事。」衙役的首領道：「那為什麼我會接到通報說有人在館子裡動刀動槍？還不快老實的招出來？」

刑天搖頭：「恐怕是大人您聽錯了。」貊惱怒罵：「哼！豈有此理！刑天御史！你堂堂一個蓬萊御史，何必跟他們低聲下氣？」

衙役的士兵聽見「刑天御史」這四個字，均都嚇一大跳：「好小子！原來是四國聯盟通緝的叛國賊？糟糕！快想辦法通知各國郡主！困住他們！千萬不能讓這個囚犯逃脫！」刑天暗驚：「糟了！這誤會愈描愈黑！」

突然兩枝羽箭朝著自己額頭射來，刑天急向左避，咻咻聲從耳邊閃過：「看來還是免不了一戰了！」忽覺腦後風生，另外一名衙役手持大刀來砍，貊速度敏捷，一招「擒拿手」掩護自己，扣住了敵人手腕：「嘿！好毒辣的招式！

做官的也懂得殺人滅口嗎？」一腳飛踢，將敵人踹倒在地：「哼！武藝太差！真沒樂趣！」

另外兩個衙役情知抵敵不過，連忙掏出煙霧彈拋在地上：「大家快退後！」刑天和貊驚覺：「咦！是障眼法？」

二人見衙役本事平常，一個打他十個也不放在心上，但想若是拖延久了，引得軍隊來此恐怕就不妙：「你別衝動！我們先撤退，要尋人不必要使出這般激烈的手段。」貊點頭：「那好！暫且先聽你的吧！我們現在該怎麼做？」刑天喚：「走吧！我們先找一處民宅藏匿！」

話才講完，煙霧中突然有人喊道：「放箭！」刑天和貊暗驚：「糟糕！」忽聽得「咻咻」幾聲，數十枝羽箭燃著火焰從半空墜下，那群衙役看似全無動靜，原來是早有準備，衙役的首領又叫：「你們這些叛徒別再執迷不悟！你們若是願受四國郡主的恩惠，就趕緊投降，尚且可免一死，還不快出來投降嗎？」

哪裡曉得叫了半天卻還是鴉雀無聲，不見二人出來投降，衙役的首領愈是惱怒：「可惡！來人啊！準備好火焰箭！今天若是不滅這兩個叛賊將他們碎屍萬段，誓不回去給郡主們一個交代！」

衙役拿著弓一字排開，正要射箭時，忽見半空裡閃出一個人影，鯀飛快跳下屋簷，大叫：「晦氣狗頭！竟敢濫殺無辜？」全身離地幾尺距離，忽從口袋抄出許多飛刀，雙手將暗器陸續擲出，那些飛刀打著衙役肩窩，盡數將敵人擊倒在地：「刑天御史！趁現在快走！」

刑天在煙霧中隱約可見那人投擲暗器的手法技巧之高，聽聲分辨，驚喜叫：「飛刀人！是你？」

鯀只相隔不遠距離，站在刑天和衙役的中央，怕敵人再次射箭，自己反而會變成箭靶子，一個飛身躍上屋簷：「這裡太混亂，我們到鎮外西北邊的樹林會合！有什麼事情，到時候再說！」

貊見對方面貌黝黑，腳套馬靴行動之快，還以為是敵人派來的刺殺使者，待見鯀出手相助自己二人，才稍感安心：「嘿！這人的暗器技巧真不賴，若是能跟我比武過招，肯定很有樂趣！」

刑天吩咐：「別鬧事！我們先離開此地！」貊摩拳擦掌：「怎麼那麼快就要離開？有趣的才剛開始呢！」刑天心想：「讓他繼續這樣鬧下去，不曉得什麼時候才結束？得想個辦法阻止才行！」念及此處，照準對方的背心一掌劈下，敲在肩頸穴上：「抱歉了！」

貊沒料到同伴竟對自己出手，後頸被擊中，氣血翻騰，天旋地轉暈了過去。刑天將他扛在肩膀，身形一閃躍上了屋簷：「我們待會見！」鯀在遠處喊：「好！」

刑天飛馳如風，回頭驚見遠方的天空冒著煙霧，犬吠不絕，民宅附近的住戶都在潑水搶救。雖然自己使用瞬身術輕易就將敵人甩掉，但也已經累得精疲力竭，索性一轉眼就逃到了叢林，那地方鵑鳥鳴啼，他見路旁有個岩洞，便將貊扛到洞中，等待同伴來會面。

過沒多久，一輛馬車輪轉如飛，行駛過來：「刑天御史！」鯀騎在一匹銀鬃白馬，抽住鞭招呼：「先進車廂！」刑天扛著貊跳入廂內：「走！」鯀用力一扯韁繩 ：「呵哈！」那馬車從岩洞旁呼颼而過，朝著西北方的鳳凰嶺駛去。

「有沒有追兵？」刑天詢問：「你怎麼曉得我在梨源鎮？」鯀笑呵呵：「我恰巧在翠雲國的境內，刑天御史在鎮上驚動了衙門的武役，那麼大的事情誰不曉得？」刑天問：「你現在要往哪裡去？」鯀反問：「你是在找魄狼御史吧？」刑天急問：「你知道他在哪裡？」鯀點頭：「可能知道。」刑天追問：「快告訴我！他捉了我的朋友，我正在找他！」鯀勸慰：「刑天御史你冷靜點，我慢慢將來龍去脈告訴你！」

鯀將自己如何偷聽到嬋和風光對話，如何窺見魄狼綁架明鏡，還有阿修羅、羅裟和喇珈襲擊小鎮，以及雷昊和笙率兵協助一事全都詳細的描述一番：「那些狩獵者為了躲避被軍隊訪查出形跡，恐怕會暫時躲在荒山野嶺。那位叫風光的將軍和翠雲國的雷昊少主帶著軍隊由鳳凰嶺繞到彩雲峽，打算暫時拖延住敵人，嬋郡主打算召集其他的聯盟軍團一起會合，依我看來，魄狼御史到時候多半也會現身。」

刑天毅然決定：「好！我們即刻往鳳凰嶺去！」

鯀騎在馬鞍上，急把兩條腿往馬肚一夾，鞭子抽在馬臀：「呵啊！」馬車疾速行駛，朝著鳳凰嶺的方向揚長離開。沿途道路顛簸，耳邊聽得車輪滾動聲，馬車不知不覺奔馳了數十里路。刑天看著窗外風景，遍地梨花被陽光照映得雪白如玉，腦海中突然想起了昔日明鏡和自己相處的日子，二人曾經來到過鳳凰嶺，中途所談過的一段對話：

「明鏡姑娘，妳心裡在想什麼嗎？」

天邊有一隻野雁孤影飛過，明鏡發獃看著遙山遠處，嘆息：「天下若是五穀豐登，富足的人民就開始變得偷安盜逸，貪猥無厭，忘記起初應該原有的競業之心。若是君王不親政務，奸黨互結，搞得天下民不聊生，戰禍連年，造成百姓流離失所，百姓也無法安然度日了。那究竟有什麼方法，才能改變，讓這世界一勞永逸呢？」

刑天聽她聲音說得極細，語氣卻甚為嚴峻，點了點頭：「明鏡姑娘！妳說得不錯，都是人心不好，若非我們自耽逸樂，遺忘源起先祖初時創業的根基，也不會搞得戰亂的天下滿目瘡痍。」

明鏡蹲下身，喚道：「刑公子，你來看看這是什麼。」刑天好奇睜眼，湊近看：「什麼？」明鏡指著一塊光滑的圓石：「你瞧這塊石頭有什麼特異之處？」刑天見那石塊寸苔不生，心想：「有什麼奇怪？不就是尋常的石頭嗎？」嘴裡卻說道：「這小石子很光滑，不長青苔。」

明鏡點了點頭：「嗯！這岩石看似尋常，就好比世人一般。」

刑天不曉得對方想說什麼：「願聞其詳。」

明鏡將那圓石撥開，底下的泥土到處都是毒蟲亂竄，有些蜈蚣和蜘蛛一見火光照明，立刻逃開，躲到別的岩石下：「這是生命的隱密處，就好像是日光之下的岩石，很光滑，很雪亮，但在岩石下，卻是毒蟲最喜歡出沒的地方。」

刑天點頭：「這個我不否認。」明鏡繼續又說：「莫論貪淫縱酒或者殺人搶劫，我們心裡可不可以明證，有沒有曾經想過，只因為大家都如此行，所以我們這麼做，也不會比別人差呢？不要說別人看不見，他就不會理我們所思想的。人心的隱秘處，就像是那藏覓在岩石下的毒蟲，凡作惡的便恨光，並不肯面對光，恐怕他的行為受到了責備。」

刑天沉默半晌，點頭：「妳說得不錯。這世上沒有不犯罪的人，生命的隱密處，是岩石在日光之下所看不見的地方。」明鏡道：「小女子便是不明白，有些人武藝高強，有些人有權有勢，但是為什麼他們還是要欺壓貧窮的百姓呢？」刑天好言安慰：「那是人心生命中的隱密處，表面上看來光鮮亮麗，有錢有勢便顯得十足貴氣，但其實各人無非都只是一派庸俗之輩罷了！」

明鏡嘆氣：「唉！人生真是矛盾，無論擁有富貴還是權勢，死了之後，似乎都變成泡影幻滅了。但想人生在世的時候若是能為百姓做一番大事業，流芳萬古，豈不也是好的嗎？」刑天道：「明鏡姑娘，雖然妳生為女兒身，但是無論人家怎麼看待妳人生的遭遇，我刑天...總是認為妳是一個秉性堅貞的女中豪杰。」明鏡點頭微笑：「謝謝你！」

回憶到此，腦海中的記憶又變成一團模糊，鯀瞄了昏迷中的貊一眼，突然開口問：「刑天御史，他沒事吧？」

刑天恍然回神：「他沒事，只是暫時暈了過去，再過不久就會醒來。」鯀道：「如果我們遇上了嬋郡主和那位風羌將軍，你有什麼辦法對付他們嗎？他們二人的手中各有一柄萬古神器，能召喚出風像屬性的大鳥和水象屬性的巨龜呢！」

刑天從包袱抽出一柄金箍鐵環，環上鑲了一顆鵝蛋大小的靈石，透著紅光：「別擔心！有如意風火輪在手，我不會輸給他們的！」鯀暗想：「但願如此！」

馬車又飛馳一陣，路旁的樹林向後倒退，速度之疾，地勢愈來愈高，岩石到處長滿了苔蘚，甚至還可見到風景優美的巒山疊嶂。

「看來必須在這裡下車了！」鯀滿臉塵土，扯住韁繩，一個飛身躍下馬鞍：「再走不遠便會抵達鳳凰嶺，這裡地勢太陡，我們無從選擇，只能步行了。」刑天打開車門，踏出車廂：「情況緊急，沒時間歇息，我們繼續趕路！」

貊忽然感覺冷風撲面，微睜開眼，車廂外隱約可見到星光閃爍的夜空：「怎麼回事？我在哪裡？怎麼已經天黑了？」刑天問：「你終於肯醒過來了？」貊曉得自己被他擊暈，可是後來的事情卻是毫無記憶：「我們現在是在哪裡？」

鯀將馬車停在一株大樹下，沿著小山道走上斜坡：「兄弟，我們已經在鳳凰嶺了。」

貊爬出車廂，抬頭眺望，疊岩形狀的山脈轉折起伏，在月光下更顯得神工鬼斧。山嶺附近疊嶂峭壁，仿彿一座天然的石頭城牆，遠處則是隱約可見粼粼波光的湖面與河燈相映的古鎮。

鯀撥開雜草叢，石壁巨岩幾乎都是高不可攀：「這裡地勢險惡，看來果然是適合藏匿賊人的好地方。」刑天奔近同伴身旁，解釋：「這條鳳凰山脈順著東北方綿延數十里，北方有兩個關口，北邊通往天山懸樓殿，南邊相距聚鶴塔只有二十餘里路程。這附近一帶的山峰非常險峻，很適合做為帶兵打仗的好地方。」

貊追上二人：「喂！你們兩個等等我！」

鯀繼續又問：「我聽說這地方曾經歷了多年歲月的戰爭，自古為兵家必爭之地，又號稱是藏寶之處？」刑天點了點頭，指向半山的懸崖說：「我年輕時還沒當上鎮國御史，隨著軍隊出征的時候曾聽白雲大人說過，他說相傳曾有鳳凰坐落在這附近的山峰，據說四位仙人在這地方挖掘出了天靈獸鵜鳳凰和赤鷟，陸續又有人在這裡挖到黃金，因此古人傳說：『鳳凰不落無寶之地』。所以這地方生具異勢，因此得名，最後便被世人取名為『鳳凰嶺』了。」

刑天三人甚為謹慎，一路沿著岩石攀爬，走了老半天卻還不見半個人影：「難道天山國和翠雲國的軍隊已經離開此地了嗎？」

再走不久，三人沿著石壁攀下鳳凰嶺的峽谷，那地方環山的奇花異草長在岩石上，黑暗中忽聽見幾個士兵喊道：「大家寧可性命不要，也絕對不能讓這兩個狩獵者逃掉！」

「咦！是狩獵者？」刑天心中一驚，對兩個同伴招呼：「快過去看看！」

三人飛快往山上跑，前方不遠處立著兩座巨岩，兩塊石板向內傾斜只露出頂端的縫隙，仿彿一座龐大的三角石門。刑天回頭對二人喚：「快！從那底下穿過去！」

鯀和貊見那三角巨岩的表面長年被陽光曬得乾燥龜裂，兩塊巨岩擋住頂端，附近的岩石雜草叢生，荊棘遍佈。待得三人從石門底下穿越過，山嶺的另外一端豁然明亮，地勢順著斜坡向下，可看見山脈下的湖水和森林。

「是天山國和翠雲國的軍隊！」鯀抄出飛刀，戒備：「敵方的狩獵者共有兩個！」

話才講完，山下的樹林中有一群受了驚嚇的飛鳥振翅高飛，隨即有侍衛朗聲喊：「啟稟風羌大人！啟稟雷少主！敵人已經被我們圍困了！」

刑天、鯀和貊站在高處觀望，隱約看見兩個人影被軍隊圍困中央，其中一個少女道：「我說大師啊！您的法術變來變去都是一樣的，剛才那是什麼鳥攻擊？連半個士兵都沒殺掉。」老人手中握著一根瘋魔禪杖，單掌當胸，恭敬鞠躬道：「善哉！善哉！煞氣太重可是會遭天譴的，貧道這個移魂轉身術是利用傀儡歸化出更多的傀儡，最後組成一個傀儡軍團。要用咒術控制活人比殺人還難，自相殘殺有什麼好處？況且俗話說人多好辦事，多造孽還不如廣積功德，只要現在妄殺生命，將來就會苦難無邊了！」少女回答：「大師你嘰里咕嚕在囉嗦什麼啊？我們現在被人圍困，都快沒命了！」

貊一見到多蘿蘿，恨不得快點將她用麻繩捆縛，踢下山當車輪滾：「嘿！我正好要找這個小妖女算賬呢！」刑天一把扯住肩膀：「等等！」

貊回頭瞪一眼：「御史大人！我好不容易找到這個小妖女，你打算叫我眼睜睜看著煮熟的鴨子飛走？」刑天問：「報仇重要還是萬古神器重要？你忘記了我們的約定了嗎？

如果你因為一時衝動而壞了計劃，那麼就休想獲得萬古神器了。」貊聽了這話，只得暫時忍住怒氣：「哼！」

刑天、鯀和貊冷靜觀戰，見多蘿蘿和盤陀被雷昊和風羌所率領的軍隊圍在中央，均想：「原來是那兩個傀儡師，沒有幻獸師在場，看來比較容易解決。」

刑天仔細再看清楚，盤陀的身旁站著一個小男孩非常面熟，兩眼無神彷彿中了邪似地，心驚：「咦！是那個小狩！」

但想自己曾被阿修羅的符爆術炸成重傷，恰巧遇見了失去雙親的刀狩。原本還想帶著刀狩去平瑤鎮尋一處安身之地，不料在途中撞見了狩獵者，盤陀捉了刀狩逃得不見踪影，並將他歸化為自己的傀儡，對於此事刑天一直耿耿於懷，決心一定要想辦法救出刀狩。

「若是戰鬥拖延愈久，那個老和尚就會利用傀儡製造出更多的傀儡，一旦傀儡用縛咒的鐵椎刺傷了人，移魂轉身術就會傳染上身，並且控制他們，小狩現在應該是被咒術所縛所以淪為了傀儡，要想辦法解開他身上的咒術，就必須找到符紙才行！」刑天仔細盤算，打定主意對同伴二人吩咐：「若是天山國和翠雲國的士兵轉來攻擊我們，你們兩個替我拖住他們，羌左使、翠雲少主和那兩個傀儡師由我來應付！」

鯀和貊均是驚訝：「刑天御史！你打算做什麼？」、「喂！御史大人！你要幹嘛？」

「這場戰役必須要速戰速決，否則將會死傷慘重！」刑天從包袱抄出如意風火輪，飛身往人群衝去：「瞬身術！神隱霧遁！」

圍攻盤陀和多蘿蘿的軍隊聽見背後有聲音，紛紛回過頭看，刑天利用瞬身移位之術穿梭人群，像是一陣風似地閃在盤陀和刀狩身旁：「妖僧！納命來！」

千絲萬縷的灰煙飄散開，盤陀忽見有人遁到身邊，嚇一大跳：「咦！何方妖孽？」立刻倒退兩步，揮舞瘋魔禪杖抵擋：「哼！施主心中不懷好意，居然敢偷襲貧道？」

刑天的如意風火輪擊在對方禪杖，摩擦出一陣火花：「被妖僧察覺了！動作要快！」立刻再結個靈訣，又喊：「疾風隱遁之術！」當下身形極快，如閃電一般消失，不見踪影。

盤陀見敵人用瞬身術移位，左看右看尋不著敵人身影，頓時怒容滿面：「施主雖然本領超凡，但是一來就想把貧道殺傷，枉自苦修數年的道行，豈止是個瘋子，簡直就是無邊罪人！」

多蘿蘿驚叫：「大師！小心左邊！」

盤陀狼狽的撲倒在地，側滾開：「傀儡兵團！上！」

刑天偷襲失敗，忽感覺腦後生風，刀狩舉起柴斧衝了過來：「殺！殺！」

眼見小男孩抵擋不住咒術的威力，雙眼翻白還一直口吐白沫，盤陀利用空檔再從腰帶取下一捆卷軸，攤平在地 ：「移魂轉身！傀儡們上！」

刑天心知有詐，還在防禦刀狩的攻擊，左右忽然又有四十俱傀儡撲來，持刀砍向自己：「殺！」刑天心驚：「糟糕！有埋伏？」

雷昊和風羌見雙方鶴蚌相爭，似乎有機可乘：「羌左使！老和尚由你對付！我負責奪取如意風火輪！」、「明白！」

二人從旁飛掠，紛紛加入戰局：「刑天御史！快將翠雲國的神器歸還！」、「妖僧！這場鬥爭我們勝負已分，你別想再歸化傀儡來援救，快點送自己上西天去！」

多蘿蘿見敵人率領軍隊往中央衝來，嚇得怪叫：「大師！他們殺過來啦！」
盤陀再顧不得揮舞瘋魔禪杖，從腰袋抓出金缽，再把靈符揉成紙團拋入缽內：「傀儡移魂術！千人線！」

耳邊聽得喊殺之聲，許多侍衛像是魂魄被人攝去，持刀砍傷身旁的同黨：「殺！殺！」士兵毫無戒備，大驚之下，逃得慢一點的紛紛被砍成重傷，有人喊道：「風...風羌大人！」、「雷少主！軍隊中間有叛徒！」

雷昊和風羌正要攻向盤陀和多蘿蘿，回頭驚見士兵自相殘殺，心知不妙：「糟糕！敵人有埋伏！」

原來盤陀為了防止出什麼意外，早已暗中歸化了一千多個傀儡混在軍隊之中，一旦將靈符揉成紙團拋入金缽，咒術就會糾纏上身。況且傀儡師的邪法厲害，若是受縛於咒術的控制，必須要企圖干擾施術者結印，才有辦法阻止移魂轉身術。

受咒術控制的侍衛均是目眶深陷，口吐白沫，風羌和雷昊唯恐軍隊腹背受敵，只好掉頭鼓舞士氣：「士兵聽令！大家引兵撤退，千萬不可正面交鋒！」

盤陀利用一千個傀儡干擾敵軍，得意洋洋：「出家人修得正果不易，冤仇相報如何是了呢？唉！貧道本來也是慈悲為懷，今日乃是實非得已，貧道曾用這招千人線摧毀了三十營的軍隊，現在惹得貧道的殺性一開，災孽就來了，現在看各位施主如何處理？」

多蘿蘿又驚又喜：「大師啊！大師！這招千人線的傀儡術你怎麼從沒教過我？」盤陀搖頭：「唉！小妖女資質太差，就算是遇見萬世難逢的仙緣，恐怕也難練成貧道的真傳。」

另外一端，眾人稍不留神，便為傀儡士兵所傷。刑天四面迎敵，見那個刀狩受了咒術控制之後，小小年紀竟有如此神力，心想：「可惡！得快點想辦法移除他身上的符咒！」晃眼之間，立刻閃到敵人的背後，舉起如意風火輪往肩砍去，刀狩還未來得及反擊，綁縛在肩膀上的靈符斷成兩截，失了效用。

刀狩雙眼翻白，口吐白沫昏倒在地，刑天瞬間移位破了咒術，再一分神查看周圍動靜，幾個亂髮蓬鬆的傀儡張著血口，持刀追趕來砍：「殺！殺！」

「神隱霧遁！」刑天使用瞬身移位之術突圍，傀儡士兵雙腳一麻，頓失了知覺：「啊！」幾個傀儡士兵倉猝之中毫無抵禦能力，有人的食指斷去兩節，有人受了腰斬之厄，撲倒在地。

盤陀原本是仗著千人線的傀儡軍團才可略占上風，眼見敵人的瞬身術詭異之極，若論雙方功力實在是非常遜色，稍失戒備，難免為刑天的瞬身移位從背後偷襲，就算身邊擁有再多的傀儡護駕也是以卵擊石。當下只好暫緩一步，把指訣結著印，雙掌合十唸個咒訣：「傀儡軍團！先攻擊那個手持神器的蓬萊御史！」

千人軍團的傀儡忠誠恭順，在慫恿下只能任其差遣，奮不顧身持刀往刑天衝去：「殺！殺！」刑天見敵人如潮湧一般衝來，結個靈訣，化成萬縷輕煙避在遠處：「可惡！這些傀儡變得更難應付了嗎？」

盤陀站在遠處喊：「善哉善哉！何方道友竟然如此猖狂？貧道尚還有其他要事，今日暫且容你這小業障胡鬧一番，改日再行領教了！」

刑天見傀儡軍團的陣地擴大，情勢不利，暫時無法利用瞬身移位接近敵人，喊道：「妖僧！別逃！」

盤陀見遠處有一道閃光由身後疾速追來，曉得那是刑天的瞬身移位，萬分倉促之中連法寶都顧不得收回，連忙取出六顆引爆鋼珠拋入金缽：「小妖女！快過來貧道這邊！」多蘿蘿睜眼怪叫：「大師！你打算逃跑？」

盤陀見了這般困境，心中冒起一把無明火：「那小業障的奪命追魂術何等厲害？留在此地災害無窮，貧道暫時先自認下風了，殺敵的事情且從緩計議吧！快逃！」

多蘿蘿罵道：「大師總是喜歡逞能吹噓，什麼千人軍團的傀儡兵？到了最後還不是受人愚弄？」盤陀聽了惱羞成怒：「小妖女妳有剛無柔，有勇無謀，去了必然送死！妳這小鬼不聽良言，且由妳去，貧道失陪了！」說罷，暗中準備的金缽裝著引爆鋼珠發出五色光輝，照得眾人耀眼昏花。

爆炸之聲猶如萬鼓齊鳴，刑天萬沒料到敵人會拋下寶器逃走，使用瞬身術衝來忽感覺全身被一種極強的吸力牽引住，再不速逃必被炸傷，恐怕連軀體四肢也未能保全。

多蘿蘿早已暗中準備，只等同伴一指示，立即跟著撤退：「唉！真是無趣！我還沒打得過癮呢！看來只好日後再計劃報仇之策啦！」

每一粒引爆鋼珠均有無窮威力，互相激撞會產生連串爆炸，方圓半里內的生物休想活命。

刑天行動神速卻並未追趕，眼看對方使出連續引爆術企圖消滅己方，此舉雖傷仇敵卻也造成傀儡兵團深陷火海，一旦被烈火紋身，骨髓都要焦枯。

刑天反應極快，飛快閃到刀狩身邊，一把拉住手腕喊：「快走！」

刀狩受了移魂轉身之術的轄制，初醒之後仍然半閉著眼，索性被對方的瞬身移位所救，否則早已被烈焰燒成焦炭。

刑天抱著小男孩逃到半里之外的曠地，遠處可見許多傀儡士兵陷在火海之中，無法躲避，天空傳來哀嚎之聲，一個個面容慘厲。

眼看戰場上的形勢已經改變，雷昊和風羌被阻擋在人群另外一端，眼睜睜看著盤陀和多蘿蘿使用引爆鋼珠逃跑，均轉向攻擊刑天：「雷少主！先捉住那個叛徒！」、「羌左使！快！我們從左右圍攻他！」

刑天救了刀狩的性命，早料到翠雲國和天山國的軍隊會轉向攻擊自己，混亂之中急忙將小男孩藏匿在岩石後，一個飛身往軍隊衝去：「二位且慢！」

雷昊本來要先去助陣，風羌忽舉起捆仙繩喊：「請各位後退！」

地上的岩石有水泡不斷地冒出，刑天見腳下浮泥鬆軟，曉得對方打算用捆仙繩制伏自己，急忙抄出如意風火輪對抗：「請聽我說幾句話！」風羌回答：「有什麼話親自跟我們走一趟，向各位郡主說明清楚。水象通靈術！水簾網！」

幾根大水柱沖天而起，水氣如同雲霧一般發出雷鳴巨響，無數道水簾往下墜落，瞬間就將刑天困在中央：「刑天御史！快投降吧！水象通靈術可以滅火，你是打不過我的！

」

刑天手中的如意風火輪現出一道紅色火焰，將水霧照散：「那也得看它的主人如何使用！」風羌想看看對方有多大本領，暫時沒有召喚出玄冥龜，只用捆仙繩迎敵：「水象術！洪水攻擊！」

水柱化成澎湃浪濤，聲如雷轟往敵人捲去，刑天見那洶湧波浪的水勢有十多丈長，在心中盤算：「看來山靈獸的火象術恐怕無法防禦！」手中的金箍鐵環雖然冒起一團火霧，可惜敵人的水象通靈術竟是相生相剋，如意風火輪好像磁石引針似的失去靈力，火焰逐漸熄滅。

刑天見前方的水勢沖向山麓一帶，轉眼之間進退兩難，土地都被水流所淹，聚集在遠處的軍隊原本還當作奇景只顧著觀戰，驚見平地的水勢急升，如果被海浪捲到底下，恐怕連鬼都不曉得怎麼做的。眾人一想到地面都為水勢所斷，才著起急來，驚喊：「退後！大家快退後！爬到高處去！動作快！」

風羌有捆仙繩在手，毫不畏懼：「刑天御史，你殺了雷烈大人，這般頑強抵抗，還打算繼續替自己脫罪嗎？」刑天聽見此話立即大怒：「我沒殺害任何人！」

如意風火輪的周圍焰氣沖天，天空中旋起紅雲，一隻龐大的巨龍鼻冒濃煙，顯現在刑天的背後。天山國和翠雲國的侍衛見這情景哪敢大意？紛紛退後：「大家小心！是焰之魈龍！」、「魈龍出現啦！大家快找岩石掩護！」

巨龍的身軀盤踞在曠野，龍尾向右一甩，竟將幾株枯樹吞在火窟。

風羌見敵人召喚出山靈獸，全神貫注叫：「海靈獸！出來！」水面的浪花翻滾攪動，形成一道巨大水球，玄冥龜的龜殼隱現浮出，水勢往龜殼兩邊分流開。

兩隻靈獸出現在曠野，霎時之間風起雲湧，風羌幾個健步跳上龜殼，喊道：「海靈獸！用水炮攻擊！」

玄冥龜張開闊口，水柱齊往中心點匯流，激成一個大漩渦。水渦和潛流逆行翻滾，鼓成一顆大水球。玄冥龜脖頸一震，那顆大水球像是沖霄火砲似的射向虩龍，速度比箭還疾，刑天曉得水炮的厲害，使用瞬身術跳上巨龍：「快閃！」

虩龍先噴出一團火霧籠罩住全身，靠著煙霧障眼躲過水渦炮的攻擊，猛一伸長身軀衝出火霧，湧向玄冥龜的近處。

風羌沒料到敵人居然想靠近身攻擊，待要迴避為時已晚，虩龍張開利齒咬住龜殼，身軀轉幾個圈將玄冥龜連殼捆綁。刑天大喊：「山靈獸！用火球攻擊牠！」

虩龍緊緊纏住玄冥龜的甲殼，闊口一張，露出兩根尖銳獠牙。風羌見那隻巨龍的口中噴出十幾個火球，再想防禦已來不及，一個飛躍跳下龜殼逃跑：「可惡！失算了！」

玄冥龜近距離被火球在甲殼上一燙，立刻燃燒起火，虩龍忽然又一尾掃來，巨龜猝不及防，身軀竟被紅通通的火焰薰得一塌糊塗。

炙熱的火焰沖天竄起，濃煙籠罩在天空，雷昊顧不得危險衝去相助同伴，抄出火爆彈喊：「羌左使！你怎麼樣？」風羌灰頭土臉，憤怒道：「可惡！失算！我太大意了！」

風羌畏懼玄冥龜的海靈之力，再加上用法不精，儘管將渾身解數全都施展開，對抗刑天的如意風火輪仍有相形見絀之勢。

刑天逼得敵人狗急跳牆，也沒打算繼續追擊，站在虩龍的身上叫：「冷靜點！我們雙方先休戰如何？」風羌喊：「

那就親自隨我回去一趟！」刑天搖頭：「我有重要的事，待得我將事情查個水落石出，會親自赴會天山國。」

風羌尚未答覆，雷昊已經一個飛身躍上魁龍的身軀，衝向敵人：「刑天御史現下沒辦法跟我們走一趟，那麼就只好得罪了！」刑天見對方迎面撲來，持起如意風火輪應敵：「你跑到魁龍這邊，不怕被火燒焦嗎？」

雷昊將腳在魁龍的背脊上用力一踏，瞬間沖天三層樓高：「羌左使！趁現在！快！」刑天怪眼圓睜：「什麼？」

一道漩渦水柱從底下飛來，原來刑天的注意力被雷昊引開，風羌趁機使用海靈之力偷襲敵人。當下忽見那水柱迎頭壓到，刑天的身體承受不住水壓震撼，一個筋斗跌下魁龍，全身勁裝均被浸個濕透。

雷昊和風羌合力奇襲成功，正要追擊，兩枚飛刀投擲過來。二人分別向右避開，凝神戒備：「什麼人？」

鯀和貊趕來支援，飛快奔到刑天的身邊：「刑天御史你可還好？」、「嘿！這麼多人在此打架？真是有趣！」

刑天被攻個措手不及，身上的水汽蒸發成白霧，臉色一沉道：「這兩個人聽不懂人說的話！」

風羌想盡出奇制勝之法卻無法占得便宜，知道今日不下毒手決難取勝，對雷昊說：「雷少主，你率領軍隊去擒那兩個人，待我來對付刑天御史！」

雷昊與殺父仇人相見之後分外眼紅，咬牙切齒道：「要捉兇手不趁此時更待何時？羌左使！不如你我左右夾攻，再看情勢如何？」

魁龍本來並非玄冥龜的敵手，仗著刑天精通四象通靈術，風羌卻只能勉強打個平手，但想若是再加上敵人瞬身術的突襲，恐怕自己的防禦無力兼顧：「翠雲少主！他自幼便承襲了蓬萊郡主的武藝，小小年紀練就一身本領，後來又有機緣獲得四仙人所記載在古卷上的真傳，累積了數十年的功力已能夠通靈移位，若是有機會下手傷到他的話，絕對無須客氣！」雷昊點頭：「話雖如此，刑天御史終屬凡人，羌左使如能助我一臂之力，我們聯手肯定能打敗他！」

刑天年青氣盛，不肯示怯，向鯀和貊吩咐：「你們兩個都先退下！敵人不殺掉我是不會服氣的，這兩人讓我親自擺平，我要叫他們輸得心服口服！」鯀問：「你一個人沒問題吧？」刑天回答：「十拿九穩能贏！你別擔心！」貊在旁觀戰：「嘿！看來要化敵為友是不可能了！」

天山國和翠雲國的士兵鳴鑼擊鼓，搖旗吶喊，聲張是奉郡王之命要捉拿叛徒。雷昊和風羌不問能破敵人的通靈召喚術與否，拔劍出匣，以作防備：「羌左使！彩雲峽峰迴路轉，山嶺幽靜，倒是絕好藏身之所。恐怕狩獵者已經逃到那邊適應了山中環境，並且對地勢瞭若指掌。我們不能再遲，必須趕緊降伏刑天御史，趕去彩雲峽拖住他們的行動，等候三位郡主前來支援。」、「好！翠雲少主！我們上！」

刑天有如意風火輪護身，身隱紅色火焰之中，一見兩個敵人飛身衝向自己，立即催動神器喊：「火象通靈術！流星焰火球！」

虬龍牢牢纏在海靈獸的龜殼，玄冥龜縮頸藏頭的索性也沒受傷，不料虬龍突然向雷昊和風羌噴吐火球，二人眼前一亮，巨石大小的火團從天空墜落：「羌左使！小心！」、「水象通靈！漩渦水柱！」

十餘丈高的水柱旋轉如飛，猛聽得一聲巨響，湧上天空的水勢將大火球淹滅，雷昊和風羌趁隙奔到刑天近處：「翠雲少主！先奪下他手中的神器！」

雷昊用足平生之力向上一跳，落在敵人身前：「這次不會再讓你逃掉了！」刑天看不出敵人有什麼招數，見他抄出火爆彈，忽然警覺：「你想以火攻火？」

火爆彈擊在如意風火輪的箍環邊緣，爆出火花，風羌的捆仙繩旋轉半圈，高喊：「玄冥龜！把鮏龍載上天空！」

四道水柱冒出地面，漩渦水流匯集在中心點，瞬間將鮏龍和玄冥龜沖上十餘丈高空之中。刑天抬起頭看，暗驚：「糟糕！又是聲東擊西法！」風羌再喊：「散去！」

漩渦水柱在半空中飛散成泡沫，鮏龍仍舊牢牢纏住玄冥龜的龜殼，兩隻巨獸千萬斤重的身軀向下一沉，墜向地面。士兵驚見腳下的黑影向周圍擴大，嚇得奔逃：「大家快跑啊！」

翠雲國和天山國的軍隊亂成一團，眾人像是岩石崩墜似的，唯恐被四象獸壓成肉泥，嚇得紛紛奔逃。隨即震天一聲巨響，鮏龍和玄冥龜癱在地上，有士兵逃得慢了幾步被壓在底下，半空中激起漫天飛散的灰塵。

雷昊、風羌、刑天、鯀和貊練過多年武藝，均是身輕力健的高手，接連幾個快步就逃出了四象獸墜落的範圍。風羌見鮏龍和玄冥龜撞得地陷坍塌，正想再趁勝追擊，忽見周圍的土地冒出草木新芽：「咦！這是土象通靈術？」

地表的土壤好似波浪起伏，百畝方圓忽有樹林遮蔭蔽地，藤蘿破土而出，瞬間將鮏龍和玄冥龜的身軀捆縛，牢牢纏住。

「海棠！是妳嗎？妳在哪裡？快點出來！」風羌左顧右盼，大喊：「鮏龍倒下了！快趁現在解決掉牠！」雷昊的心中狐疑不定：「是棠右使？」

遠處隱約可見一個人影站在大樹高處，衣裙飄逸道：「風羌，我已經叛離嬋郡主了，我不再是天山國的光明御史。」風羌怒喊：「胡說！妳是被冤枉的吧？為什麼要欺騙大家？我知道妳不是這樣的人！」
雷昊喊：「羌左使！神器為重！先奪下如意風火輪！」

風羌心驚自己稍一疏神恐怕就被刑天逃走，手持捆仙繩再往敵人攻去：「翠雲少主！我需要掩護！」雷昊並肩飛出左邊接應：「好！」

刑天見二人再度衝來，也舞動如意風火輪，護著全身迎上去：「哼！叫你們輸得心服口服！」

海棠站在大樹上見雙方又要開戰，舉起鐵樺殺威棒喊：「土象通靈術！樹界降臨！」

風羌、雷昊和刑天正要衝突，闊地中央忽然激起滿空飛灑的綠葉，大樹的枝幹上滿綴繁花，成排古木全都冒出地面。

茂林和密樹瞬間遮蔽了近處，丈許方圓的闊地也變得繁花如蔭，藤蘿瑤草與草木舒展開，頓成奇觀。

眾人被困在茂密的森林之中，幾根藤蘿纏住手腳，誰曉得周圍突然會變得瓊花瑤草，大夥兒還以為自己置身在夢境之中。風羌、雷昊和刑天凝神戒備，均是鎮定觀察情勢：「是土禦盾術？」

雷昊用寶劍斬斷藤蘿，將樹木齊根削斷，喊：「棠右使！妳與我們為敵就是與四國聯盟為敵！希望妳快住手！」風羌不由得怒道：「海棠！妳為什麼要這樣做？」

海棠臉色蒼白，站在遠處的大樹問：「風羌，在野火戰亂的年代中掙扎生存，無論走到哪裡都是一團黑暗，奸盜者將搶來的婦女剝了衣裙，任其辱受姦淫荼毒，惡霸劫奪良人產業，燒殺擄掠。就算雲端上有陽光，但雲底下的會是什麼呢？」風羌一愣：「什麼？」

海棠描述道：「在很久以前，四國遭受了空前浩大的劫難，冰洋極海的積雪被烈焰融化，形成無數流川，洪水為災。那時，四位仙人走遍天下，收集四象靈珠鑄造成神器，希望能用力量解救天下蒼生，並且化災難為祥和。可惜後來有人逆勢而行，四國的秩序被萬古神器所取代，凡是四象獸所經之處，淨地都變成了人間煉獄。此類後事因果循環，誰也不能置身事外。假如這些神器交在我們後代的手中，我們真的也能保證以此大業為任，為四國百姓樹立萬世典範嗎？」

風羌無心思索：「海棠妳在胡說什麼？快把地靈獸歸還給嬋大人吧！事情其實可以不必演變成現在這麼複雜的！」海棠抬頭望著天空，嘆一口氣：「當人面對與自己不同的生物，真能互相理解，互相接納嗎？在認識彼此差異，真的可以和平共存嗎？」

刑天聽了這話，心中也感覺冰冰涼涼，鯀和貊追奔來問：「這兩個晦氣狗頭難纏得緊，怎麼樣？刑天御史需要協助了嗎？」、「嘿！每天都風平浪靜的多沒意思？四象獸本來就是戰爭的武器。」

「走吧！離開鳳凰嶺，你們兩個快隨我去彩雲峽一趟，這場戰鬥不是我的目標！」刑天搖了搖頭，將如意風火輪收入腰帶，魈龍嘶吼一聲，巨大的身軀突然煙消雲散，天空又變得星空萬里。

風羌和雷昊仍不罷休，一個健步躍上樹幹：「叛徒！別想逃跑！」、「刑天御史！快將如意風火輪留下！」

海棠高舉鐵樺殺威棒，喊道：「地靈獸！出來！」

幾聲巨震，野鳥振翅飛逃，黃土在百里方圓內飛舞，煙霧帶著千丈沙塵旋轉於半空之中。一隻身軀龐大的白尾麋鹿攀上磷岩，激起撼天震地的沙石。在場的士兵驚叫：「好大的麋鹿！是地靈獸白尾麋！」

那隻白尾麋鹿丈高百尺，牝角生枝，星光映著鬃毛閃閃發亮。海棠一個飛身跳下樹枝，站在麋鹿的背脊上喊：「刑天御史！四國聯盟的軍團已經前往彩雲峽出發，你若再不離開，恐怕就要錯過這個機會了！」

刑天疑惑：「妳為什麼要幫助我？」海棠反問：「你為什麼又堅持要孤注一擲呢？」

刑天凝神思索，腦海中喚起一個記憶：

當時正值發動盤岩宮戰爭的前夕，傍晚時刻，明鏡、幽和自己還在天山懸樓殿，明鏡曾經對同伴和自己說：「幽公子！這仇恨的世界充滿了戰爭，和平是什麼，小女子想知道。你打從出身就有好的地位，生活富裕，怎麼能體會到我們這種平民百姓的心情？」

幽回答：「明鏡姑娘...妳的經歷很痛苦，因此怨恨別人也是值得同情的，但若妳能懷著寬恕的心，將比任何人更加高貴。一個國家能否富庶，肯定是要花費心力經營的，若是百姓只顧家財，君臣只求名利，這個國家如何能夠興盛呢？人若孤立自己，獨善其身，那麼這個黑暗的世界，將要等誰去發光呢？我參與光明御史，不是為名也不是為利，純粹只是希望能為四國盡一點心，如此而已。」

明鏡嘆氣：「唉！良禽擇木而棲，哪處有好的地方就該擇良哪處，往好地方去。但也因此大家都遷居那地，左遷右移，最後連好的地方也變壞了。」刑天道：「嗯！幽！你說得不錯，國家興亡的勝敗，可不只關乎各人奮鬥，而是整個四國的責任。」幽道：「你們要謹慎自守，免去一切的貪念，因為人的生命不在乎財產豐富。」

明鏡嘆口嬌氣，心裡暗想：「唉！想安慰一個人卻沒有體驗過她痛苦的經歷，是很困難的...蒼天在上，但願公平如大水滾滾，公義如江河滔滔...」

幽望著天空：「二位別擔心！我相信！這次將會是最後一戰，四國距離和平的日子不遠了！在充滿遺憾地方，仍然需要勇於期望，在充滿絕望的地方，勇於夢想！只要堅持不懈，期待的理想便能實踐，我不願在自己的生命中做一名過客，我會努力構築和平，二位也要跟我一起努力！」

刑天見他的背影豐姿魁碩，心中一凜，興奮道：「幽！自從我按立為光明御史之後，就在蓬萊國接派任務，從未有機會多認識同道中人。我和你一見如故，不如我倆結為金蘭兄弟，如何？」幽拍了拍肩膀，微笑：「刑天御史！這個甚好，那我不就多了一個結義兄弟？」精神大振，站起來說：「刑天御史！天山這邊地勢空曠，我倆去山頂結拜！」刑天歡喜道：「好！」

想到這邊，刑天的記憶依稀又變得模糊，把心一橫，對著鯀和貊吩咐：「快！我們離開這邊！」鯀問：「刑天御史打算如何？」刑天決然道：「去彩雲峽！」鯀回答：「那兩個晦氣狗頭不會放棄的。」刑天說：「放心！自有人會應付他們！」貊樂呵呵笑：「有人要準備開打了嗎？嘿！這才叫做人生樂趣！」

海棠在遠處喊：「刑天御史！還不快離開？」風羌和雷昊意圖追趕：「別逃！」

白尾麋鹿的前蹄向地上踏，後腿一個打直，整個軀體立起來，地面好似波浪起伏，激起塵埃滿空飛灑。海棠用地靈獸硬生阻擋二人去路，對著風羌說：「白尾麋的土象術能剋玄冥龜的水象術，若是要打贏我，只有召喚天靈獸才行了。」

翠雲國和天山國的侍衛隔著森林觀望，刑天、鯀和貊見海棠替自己三人拖延時間，作鳥獸散，即刻分別撤退：「我們走！快上山去！」、「刑天御史！等等我！」、「嘿！跟你們兩個同行真是有趣，遇到的竟都不是一些尋常人物啊！」

三人擺脫了風光和雷昊的糾纏，飛奔上山，回頭可見山坡下參天蔽日的松柏。約有千萬株的奇樹全都是海棠用土象術創造出來的原始森林，奇花異卉，遍地皆是，端的就像是一座靈山仙境。

「咦！天亮了？」刑天、鯀和貊逃上了鳳凰嶺的山頂，天空中的陽光從雲端透射下，隱約可見山邊的巨樹盤根糾結，葉綠繁密，闊地都被瓊花和瑤草給遮蔽。

腳下這座鳳凰嶺曾經歷了千百年的戰亂，遠古時的世人為了爭奪這塊孕育出天靈珠的「藏寶之處」，曾經付上畢生代價，不惜發動戰爭犧牲掉千萬條性命。想到這邊，刑天忽然憶起海棠先前提問風光的那句話：「在野火戰亂的年代中掙扎生存，無論走到哪裡都是一團黑暗，奸盜者將搶來的婦女剝了衣裙，任其辱受姦淫荼毒，惡霸劫奪良人產業，燒殺擄掠。就算雲端上有陽光，但雲底下的會是什麼呢？」

第十七章 傀儡術之千人線

刑天、鯀和貊離開了鳳凰嶺，沿途盡是松柏之類的大樹，遠方更有數百里方圓的原始森林。

彩雲峽的靈山聖域非同凡境，約有萬千株樹根互相糾結，千年古木，繁枝密葉。

刑天、鯀和貊見這森林內幾十道飛瀑由高處往下倒瀉，旁邊一座百畝方圓的大湖映著彩雲。三人向遠處眺望，天地渺茫，萬座山峰的上半端孤立在雲海裏，山脊處盡被雲霧遮蔽。眼看前方的大湖碧沉沉地看不見底，刑天正自懊惱，忽見鯀指著右邊的大樹蔭喚：「你們快看！」

貊和刑天轉頭一看，果然發現一株老松樹，有間木屋築在樹幹上：「咦！四國境內村鎮甚多，誰這麼無聊？竟然在這森林中居住？」刑天心想：「魄狼必定在此無疑，莫非他以樹為家？」當下凝神戒備，對同伴吩咐：「大家小心！這或許是陷阱。」

三人見那樹屋只用藤蔓綁了幾片木板，木板砌得簡陋，陽光從樹枝透下可隱約看見屋內鋪置了草褥。貊突然轉身，問刑天一句：「御史大人，若是我能協助你找到那個殺人犯，你還記得自己曾向我提出過的承諾吧？」

刑天不曉得對方突然在這個時候詢問自己是何用意，心中雖然稍有不悅，卻也不願顯出無容人氣度：「我當然記得，你想獲得像萬古神器那樣的稀世珍品吧？只要協助我捉到魄狼，他那柄鐮鐧刀就是屬於你的。」

「嘿！這個好說！」貊點了點頭，突然對著樹屋大喊：「喂！屋子裡面的人聽好！主人再不出來，不速之客就要闖進去了！」

說罷，仍未見屋內有人應聲，周圍靜盪盪的也無人影。鯀抄出飛刀，使了個眼色：「刑天御史！」

刑天曉得同伴打算掩護自己，一個飛身躍上樹屋，正要開門，突然間牆壁破裂，兩個黑影飛了出來。鯀立刻擲出飛刀：「晦氣狗頭！屋內果然有人！」

刑天見有人衝出屋外，伸手去抓卻撲了個空，敵人迴旋一腳差點兒擊中自己的肩骨關節：「刑天御史！我明言在先，若是我不願相見，你們也不應該勉強我才是！」刑天見對方的背上用麻繩捆縛了一名女子，果然是魄狼和明鏡二人：「快放開她！」

魄狼一個飛身躍下樹屋，刑天追隨在後：「站住！」
鯀和貊見魄狼扛著明鏡打算逃跑，二人不肯移位退開，硬是抄出武器擋在面前：「晦氣狗頭！想去哪裡？」、「嘿！綁架了年輕姑娘就想獨自快活？未免太便宜你了吧？」

魄狼被三人同時圍堵，鎮定觀察情勢：「刑天御史的戰績輝煌，遇敵擒斬過半，曾經是白雲大人最忠心的主力護將。如今他叛變四國聯盟，你們兩個卻滲進來混戰，不怕日後被四國聯盟的軍隊找麻煩嗎？因著刑天御史與我對敵，為何那麼賣命邀功呢？他給了你們什麼好處？」

貊抬高聲問：「刑天御史！這人的口氣十分狂妄，要不讓我先拔刀砍掉他的銳氣？」鯀見對方夾持人質，替同伴回答道：「喂！晦氣狗頭！別亂來，先沉住氣！」刑天喊：「小心！魄狼御史善於近身搏鬥，你們不是他的對手，讓我來應付！」

貊急著邀功想獲得萬古神器之鐧鐮刀，對這番話哪肯聽得進耳朵？突然一招「殺雞警猴」速度奇快，手中的匕首朝敵人的胸口砍去：「來吧！盡情和我享受一點生活樂趣！」

魄狼的肩膀上扛著明鏡，無法隨意奪人武器，一時被攻得措手不及只好勉強側身避過：「哼！什麼生活樂趣？」貊腳下移步再追擊：「別想逃！」魄狼腰勢一低，旋轉半圈從刀鋒下掠過：「你就只有這一點功夫？」

陣勢一變，刑天和鯀圍個小圈企圖夾擊，魄狼被二人阻擋在中央，鯀先發制人，朝他衝去：「晦氣狗頭！想往哪裡逃？」刑天喊：「飛刀人！小心！別傷害到明鏡姑娘！」鯀點頭：「我曉得！」

魄狼曉得自己一個打他三人決非敵手，若輪流合戰久了也勢必耗盡氣力，立刻抄出鋼鐮刀架在明鏡的脖子上：「哼！誰敢再接近我一步看看？」刑天連忙呼喝：「你們兩個快住手！」

貊和鯀先前以眾擊寡仍被對方於千鈞一髮之際避開，魄狼用鐮刀抵住明鏡的脖子，冷笑：「你們三個打我一個？不是好漢！」

明鏡的嘴裡塞著手帕發不出聲，魄狼一把抓著她的玉臂，扯下手帕：「嘿！哭哭啼啼的，叫人看了真是心疼，妳自己跟他們求情吧！」

刑天不敢輕舉妄動，高喊：「別傷害她！我們不跟你動手就是！」魄狼冷笑：「這時又說不動手了？當初是誰想先闖進屋內的？怎麼這個時候又變成了自家人呢？」

鯀道：「是你這個晦氣狗頭先衝出來的，所以我們才打算動手。」魄狼冷笑：「你們起初想闖進屋內，可也算是三個瞎子，人質在我手中，要殺要辱全憑我決定，你這個聾子聽不懂人話的嗎？」

貊見對方態度惡劣，忍不住勃然大怒：「好個 無理畜生！你不放人是嗎？」魄狼哈哈笑：「不放又怎麼樣？你愈是叫我愈不放。」貊曉得對方是個硬骨頭，只能真不真假不假的說：「好！那你就不要放吧！」

刑天知道這人心狠手辣，若不謹慎應對，明鏡恐怕會有生命危險：「你想要什麼好處？我全都給你，你放明鏡姑娘離開，不要傷害到她！」

魄狼一聽，又是冷笑：「刑天御史，現在不是發呆的時候，你的對手可是我，你曾經是蓬萊國的主力護將。輔政白雲大人出征各地，戰績輝煌，立下了許多汗馬功勞，並且被人稱呼為蓬萊國第一的光明御史。如今卻為了一個女人，甘心在我面前低聲下氣？真是讓人始料未及啊！」

鯀忍不住插嘴又問：「喂！你這晦氣狗頭生來就那麼奸詐狡猾的嗎？為什麼要刺殺幽御史，將這污名嫁禍給刑天御史？」魄狼道：「你說這話什麼意思？我聽不懂。我是奉命要捉拿刑天御史，既是受理了白雲大人的禦書，奉詔行事，就得依著規矩來做事。可惜他的武藝比我厲害，我打不過他，因此只好用人質威脅，逼他束手投降。你們兩個難道想和四國聯盟為敵，非要插手不可嗎？」

言下之意，似乎要鯀和貊知趣迴避，可是貊急於邀功想搶奪鋼鐮刀，情急之下也顧不得對刑天說：「御史大人，我們若是聯手合作，三面圍攻肯定叫這傢伙逃不了！」

刑天全然充耳不聞，一雙黑漆漆眼珠子緊盯著敵人動作，似乎在等時機進攻，心想：「明鏡姑娘在他手中，若是逞強，不小心多半會讓明鏡姑娘白送性命，我必須使用瞬身術從背後偷襲。」

魄狼又說一句：「刑天御史，你已經鬧得四國境內天翻地覆，日後追究起來，白雲大人旗下的千萬侍衛豈能放過你嗎？不如乖乖和我回去，免得無辜連累到這位姑娘。」

明鏡的雙收受縛，哭喊掙扎：「刑公子！別聽他的！我曉得你是被人冤枉的！」魄狼一把扯住秀髮：「小美人兒，我與妳無怨無仇，當然也不願意無端樹敵，只不過刑天御史的武功太過厲害，我是逼不得已才拿妳當人質，希望妳安靜一點，別亂動。」

刑天見敵人猛扯住明鏡的秀髮，氣得怒喊：「魄狼！我若不制伏你，為自己代罪立功，我就終生注定要過著逃亡的日子！你為什麼要陷害我？快放開明鏡姑娘！否則我絕不饒你！」

魄狼沒有心情多加睬理，只笑：「哈哈！刑天御史！你應該看清楚自己的處境，你是四國盟軍的叛徒，你若是真的抱著忠義之心，就應該站在聯盟軍這邊，乖乖將如意風火輪交出來。若是日後白雲大人肯開恩赦你的罪孽，難道戰爭結束之後，還少不了你一份好處嗎？」

刑天厲聲問：「你開口閉口，第一句話就是要我投降，我究竟得罪了你什麼？使得你要刺殺雷烈大人，並且栽贓於我？」魄狼搖頭：「刑天御史你說什麼？我聽不明白。」刑天見對方在兩個同伴面前不願道出真情，只能咬牙切齒道：「胡扯！又來假捏虛詞？」

明鏡的母親和妹妹在戰亂之中皆被殺害，如今又被人綁架到此，忍不住哭訴：「你一刀殺了我吧！你若是男子漢大丈夫，就別用卑鄙的手段引誘刑公子投降，如此傷天害理的行徑，叫老天爺看了也是情何以堪？」

魄狼故意要激怒刑天，笑哈哈道：「嘿！嬌滴滴的小美人兒，若是妳與我成為結髮夫妻，我就放妳。」明鏡早已經心灰意冷，哪裡還指望對方再添增什麼好言好語：「你自己也是爹娘親生的人，也是有心有肝的人啊！生長在這個充滿仇恨的亂世，難道不能體會別人的痛苦嗎？」

魄狼用鐧鐮刀架著明鏡的項上，冷笑：「我魄狼生平最恨招降納叛之徒，刑天御史背叛了四國聯盟，毫無仁義可言，妳若能勸得動他橫刀自斷，我就放妳走！」

鯀一時氣憤不過，惱怒插話道：「既然如此！奸人你就站著別動，讓我宰個痛快！」說著，雙手抄出飛刀，作勢準備投擲：「還不受死！？」魄狼將明鏡當成肉盾來擋暗器，臉色一沉：「幹什麼？想拋飛刀？」

鯀成功轉移敵人注意，刑天欺敵人背後不長眼，立刻使用瞬身移位之術閃到背後，魄狼突然覺得後腦生風，回頭一看，警覺：「可惡！又是神隱霧遁之術？」

當下舉起鐧鐮刀迴旋一斬，可惜砍了個空，刑天突然手掌斜勢劈來，瞬間斬中自己肚腹，痛得魄狼哎哎跌倒。鯀和貊見敵人不慎被擊中，驚喜叫：「晦氣狗頭！快！我們合力攻他！」、「先斬下這傢伙的腦袋！」

刑天急喊：「快將明鏡姑娘帶走！」魄狼跌倒在地，捂著肚罵：「哼！竟使用妖術？簡直找死！」鯀和貊同時踏準方位趕來，一把將明鏡扶穩：「小姑娘！快跟我們走！」

刑天在心中盤算：「這個魄狼御史招式毒辣，我需要活捉他逼問刺殺雷烈大人和幽一事，暫且殺他不得！」魄狼氣得火冒三丈，罵道：「原來你們這些叛徒都喜歡以多欺寡！」

鯀和貊拉住明鏡的手立刻向後退開，刑天迎面衝來，故意擋在四人中央：「我掩護你們兩個！快帶她走！」魄狼心中暗罵：「死傢伙在這阻礙，看我怎麼將你砍成八段！」

刑天冷靜異常，為了要等候進攻良機，一點也不敢大意莽撞：「我為了要替自己洗刷冤屈，千里迢迢跑來這邊滅這陰險之徒，今日若不將他擒住，回到神樂殿之後如何給白雲大人一個交代？」

魄狼失手讓人質逃脫，當下如臨大敵絲毫不敢大意，索性自己的手中尚有鋼鐮刀和混天乾坤圈兩柄萬古神器可以應敵。眼見敵人按兵不動，似乎沒打算從三面圍攻自己，突然立刻反轉手中的鋼鐮刀，順勢橫斬想砍刑天的手臂，早料得對方肯定又會使一個瞬身術避開，再急喊：「風象通靈術！黑旋風！」

一股旋風掃到近處，刑天沒料到敵人會突然使用萬古神器的御風之術，全身在空中連轉五個大圈，落在草叢。

鯀原本只想在旁觀戰，一見同伴勢落下風，怕那個魄狼趁隙逃走，大喝：「糟糕！快擋他後路！」貊想搶下敵人的鋼鐮刀，也跟著衝向前攔阻：「可惡！真是會逃！」

二人竟沒想到魄狼此乃虛招，那柄鋼鐮刀迴旋砍來，鯀和貊忽感覺一股暖流之氣疾風撲面，均是心驚：「糟糕！是風象之力！」

二人瞬間被滿團旋風吹向兩邊翻滾，跌個四腳朝天。魄狼使用了鋼鐮刀的疾風之力進攻，果然湊效，避開二人攔阻之後，立刻三個健步衝向明鏡：「今日我見識到了，你們三個果然都是以多欺寡的卑鄙之徒！嘿！我們後會有期！」

刑天識破敵人有逃脫的準備，狼狽爬起身叫：「糟了！快攔住他！」可惜尚未講完，魄狼已經猛一拉，扯住明鏡的玉臂：「我們走！」明鏡禁不住使力，被對方向前一拉跟了過去，掙扎喊：「刑公子！」

刑天喊個靈訣：「神隱霧遁！」

魄狼早料到敵人會使用瞬身移位閃到身邊，一隻手抓著明鏡不放，一隻手高舉起鋼鐮刀喊：「天靈獸！出來！」

雲團中突然衝出一隻巨鳥，鵸鳳凰翅膀一振，從蔚藍高空俯衝而下。且見牠連續穿梭三層雲團，一個向下滑翔，收住雙翼向上攀升。

魄狼趁鵸鳳凰借著兩翼兜風之力平穩停住之時，瞬間拉著明鏡跳上巨鳥的羽背：「鵸鳳凰！快離開這！」明鏡被對方一把抓住，疼得喊都喊不出聲：「刑公子！」

一陣煙霧隱現，刑天用了瞬身移位之術閃到魄狼近處，可惜仍相差幾呎距離，不巧又被鵸鳳凰巨大的身軀阻擋住。鵸鳳凰啼鳴三聲，翅膀一振衝天而起，魄狼的右手緊握著鐧鐮刀，左手抱著明鏡，用雙腿將身夾緊鳥背，喊叫：「飛到山頂最高處！」

鵸鳳凰收攏雙翼，一個旋轉從彩雲峽附近的山脈穿梭而上，週圍白茫茫的盡被雲層遮蔽。

另外一端的同時，空氣中塵土瀰漫，幾團飛沙迎頭撲面的塞著口鼻，刑天暗叫不妙，立刻再使出神隱霧遁的瞬身之術閃到鵸鳳凰的腳下，一把抓住鳳爪不敢放鬆：「明...明鏡姑娘！別害怕！我馬上救妳！」

忽然四周被大氣雲團包圍得什麼都看不見，身邊有成群飛鳥振翅飛逃，刑天抓住鵸鳳凰的腳爪飛在天空徘徊，穿梭厚密雲層，幾個天旋地轉早就昏頭眼花。

突然之間，巨鳥伸展的羽翼衝開了雲團，俯瞰山下迷茫的雲霧，頭頂卻是晴霄萬里。魄狼、明鏡和刑天乘著巨鳥飛在半空中，可見萬團彩雲漂浮周圍，遠近的山脈、島嶼、溪流和海洋盡是奇觀。

刑天見魄狼反應機靈喚出鵸鳳凰，情急之下也忘記要使用如意風火輪的魈龍之力，就可惜巨鳥飛得太快，一個不慎恐怕就被風勢拋飛峽谷底下，否則若是有機會使出魈龍的火焰之勢來對抗鴸鳳凰的風象術，肯定能瞬間將巨鳥的身軀燙個焦黑。

且看鴸鳳凰展開兩翼搧風之力，激起千百丈高的塵揚，緐和貊站在懸崖上顯得渺小如蟻。二人眼睜睜看著魄狼、明鏡和刑天乘著天靈獸衝到高空，大氣壓力均把三人衣袖吹個柔活，魄狼抓著明鏡的手腕不肯放：「刑天御史！我看你還是趁早放棄吧！單憑你一人的力量，你是鬥不過四象獸的！」

刑天的雙手環抱著鳳爪不肯放鬆，魄狼舉起鐧鐮刀，再喊：「風象通靈術，旋風柱！」

鴸鳳凰的翅膀一展，十根風柱團團飛轉，將方圓幾畝的樹木全數吸上天空，魄狼拉扯明鏡平穩站立，二人踩著鴸鳳凰的背脊飛在天空，緐在遠處相遙觀望，對隨行的貊喚道：「刑天御史在空中毫無著力之處，若是摔下山谷可就麻煩！快！我們快上彩雲峽的高峰，再想辦法突襲那個晦氣狗頭！」貊想獲得敵人手中的鐧鐮刀，毫不猶豫的點頭：「好！快走！」

鴸鳳凰兩翼兜風，刑天、魄狼和明鏡乘著天靈獸騰雲駕霧，飛往山頂。凝望崖下森林，樹小如芥，抬頭看時，視線已被厚密雲層遮蔽，霎時忽又雲消霧散，青紅綠紫的瓊花瑤草別有洞天，鴸鳳凰一轉眼就飛到了彩雲峽山頂的寬廣草原。

魄狼見敵人不肯放棄，當下再別無選擇，立刻將鐧鐮刀收入腰帶：「哼！看我怎麼摔死你！」

萬古神器一旦離手，鴸鳳凰突然化成滿團霧氣，煙消雲散。刑天的雙手原本緊緊環抱著鳳爪不肯放鬆，沒料到鴸鳳凰突然消失，一個不慎，竟被風勢拋飛天空：「啊！」魄狼和明鏡跟著疾速墜落，三人在半空中毫無著力之處，衣袖均被強風吹個柔活。

刑天的下墜之勢極快，瞬間就穿破了雲層，漸漸望得見山下景物。雲霧漸稀，樹林、溪流和峽谷呈現眼前。且看彩雲峽底下盡是峻峭絕谷和端急溪流，頂上一片蔚藍天空，雲端還飛著成群白鳥。刑天身在半空中被高壓逼得無法喘氣，急把如意風火輪抄在手中，喊道：「鮔龍！火焰衝！」

突然天空中旋起滿團紅雲，一條身長十幾丈的巨獸衝出，那隻火龍獠牙外露，嘴一張動，噴出十餘丈的紅色火焰，尾端橫掃之處都被紅火吞噬。火勢將附近耀照的如同艷陽，烈焰壯觀，成群飛鳥振翅飛逃，彩雲峽的頂峰則是煙沖雲霄，頃刻間有千百株大樹被燒得無法熄滅。

刑天靠著火焰之勢緩衝了撞擊力道，說時遲那時快，一個翻滾重重的摔在鮔龍的背脊上。那疼痛看來似難禁受，索性沒掉落懸崖絕谷，總算命大。魄狼還以為敵人摔下彩雲峽谷必死無疑，見他反應機靈喚出鮔龍，頗為憤怒：「真是走了狗屎運！這樣都摔不死你？」

明鏡被魄狼牢牢抓著手腕鬆脫不開，眼前白茫茫盡是雲層遮蔽，二人被大氣雲團包圍，什麼都看不清楚。魄狼見刑天命大不死，顯然是自己的計策失敗，立刻再抄出鐧鐮刀，又喊：「天靈獸！快帶我離開這邊！」

萬古神器一旦握在手中，鵃鳳凰又瞬間穿梭厚密雲層衝開了雲團，幾個天旋地轉飛向二人。魄狼和明鏡墜在半空中，鵃鳳凰收攏雙翼從二人的腳下滑翔過，巨鳥一個側轉速度增快，借著兩翼兜風之力平衡身軀。

刑天孤伶伶地站在鮔龍的頭頂望著天空看，幾陣清風吹過，咬牙切齒叫：「可惡！」

眼看那隻巨鳥收攏雙翼，像疾箭脫弦一般衝向魄狼和明鏡，隨即忽又衝霄而起，乘載二人飛向碧霄萬里的藍天，疾速而去。

天靈獸鵜鳳凰從一個危崖狹壁之中穿行而過，轉眼之間已經不知去向，刑天還在思索該如何奪回明鏡，忽見彩雲峽山遙遠處的樹林中有一群飛鳥受了驚嚇，撲翅高飛，回頭驚看：「咦！發生什麼事情？」當下警覺，立刻將金箍環收入腰帶，三個健步躲到岩石後方：「遠處似乎有動靜？」

刑天沒握著如意風火輪，�龍的身軀忽化為塵土，煙消雲散。突然間一隻土黃色的巨獸迅速穿越樹林，疾速從身邊掠過，激起滿天飛灑的碎石。

塵土夾著一股激風之勢，刑天在那籠罩範圍之內，受力不住，身子一仰向後跌翻：「啊！是瑞麒麟？」

這個時候，天空中突然衝出一隻巨大獵鷹，忽把羽翼的翅膀伸展開，捲著疾風俯衝而下。刑天認得那是戰神帝釋天的幻獸，詫異：「是雷鳥！？」

瑞麒麟忽往地鑽下，穿山鑿穴打出一條通道，地面好似波浪起伏。獵鷹低空飛行，瑞麒麟瞬間衝出地穴，跳起來一口將雷鳥的頸項咬住，兩隻巨獸鬥得激烈， 千百斤重的軀體撞在岩石，頓時之間塵土飛揚，地面也陷出一個極大的坑洞。

刑天應變神速，立刻使用瞬身術逃到遠處：「發生什麼事情？難道竟是雙方開戰了？」

突然天上一聲雷霆巨響，十幾丈長的紫光當頭劈下，刑天被那道神雷震得頭昏目眩，耳朵嗡嗡做響。瑞麒麟狂嘯一聲，急往地穴下逃，周圍的樹林遭到天火和神雷燒過，成排古木全都折斷，倒坍在地。雷鳥逃脫了瑞麒麟的攻擊，拍振翅膀盤旋在半空中，翺翔於碧海青天之間。

再看遠處有一座深不見底的大湖，一個幢幢黑影從湖底往來游過，水朝中心匯流，激成一圈漩渦。突然湖面上波浪洶湧，一條巨大蟒蛇竄出水面，碧綠的湖水都被映成靛色。

巨蛇開張闊口，露出兩根尖銳獠牙，刑天驚看：「是蟒麟蛇！」

那條蟒麟蛇體形大得駭人，連頭帶尾攪動湖面，激成無數波浪又旋起一圈好大水渦。巨浪排打上岸，震耳欲聾，飛在天空的雷鳥不敢接近，仗著兩翼兜風之力，眨眼間梭出雲端。

刑天原本打算用如意風火輪喚出虪龍突襲雷鳥，見那雷鳥被瑞麒麟和蟒麟蛇兩邊夾攻，便暫且觀戰一陣子再做打算：「看來白雲大人和崑崙大人都抵達彩雲峽這邊了！」

樹林中古木參天，湖岸邊的岩石長滿苔蘚，遠處隱約可見兩個人影在林中穿梭，路旁的樹木向後倒退，速度之疾：「白雲老兒！那隻幻獸的神雷會藉由水流導電，俺的落魂鞭對牠起不了作用！」另外一人回答：「看來符爆師恐怕也在近處，先想辦法對付符爆師！只要能制止他產生氣溫異動，幻獸師的通靈術就能解除！」

刑天聽見雙方對話，心驚：「果然是崑崙大人和白雲大人！」

白雲齋和崑崙如風一般飛趕到，隨即又見三條黑影追在背後，刑天見那三人裝扮特殊，其中一名男子手持戰天斧，另外一個老和尚手中搖著串鈴，最後的小女孩揪著髮辮，唧唧噥噥嘟著嘴嚷，正是戰神帝釋天、盤陀大師和多蘿蘿。

忽聽得雷聲四響，烏雲層在頭頂上愈聚愈厚，原本紅日當空的天氣萬沒料到變得這般快速。刑天曉得即將要下大雨，受了風吹雨打，數百畝方圓之內的樹林肯定是泥漿飛濺，暗自盤算：「雷雨的情勢對四國盟軍不利，我必須要協助白雲大人他們才行！」

舉目看時，離身十丈外望見白雲齋和崑崙力戰帝釋天、盤陀大師與多蘿蘿，左邊忽然有一群聯盟軍的侍衛衝出樹林，驚喊：「啟...啟稟白雲大人、崑崙大人！殭...殭屍來襲！有殭屍攻擊我們！」

受了咒縛的傀儡兵激烈鼓躁，挺槍衝來：「殺啊！」白雲齋曉得迫在眉捷，舉起金箔大力杵喊：「土地！分開！」

傀儡士兵分列三排，從四方朝三人揮刀來砍：「殺！殺！」不料腳下的土地突然裂開，傀儡兵均是雙腳翻天，混亂之中摔得鼻青臉腫。

白雲齋吩咐：「傳令下去！叫大家不要驚慌！那些人並非殭屍，只是被咒術所控制！」崑崙憤怒：「是傀儡術嗎？可惡！真是邪門歪道，狩獵一族居然會使用這麼恐怖的咒術，必須想辦法阻止施術之人！」

多蘿蘿喊：「大師！趁現在！快使用傀儡術攻陷他們！」盤陀手中捧著金缽，忽把靈符揉成紙團拋入缽內：「傀儡移魂術！千人線！」

盤陀又在暗中歸化了一千個傀儡埋伏在彩雲峽的森林，順手將靈符揉成紙團拋入金缽，咒術就會糾纏上身。白雲齋和崑崙曉得這個傀儡師的邪法厲害，受縛於咒術的控制就必須要干擾施術者結印，才有辦法阻止移魂轉身術，可惜那群傀儡士兵發起瘋誰都不認得，白雲齋和崑崙唯恐自己的軍隊腹背受敵，只好撤退三尺：「士兵聽令！大家避開，千萬不可正面交鋒！」

盤陀利用千人埋伏的傀儡進攻，得意洋洋道：「阿彌陀佛，貧道曾用這招千人線摧毀了五十營的軍隊，現在惹得貧道的殺性一開，災孽又要來了，現在看兩位施主如何處理？」多蘿蘿插嘴：「大師！你先前不是說滅掉了三十營隊的士兵嗎？怎麼這次突然又變成了五十營隊？簡直胡說八道！」盤陀臉色一沉：「小妖女！沉默是金，妳閉上嘴！」

刑天躲在暗處觀戰，盤算：「不能再等時機進攻，必須要立即採取行動，若是拖延愈久，那妖僧就會利用傀儡術製造出更多的傀儡，一旦傀儡用縛咒的鐵椎刺傷了人，移魂轉身術就會染上身，並且控制更多的士兵。看來妖僧正在利用這些傀儡製造一個自己的傀儡軍隊，該如何阻止他好？」思索半晌，轉念再度分析：「他若是歸化出足夠的傀儡，就能與白雲大人和崑崙大人的軍隊抗衡了。這個咒術雖然能使用傀儡歸化傀儡，在短時間內創造出極為強大的傀儡兵團，可是畢竟效果無法維持太久，一旦受到干擾，那咒術就會被迫解除，我只要阻止施術者便可！」

這個時候，有許多鬱樹國和蓬萊國的侍衛稍不留神，為那群傀儡兵所傷，傷患口吐白沫，持刀追趕又朝其他人砍：「殺！殺！」

傀儡士兵移山倒海蜂擁而來，白雲齋和崑崙沒料到移魂轉身術如此厲害，見難取勝，剛要想辦法脫身之時，帝釋天和多蘿蘿也曉得時機稍縱即逝，一個飛身擋在面前：「哼！二位遇上了老夫！還想往哪裡逃？」、「哈！戰神與你們好言相勸，你們兩個快將萬古神器獻出，免得被雷鳥化成灰燼，永世不得超生了！」

白雲齋和崑崙雖然有萬古神器護身不至輕易送命，怕得是雷鳥比瑞麒麟和蟒麟蛇厲害十倍，拖延久了恐怕支持不住：「白雲老兒！俺用水象術攻擊他！你用土象術掩護俺！」、「小心！被獵鷹的神雷擊中，恐怕會玉石俱焚！」

盤陀處心積慮要殺掉敵人，口誦真言道：「業障！還不納命，在等何時？待貧道將你們全都歸化成傀儡吧！」

白雲齋和崑崙與敵人兩下相遇，四面迎敵，那群千人傀儡受了咒術控制之後軀殼半死，竟變得完全不怕刀劍攻擊，雖然四象獸可輕易制伏傀儡群，可惜卻被帝釋天的雷鳥纏住，擺脫不開。

眼看盤陀閉目凝神，將真氣運入雙掌，那群傀儡士兵性情大變，似乎變得更加暴戾：「二位施主劫數當前，無可解脫，貧道...」

話還未講完，就在這一瞬間，刑天突然使用了瞬身移位之術閃到身旁：「受死吧！妖僧！」盤陀雙臂一麻，頓失知覺：「啊！」

盤陀原是仗著千人陣仗的傀儡軍團才可占上優勢，不料敵人竟然使用瞬身術閃到近處攻擊自己，倉促之中根本毫無抵禦能力，立刻被腰斬在地：「什...什麼人攻擊貧道？」

千人軍團的傀儡原本忠誠恭順，在施術者的慫恿下只能任其差遣，可惜盤陀稍失警覺，竟被刑天的瞬身移位從背後偷襲成功。傀儡軍團的咒術一解除，士兵紛紛雙眼翻白，口吐白沫，昏倒在地。

多蘿蘿甚為驚訝，大聲說道：「無知妖孽！誰敢對大師如此無禮？」

刑天用瞬間移位破了傀儡術，站在遠處冷冷道：「哼！被這傀儡術控制有兩種辦法，第一種是用靈符下咒，只要把受術者的毛髮拋入瓷罈，用傀儡術結印，就會被施術者控制。這種方法必須打破瓷罈，讓施術者受到干擾，傀儡術才會破解。第二種方法，只需要直接將施術者殺掉，就可以了吧？這些秘訣我都已經打聽清楚了。」

盤陀想把指訣結著印，雙掌合十唸個咒語，可惜只剩下半邊手臂，張著血口道：「成...成功和失敗...都有讓人難耐的地方，伴隨成功的有空虛和孤獨，伴隨失敗的...只有失敗...沒...沒想到貧道自恃咒術精妙，居然還會栽在一個...栽在一個年輕後輩的手中...真是...真是...」還沒講完，氣絕斃命。

帝釋天見敵人只需用個靈訣，輕易就閃到盤陀近處偷襲成功，心中暗詫：「看來這小子的功力又增加了！」

多蘿蘿努著嘴：「哼！戰神！那乳臭小兒見了老和尚就殺，我看不給他一點苦吃，也不知道是誰厲害？不如你再叫雷鳥賞他幾道神雷和天火，讓他屁股開花，如何？」

帝釋天手持戰天斧，厲聲喝道：「蓬萊國的刑天御史！既然你倒行逆施，可怪不得老夫手下不留情，今日！休想活命！」

多蘿蘿知道帝釋天非常厲害，以巧言誘他又用不著自己協助，樂得隔岸觀戰：「戰神！雷鳥比萬古神器所能召喚的任何一隻四象獸都還要厲害，包在您身上必能辦到！」

白雲齋和崑崙見刑天趕來支援己方，均是鬆一口氣，抬頭忽見頂上壓著密密一層烏雲，獵鷹以雷電相抗蟒麟蛇和瑞麒麟。跟著驚天動地一聲巨震，煙霧全都爆散，灑了滿天大雨。

蟒麟蛇和瑞麒麟急著將獵物一網打盡，竟不惜耗損靈力要拼個死活，隨即天空中出現一片青光，數道神雷在天地交界處落下。

鬱樹國和蓬萊國的士兵多在觀戰，忽見雷電轉眼到達，事出意外，誰也沒料得變化如此之快，跑得稍慢的死於非命，餘下全都逃走。

刑天一瞥見天空出現青光，便知不妙，忙喝：「白雲大人！崑崙大人！留神！」

帝釋天手持戰天斧，奔來砍：「無知後輩，現在投降還可勉強留半條活命！」刑天一瞬間閃到敵人背後，抄出如意風火輪砍向肩膀：「既是這樣，那我就手下不留情了！」

帝釋天以多年修為總可推測出一些端倪，早就猜到敵人會從背後突襲，頭頂上青光一閃，數十道神雷忽然劈落。刑天知道那神雷的威力非常厲害，哪還再顧得進攻傷敵？可惜他應變機警，仍未避過，右肩先被雷光打中，索性還靠著瞬身術逃脫得快，稍差一點恐怕就葬送性命了。

帝釋天惟恐一擊不能致命，竟連用了十幾道神雷，敵人的影子瞬間消失，竟不知逃到了哪裏去。刑天曉得自己形跡已露，負傷先遁開，避過了神雷攻擊。那彩雲峽相隔谷口約有半里距離，突然兩個黑影同時趕到，忽聽有人由遠處傳聲喊：「刑天御史！」

刑天用神隱霧遁之術負傷逃脫，避在遠處伺機而動，隱約見兩個男子飛趕來，詫異道：「是你們？」鯀和貊恰巧追上，在側身同行道：「刑天御史！我們也來協助你！」、「嘿！不知何方怪鳥，居然會散發青光閃電？這個世界真是有趣！」

烏雲中一團青光耀處，獵鷹隱現於雷電之中，刑天的肩膀中了一擊，面如金紙，知道那神雷厲害，忍痛吩咐：「你...你們兩個速退，留神雷鳥的閃電！」

鯀和貊一個好勝，一個貪功，二人又自恃武藝有過多年的訓練，堅持非幫忙不可：「刑天御史！我負責替你引開那個晦氣狗頭的注意力，你想辦法找到符爆師，只要能夠干擾敵人施術，這個幻獸的通靈召喚術多半就能被阻止了！」、「嘿！御史大人！你欠我的一柄鐧鐮刀還沒拿到手，怎麼可以輕易就死？那隻怪鳥我是捉定牠了！」

話剛說完，貊又見到多蘿蘿也在戰場上，臉色一沉，厲聲喝道：「狠毒心腸的小妖女！原來妳在此處？哼！此仇不報，誓不為人！我正好要找妳算個舊帳！」

多蘿蘿見到昔日拘禁的囚奴，嚇得臉色發白，急催促帝釋天說：「戰神！你的雷鳥法力那麼高，豈有受辱不報之理？這些人攻陷了盤岩城，如今你可要反敗為勝，爭回一點顏面啊！不如將他們全都殺了吧？千萬別放過漏網之魚哩！」

反正雙方仇已不解，帝釋天曉得同伴說的全是詐語，也沒打算拆穿她，愈是遇到勁敵愈不肯退讓，打算要全力以赴：「小娃娃！妳且看看老夫如何殺敵！」當下仗著神雷只攻不守，索性一味召喚雷鳥使用天火，數十道神雷霹靂連聲，白雲齋和崑崙忙用萬古神器防備，料定敵人必以全力相拼，不敢輕視：「白雲老兒！你攻擊他左邊，俺想辦法攻擊右邊！」

帝釋天向背後瞪大眼，厲聲罵：「二位只管賣弄花樣，待老夫殺盡那兩隻四象獸，再解決你們不遲！」

刑天推測敵人再次打算召喚獵鷹使用九雷轟頂，鬆懈不得，急喊：「白雲大人！崑崙大人！小心幻獸的神雷攻擊！」

話才講完，果然天空中有一道神雷霹靂落下，湖水經由導電受了磁場影響，眾人聽見湖面遠處傳來半聲哀嚎，蟒麟蛇的身軀彷彿水汽蒸發，散成氣泡。

雷鳥在高空中展開雙翼，目射金光甚是威武，瑞麒麟見頭頂的巨鳥徘徊於碧海青天之間，虎視眈眈盯著獵物看，卻咬不著。忽然天空傳來幾聲啼鳴，獵鷹疾空飛墮，羽翼開展，俯衝向下撲往地靈獸。

瑞麒麟左穿右梭，飛快躲進茂密樹林，眾人驚見，心中均急喊：「糟糕！快避開樹林！」

天空中青光微閃，神雷一接觸樹林即引發天火，烈焰瞬間燒過半里方圓內的森林，瑞麒麟困在火海無法逃脫。白雲齋含怒收了神器，瑞麒麟哀嚎一聲，化為塵土煙消雲散。

帝釋天有諸般應敵制勝的招數，再加上獵鷹的神雷轟頂，等同無形中增強了數倍戰力，因此生了輕敵之念，竟將眾敵視若為無物，頗有驕敵之色道：「哼！就算你們擁有一蛇一獸，也未必是老夫敵手！愚人啊愚人！哪知你們劫數臨頭？等你們轉世投胎之後，再來尋老夫報仇血恨吧！」

蟒麟蛇和瑞麒麟先後為獵鷹的神雷所擊，靈力瞬間耗盡，短時間內無法再次召喚。刑天曉得自己若是用如意風火輪喚出虪龍，無論多大靈力，最後多半也被獵鷹的神雷天火擊敗，當下不敢任意使用四象通靈召喚術，暗自盤算：「可惡！符爆師究竟躲在哪裡？」

另外一端，貊尋到了仇人恨不得將她的皮給剝掉：「小妖女！看妳現在還怎麼威風？給我過來！我答應不欺負妳就是！」多蘿蘿邊罵邊逃：「不要臉的東西！大男人欺負我一個小女孩！誰信你的鬼話？」

刑天情知眾人不是雷鳥的敵手，對鯀和貊喚：「快！先找出符爆師藏匿的位置！」貊在遠處喊：「我現在忙著找人算賬，有什麼事情待會兒再說！」鯀則是立即趕往協助：「遵命！」

白雲齋和崑崙互相使了一個眼色，分別往帝釋天進攻，合力抵禦：「刑天！你們快去將符爆師找出來，這裡留給我們應付！」、「俺和白雲老兒會頂住這邊！你們快去！」

蓬萊國和鬱樹國的侍衛平日演習陣法，臨敵之時毫無猶豫，一見郡主奔向敵人，紛紛提起刀槍喝叫：「衝啊！保護二位大人！」、「殺啊！殺掉狩獵一族！」

天空中傳來轟隆聲巨響，數道神雷夾著天火從頭頂劈下，威力猛烈，彩雲峽高原的士兵立刻被衝散。但想若被神雷劈中，全身都要化成灰燼，眾人唯恐受到殺身之禍，又嚇得逃竄，隊伍立時潰不成軍。

帝釋天連勝之餘愈是驕狂，忍不住哈哈大笑：「看見沒有？四國盟軍派兵十萬，老夫只需單槍匹馬，就能抵你十萬大軍！」

刑天看見雷鳥的天火瞬間燒遍樹林，推測符爆師應該不是藏匿在近處，否則早已變成焦炭。眼前這座彩雲峽極為偏僻，除了幽靜的大湖，近嶺遙山之處只剩下雲層遮蔽的危崖和絕谷，但想符爆師若是藏匿在險峻的山峰，豈不困住了符爆師自己，早晚也沒有活路？當下轉念一思索，忽想起曾在盤岩宮對抗帝釋天的情況：

當時在盤岩宮內，刑天伏在屋樑暗中觀察，心中揣摩：「他準備要釋出幻獸了嗎？」帝釋天突然一個立身，從蒲團站起來走向爐鼎：「雷鳥！出來！」雙手結個靈訣默運玄功，將手一揚，大爐鼎冒出火花。

刑天滿臉疑慮：「咦？他召出幻獸時不需要符爆師的協助嗎？」

大爐鼎升起幾縷輕煙，遠觀時彩霧彌漫，隱約有團黑影飛高了數丈，刑天觀察半晌，恍然大悟：「原來如此！雖然幻獸師不像我們需要萬古神器才能召喚靈獸，但是他們也需要煉化聚魂珠才能施法。聚魂珠乃是由爐鼎所煉製出來的，只要身邊帶有爐鼎，就不需要符爆師的協助，才能產生氣溫變動？」

念及此處，當下為勢所迫，刑天不得不挺而走險：「飛刀人！你留在此處協助二位大人！我去找出雷鳥的弱點！」鯀回答：「不曉得能撐多久，快去快回！」

刑天的腳下去勢極快，飛身一跳就有兩呎之遠，躍下彩雲峽的懸崖：「好！」

彩雲峽乃是四國境內最高的平原，崎嶇險峻，濃雲和密霧終年不散。山岔歧路甚多，到處都是絕谷和危崖，刑天奔行沒多久，雲霧之中的景物逐漸隱現。回頭一瞥，隱約可見帝釋天的巨鷹收翅束尾，展開羽翼飛在彩雲峽高原的半空中徘徊。索性自己瞬身術的去勢比雷電還快，轉眼就擺脫了雷鳥糾纏，暗想：「可惡！或許戰神根本就沒有符爆師的協助，但是那個召喚雷鳥獸的爐鼎究竟藏在哪裡？」

定睛細看，懸崖下有一條鐵鎖橋連接到前方山嶺的彼端，那鐵鎖橋木板橫鋪，紋理粗糙，八寸厚度的吊橋高高懸掛。刑天一個飛身穿過鐵橋，低頭見懸崖下雲霧飄渺，再抬起頭望，北方山峰被霧遮蔽，朦朧中隱約可見四個大字透在霧裡，暗想：「咦？那是什麼？」

山峰上有兩座石碑，那石碑又高又大，刻痕入石三分，雲霧消散，字跡忽變得清晰。刑天見左邊山峰刻著「天地」，右邊山峰刻著「山海」。四個字渾然雄勁，仿彿一幅巨大匾額懸在高峰，刑天心想：「原來那邊是天地坪和山海坪？那兩座石碑是祖先遺留下來的，不知不覺我竟然已經跑到了這裡？」

這個時候，忽見彩雲峽峭壁又被雲霧遮蔽，「山海」的巨岩雕刻上有個黑點透在霧裡，細看清楚，原來竟是一座丹爐。爐內的火焰冉冉升起，刑天見那爐鼎陳設在巨岩雕刻的中央，火光將岩石照得四壁明亮，心喜：「終於找到你了！」

隨意將身一閃，使出神隱霧遁的瞬身移位之術，剛發現爐鼎，轉眼已經抵達近處。刑天抄出如意風火輪往那煉化雷魂珠的爐鼎順勢一劈，鋒刃過處，爐鼎破裂在地上，散成粉碎。

獵鷹原本振翅一拍，掀起雷電掃向彩雲峽高原的軍隊，忽然天旋地轉，頃刻之間雲消霧散。白雲齋和崑崙疑惑均想：「發生什麼事？」鯀恍悟：「是刑天御史！雷鳥的通靈幻術解除了！」

煉化雷魂珠的爐鼎被斬得破裂，碎成細塊落墜懸崖底下，山峰的峭壁原本到處是雷雲漫漫，雷鳥的幻術一旦解開，巨岩上「天地」和「山海」的雕刻字跡變得清晰可見。

帝釋天見獵鷹在半空中化為塵土，一時還沒搞清楚發生什麼情況，盤膝坐定，兩手合掌搓了兩搓：「雷鳥！快使用九雷轟頂！」

刑天在遠處踩著「海」字頂端的「一」，衣袖被風吹得柔活，周圍彷彿一塊天然屏障懸在彩雲峽的半空，隔岸喊道：「飛刀人！趁現在快用遠距離的飛刀攻勢，圍攻那個幻獸師！」

鯀的雙手抄進袋，十指挾起飛刀：「晦氣狗頭！」八枚飛刀往帝釋天的胸口擲去：「看我大開殺戒！」

帝釋天事前敏捷正在觀察戰況，看出敵人聲勢大盛，自己未必能操勝算，一面飛轉戰天斧護住全身，一面揮拳衝向蓬萊國和鬱樹國的侍衛：「哼！凡夫俗子休想與老夫為敵！」盟軍的士兵擎出刀劍，攔截路叫：「大膽放肆！快捉住他！」不料話才講完，叮噹聲響，侍衛身上穿戴的甲鎧和護鏡竟被敵人赤手擊中，裂成粉碎。

鯀再抄出飛刀投擲：「晦氣狗頭！想逃去哪裡？」

帝釋天敏於應變，毫無顧忌施展出一身本領，就勢抓起士兵當作肉盾抵擋：「老夫不將你們這些凡夫俗子斬盡殺絕，決不罷休！」

白雲齋對士兵喊：「快放箭！大家切勿放這個妖孽逃走！」崑崙也叫：「白雲老兒！攻他下盤！」

帝釋天今日連遭挫敗，已悔當初失策將雷魂珠和煉丹用的爐鼎藏匿在山壁上。眼看敵人勢成騎虎，只在心中盤算如何施展報復，尚且顧忌自己宗師的身分。言語上除了鼠輩和凡夫俗子以外，始終未說出別的惡言：「哼！就憑你們幾個後輩門人也想制伏老夫？瞎了眼的無知鼠輩，不如再回家修練五十年！」

天空中塵土瀰漫，幾團飛沙迎頭撲面湧來，刑天使用瞬身術化成千絲萬縷的灰煙，一個轉眼閃到眾人近處。眼看許多士兵被敵人穿筋鑿骨，閃避不及，竟被帝釋天的斷掌震得死在地上，忍不住再衝上前動手：「戰神！你的對手是我！」

帝釋天一心專注於使喚雷鳥的神雷攻擊，以致爐鼎的藏匿地點曝了光，鑄成大錯。如今既不能一舉擊潰敵人的軍隊，又見四國盟軍出現了一個極為厲害的人物，年紀輕輕便能使用瞬身移位之術。當下曉得自己已經難以抵禦，況且雷鳥的幻術早就解除，時候久了漸有支持不住之勢，嘆息了一聲，順手拋飛阻擋自己的士兵，衝向彩雲峽的山崖：「哼！老夫沒空和你談天！再會！」

多蘿蘿見同伴有意撤退，嚇得先走一步：「哎喲！別丟下我獨自一個人啊！」貊追在背後：「慢著！小妖女！我倆的帳還沒算清！」二人前後追趕，消失在彩雲峽遠處。

刑天和鯀忙著應付帝釋天，根本沒空理會多蘿蘿，一見目標想逃，並肩追去：「站住！」、「晦氣狗頭！殺了人就想逃跑？」

帝釋天左手一探，用擒拿法勒住一個士兵的脖子，那人掙扎想喊，雙腿浮在半空踢了兩下，立刻斷氣。

眾人不曉得敵方使出什麼伎倆，忽見帝釋天勒著屍體的脖頸高高舉起，刑天唯恐同伴踏入陷阱，一手扯住鯀喊叫：「等等！不要接近！」

鯀起初一時還觀察不出，心裏雖然半信半疑，總算還是遵照對方的咐囑不再追趕：「晦氣狗頭！難不成就讓他逃走？」

事在緊急，許多士兵為除禍害，絲毫沒覺察自己已經陷入危境。霹靂一聲，被帝釋天勒住脖子的屍體突然爆開，一片朦朧朧的血霧將眾人去路遮蔽，什麼也看不見。

刑天應變敏捷，當血霧震散之際，似乎鼻子聞了一點腥臭味。索性警覺得早，拉著鯀迅速避開，饒是如此，也感覺到頭腦有些昏沉：「可惡！是煉血術嗎？這個幻獸師也會使用陰陽奇門遁法？」

來不及逃跑的士兵原本佈陣相向，已經追到了敵人面前，不料口鼻吸入滿團血霧，陸續都屍橫遍地，氣絕而死。

白雲齋和崑崙的性格也和刑天一樣疾惡如仇，不過二人身為四國之郡，在戰場上經歷得多也比較持重，因此尚未立即追趕，兩下相距血霧的範圍還有幾丈距離：「白雲老兒！這幻獸師真是狡猾，不知用什法兒逃出網羅，俺的軍隊既不能將他一舉成擒，被他逃走，日後恐怕成為一大隱患。」、「崑崙！戰神的本領非比尋常，看來只有等四象獸恢復了靈力，才能再行動手。」

刑天使用了太多次的神隱霧遁，耗損掉許多真氣也無法再追帝釋天，鬱樹國和蓬萊國的士兵手執刀劍，陣形的中間是兩短排開，各持刀和弓箭。後面又是一長排開，各持長槍和長矛，圍個大圈將刑天和鯀困在中央：「四國聯盟的叛徒！見到二位大人還不快點下跪？」、「叛國賊！你闖了大禍了！還不快向二位大人磕頭認罪？」

鯀將嘴巴湊在耳邊，壓低聲問：「刑天御史，這些就是你想要捨命相救的人？」

刑天曉得自己恐怕要受重責，把心一橫，竟將所有冤屈都吞下肚：「事已如此，再多說也是無益，白雲大人如要責罰，我一人承擔便是！」

這個時候，彩雲峽的遠處傳來吹號角的聲響，忽有三個校報騎著青鬃馬，手執銅槍飛趕來：「啟...啟禀白雲大人！嬋大人的軍隊被狩獵者圍困，情況危在旦夕，我們三個冒險突圍，前來求救！」

崑崙和白雲齋見三人是來請救兵的，曉得情況不妙，當下只好將刑天的事先暫且擱住，一個飛身躍上快馬：「哼！狩獵者休得猖獗，待俺先來擒你！」、「崑崙！不要莽撞！萬古神器已經暫時失去靈力，我們沒有辦法召出四象獸！」崑崙怒道：「哼！就算是沒有四象獸的協助，俺也可奮勇殺敵，與那群匹夫決一死戰！今日若是不趁此機會剷除狩獵者，敵人將嬋給殺了，使得天山國兵將無主，日後的四國聯盟勢必自相錯亂！」

話才講完，刑天突然飛身搶過一匹坐騎，雙腿急將馬肚一夾，猛扯韁繩直衝出去：「喝啊！」鯀和眾士兵均是驚訝：「刑天御史！」

銀鬃白馬的啼聲響得震耳，刑天乘著坐騎飛馳在草原上，原本在附近圍觀的侍衛排成陣勢，抵擋不住，紛紛都讓出一條道路。

白雲齋和崑崙預備出戰，也統率了全軍，奮勇往彩雲峽的後山衝去：「大家聽好！不要放過狩獵者，務要將敵人擒來問罪！」

刑天騎著快馬越過山嶺，彩雲峽的高峰有漫天荒草遮蔽了道路，雜草叢阻擋著視線。眼看通往山頂的小徑旋成螺狀，路旁的草木也跟著稀疏。一隻黃鶯從頭頂飛過，展翅往雲端裡飛。刑天騎著快馬奔馳了七、八里路，山遙遠處隱約可見天山國的士兵和一隻巨大的蟾蜍正在纏鬥。

蟾蜍一張闊口和一個又大又圓的頭型，通體皆是暗綠色，看來就像是會吐毒霧的妖怪。大蟾蜍張口伸出長舌一捲，兩個侍衛哀聲怪叫，目眩頭暈，竟被長舌捲入了蟾蜍的肚腹之中。

刑天見那地方屍橫遍野，血流成河，天山國的士兵已經被狩獵者殺得日月無光，忙喝道：「大膽妖孽休走！」

一個面貌猙獰的男子在蟾蜍旁邊守護，瞥見敵人的援兵騎馬趕來，警戒叫：「可惡！力神！艷屍！四國的援軍來了！」另外兩人聽見同伴語氣不佳，均曉得事態有異：「什麼？難不成戰神被解決掉了？」、「哈！原來雷鳥也有被擊敗的時候嗎？」

刑天細看清楚，見那說話的兩男一女被圍困在軍隊中央卻如入無人之境，正是力神阿修羅、蛇王喇珈和艷屍羅裟：「可惡！是符爆師、幻獸師和獵命師？」

羅裟見大蟾蜍將士兵吞入肚腹，轉眼便吃掉敵人，嫣然一笑：「蛇王！你這隻毒物與尋常妖怪不同，到處亂吐毒霧，無論人還是鳥獸沾上便死，我看連神仙都很難將牠制伏。」

喇珈見刑天趕來救援，恨不得趕緊殺掉對方：「我這隻癩蛤蟆是赤蠍和蟾蜍的合種，經由天地間最陰毒的濕氣所形成，身長五十丈，天底下什麼妖怪都沒牠狠毒，乃是曠世奇逢的毒蟲。」

刑天沒空聽二人閒言閒語，審細周圍，見阿修羅手執三叉鋼戟，一槍刺中某個侍衛的胸膛，將敵人刺倒在地：「嬋郡主，若非您的軍隊遍山搜尋，打草驚蛇，如今也不會遇上我們三人的突襲。想必是您乘著天靈獸在彩霧中飛來飛去，現在可覺得身體有些異樣？」

彩雲峽的山峰地勢懸殊，山頂是坦蕩蕩高原，山下是端急水流，兩側還有危岩聳壁，環峰阻雲。嬋平穩站立，踩著赤鷩的羽翼浮在半空中，周圍被白茫茫的霧氣所環繞，高原上的士兵渺小如蟻，森林同樣也是樹小如芥。

喇珈跨出三個健步跳上大蟾蜍的頭頂，五色煙霧在四處徘徊不定，一旦有人接近便覺得頭昏目眩。刑天騎著馬在遠處抬頭一看，見嬋的臉色發青，恍然大悟：「嬋大人中毒了！」

喇珈又是三聲大笑，得意洋洋問：「怎麼樣？可覺得身體有何異樣？」

阿修羅和羅裟看到刑天騎著銀鬃白馬，又見遠處湧來一群士兵，顯然是白雲齋和崑崙帶著援軍趕來救命，心中稍怒：「蛇王！快用毒物解決掉她！」

喇珈不願再次耽擱，笑聲止住，喊道：「蛤蟆！五彩迷霧！」

大蟾蜍張著四腳向上一跳，鼓著肚腹猛向下沉，周圍的樹木在突如其來的強大重力之下全都橫排壓倒。刑天見狂沙捲著石礫，漫天撲地迎面襲來，急忙一個飛身躍下馬鞍：「糟了！」

一陣清風奇冷刺骨，許多士兵連打了幾個寒噤，五彩毒霧像蛇似的往眾人口鼻鑽入，刑天的坐騎同樣也聞到彩霧中有股腥味，哀嚎兩聲，倒在地上。

風聲不止，周圍瀰漫著五色彩霧，索性刑天的神隱霧遁之術能夠瞬身移位到百丈之外，再加上實戰經驗豐富，豈是區區一團迷霧所能毒害？

阿修羅、羅裟和喇珈連獲勝利，站在大蟾蜍的身上一時得意忘形：「看這些人死時的慘狀，就能曉得蛤蟆的毒氣有多厲害！」

大蟾蜍盤踞在地，將十幾株大樹壓倒折斷，鼓著咽喉準備再吐出毒霧。這般緊要關頭，狩獵者豈有不設埋伏之理？嬋乘著赤鶩逃離了毒霧範圍，對於天山國的士兵暫時也愛莫能助，眾人曉得愈接近大蟾蜍情勢愈危險，當下只能眼睜睜望著侍衛全身麻痺，逐漸毒氣攻心而死。

眼看赤鶩收緊雙翼，像是流星墜落一般往彩雲峽的山壁之間穿梭而過，白雲齋和崑崙也已經騎著快馬，率領蓬萊國和鬱樹國的援兵追到：「大家小心！別靠近那隻蛤蟆！」、「大家用布捂住口鼻，想辦法將陷在毒霧中的人救出！」

阿修羅站在大蟾蜍的頭頂，威風凜凜，向下俯瞰：「四國聯盟的郡主！我力神所召集的神兵，均非尋常人所能應付，你們若是畏懼，便將手中的萬古神器給交出來！」

白雲齋和崑崙的萬古神器受了雷鳥重創，已經暫時無法召喚出四象獸，二人曉得這場戰役以慎重為是，關係到全局和四國聯盟的未來，因此必須格外小心，免得功虧一簣：「狩獵一族！你們有多大道行，想靠著一隻蛤蟆，就打贏這場戰爭嗎？」、「白雲老兒，這蛤蟆的毒性好厲害，必須要先想辦法剷除掉，免得異日又為禍世人。」

眾人抬起頭看，見嬋乘著赤鶩在高空的雲端飛舞隱現，五彩迷霧環繞著大蟾蜍近處，隨風飄蕩。白雲齋先對著天空喊：「閣下感覺如何？」嬋正運勁阻遏毒血在體內循環，無法開口說話，只站在赤鶩的羽翼上點頭示意。

大家都曉得嬋的元氣為毒霧所傷，而那毒氣擴散，在空氣中也看不出是雲是霧，像是一片五彩布幕遮蔽了半邊天空。刑天看著嬋暫時無礙，心想：「那些士兵困在毒氣內，有些人最多能撐半個時辰，之後便會毒氣攻心而死，我必須要想辦法驅趕大蛤蟆，該怎麼做才好？」

這個時候，鯀也已經抵達現場：「刑天御史！」

刑天回轉頭看，驚喜叫：「飛刀人！你來正好！我需要你的掩護！」鯀抄出三枚飛刀，朝著阿修羅、羅裟和喇珈的方向分別擲去：「了解！」

飛刀在半空中疾速旋轉，阿修羅、羅裟和喇珈驚見暗器射來，作鳥獸散分別跳下蟾蜍的頭頂：「可惡！什麼人敢偷襲？」、「哼！拿這種飛刀也敢出來丟人現眼？」

鯀把雙手抄進袋，十指又挾出八枚飛刀：「晦氣狗頭！罵誰丟人現眼？」

刑天有同伴射暗器掩護自己，同時又分散敵人注意力，精神一振，猛吸口氣往大蟾蜍衝去：「很好！繼續！不要停止！」鯀靠著膚體就能感覺風勢，又把飛刀轉個半圈，再擲：「迴風斬！」

五彩迷霧遮蔽了視線，阿修羅、羅裟和喇珈見周圍不斷有飛刀射來，激得惱怒了，紛紛抄出兵器抵擋：「可惡！誰一直在亂丟飛鏢？」

刑天將如意風火輪護住全身，疾速奔向五彩迷霧，閉著氣喊：「狩獵者！納命來！」

阿修羅、羅裟和喇珈正忙著應付飛刀，沒料得混亂中閃出一個人影，刑天曉得這良機稍縱既逝，因此並無守勢，全是進攻殺招：「飛刀人！掩護我！」鯀聽音辨位，再朝四人所站之處扔擲飛刀：「遵命！」

破空聲中，喇珈和羅裟迅速閃避了飛刀攻勢，忽感覺腦後生風，回頭一眼，迷霧中突然有耀光奪目的金箍環迎面砍來，二人逼不得只好向後倒退，左右逃開：「可惡！這臭小子何時出現的？」、「力神！蛇王！他在這邊！」

刑天還不敢輕易涉險攻擊阿修羅，拼著萬古神器疾速的鋒刃劈空斬下，逼得羅裟連連倒退，在心中盤算：「不對！這女的不是幻獸師！我必須先剷除幻獸才行！」腰身一扭，轉而攻向喇珈：「是這個人了！」

喇珈沒想到敵人突然攻擊自己，被打得措手不及，舉起雙掌，連肩帶胛向前一伸，竟將對方的如意風火輪牢牢抓住：「嘿！連我蛇王你都敢偷襲？」

刑天的臂力甚強，如意風火輪向左一揮舞，那勁勢有如排山倒海，喇珈和羅裟撞個滿懷，跌倒在地。阿修羅立刻警惕，兩個健步飛趕來：「哼！我們兩個來比劃看看！」

刑天沒空和對方糾纏，使用瞬身術閃到喇珈的背後，如意風火輪向下一劈，砍在對方的肩膀：「快將蛤蟆驅走！」喇珈怪叫兩聲，咧開大嘴，拼著渾身氣力往對方的手咬去。

刑天的右手握著如意風火輪，左手一把掐住敵人喉嚨，喇珈的脖子突然間冒起煙霧，掙扎想叫，無奈喉嚨被人勒住卻叫不出聲，痛得幾乎暈去。

羅裟見同伴有難，原地一個大旋轉，全身衣裙飛起一片五色繽紛的雪花。刑天曉得這個獵命師精通妖舞，急忙一腳將喇珈踢開，退避在三尺距離之外。

眼看自己手背的皮膚由紅轉成紫黑，當下曉得五彩迷霧開始由傷口入侵體內，刑天再顧不得要捉活口，體內突然有一股烈火般的真氣由頭頂百會穴竄到掌心，右手和如意風火輪均冒出一團火霧：「火象通靈術！虤龍！」

話才講完，阿修羅、羅裟和喇珈忽見敵人手中的金箍環燒成一團烈火，焰氣衝天，半空中也跟著旋起紅雲。突然間一隻龐然大物鼻冒濃煙，那巨龍像是泰山撐頂似地壓在大蟾蜍的背上，露出獠牙，連頭帶尾捲住大蟾蜍的身軀，不肯鬆脫。

驚鳥四散，天空浮雲霎時紅了半邊，兩隻巨獸互相排擠，阿修羅、刑天、羅裟和喇珈被強勁的風勢拋飛開，一個筋斗跌在地下。刑天身上帶有玄陽烈火的真氣，那火焰順著經脈和穴道流通四肢，並不燒身。

阿修羅覬覦敵人的那柄如意風火輪，就可恨自己無法像帝釋天一樣召喚雷鳥。但想若是獲得了萬古神器，既可以召喚四象獸又能使用符爆術，簡直就是所向無敵。當下正可趁其無備，搶也要將神器給搶到手：「小子！這金箍環是屬於我力神的！」

刑天見對方伸手來抓，反手回擊，無意中火焰竟觸動了體內玄陽烈火的真氣，內勁自然而生。雙方的掌心才剛接觸，阿修羅卻被一股奇勁反彈，手掌熱辣辣的好似被火燒過。他沒見過這等功夫，連退幾步，一個屁股跌倒在地，心裡直喊邪門。

刑天握著如意風火輪防備，玄陽烈火的真氣通過任督二脈，貫穿經絡，將火勢助長更盛。羅裟和喇珈見同伴受傷，正想協助，耳邊忽聽得幾聲怪嘯，眾人回頭驚看，虤龍纏住大蟾蜍的身軀不肯放鬆，羅裟先叫：「力神！蛇王！快逃！」

刑天默念靈訣，一個瞬間閃到喇珈的背後架住，用金箍鐵環套住對方脖頸：「別想走！」喇珈撇頭一驚：「可惡！你做什麼？」刑天牢牢鎖住對方的咽喉不放：「把你的性命交出來！如今就走到這裡為止罷！」

喇珈的脖頸被金箍鐵環套住，動彈不得，伸手想扯開如意風火輪：「可惡！找死！」抬頭見大地一片黑暗，頭頂上彷彿有一張天幕罩下，嚇得他急喊：「蛤蟆！蛤...」

鯱龍將蟾蜍的身軀裹得密不透風，兩隻千百斤重的巨獸迎頭壓下，塵霧飛揚，無數的灰沙佈滿天空。

轟隆之聲驚天動地，躲掉災難的侍衛均感覺耳鳴頭昏，兩隻巨獸的身軀壓得山崩石裂，樹折木斷，彩雲峽的高山峻嶺和成排古樹全都坍倒，撼動天地，彷彿受了狂風侵襲一般。

眼看鯱龍的巨尾順勢一掃，橫排巨樹壓坍不說，陸續全都起火燃燒，大蟾蜍的身軀也跟著燒成火團。白雲齋、崑崙和鯀見了這景象愈是不敢大意，均在遠處謹慎靜候：「現在情況如何？」

「二位大人！快看天空！」鯀指著雲端喊：「是天山國的嬋大人！」

忽見赤鷲梭出雲層，雲霧被風衝開，現出百里方圓的天色。碧空澄澈，彩雲峽的高原現出一片仙靈奇景。嬋乘著天靈獸向下俯視，手持鴛鴦鉤喊：「赤鷲！天罡風穴！」

天空颳起一陣大颶風，萬團錦雲從氣層倒捲下，將五彩迷霧包裹其中，密無隙縫。眼看鯱龍和蟾蜍周圍的落葉飄散，風壓全消，赤鷩的天罡風穴將五彩迷霧埋在其內，已不知捲到何處。霎時之間雲消霧散，週圍變得靜蕩蕩的。

風勢愈大，塵霧飛揚，魮龍和大蟾蜍掩埋在灰煙之中。雲浮蔽日，方圓十里內的灰沙林木和毒氣全被吸起，變成數十根風柱轉來轉去，大蟾蜍和魮龍發出極難聽的悲嘯之聲，震耳欲聾，兩隻巨獸隨即化成萬縷輕煙，四處飄散。

風止雲開，天空中的浮雲和日光相映，眾人已是累得精疲力盡，鼻端忽聞異味，一陣芝蘭清香之氣襲來，白雲齋立刻警覺：「大家快遮住口鼻！」

許多士兵來不及反應，眼前突然隱現一片繁花盛開的桃林，桃樹上掛著一道簾幕，臥榻的陳設和富貴姑娘的閨房一樣，鏡臺和被褥應有盡有。有幾個男女脫個精光，互相擁抱，在閨房外繞林追逐。眾人耳邊聽得男女淫笑之聲，羅裟露出粉頸和雪白酥胸，走出簾幕：「各位相公累不累？何不進來歇息一會兒？」

被迷惑的侍衛春情蕩漾，望見羅裟的櫻唇欲言又止，半嗔半喜的流露出了無限風情，真令人魂銷心醉。再加上體態妖嬈，一縷溫香的玉腿半隱半現，從頭到腳愈顯得貌比花嬌。

一個侍衛睡眼惺忪，慾火攻心走近榻前，羅裟抬起了兩隻蓮藕似的白玉腕臂將士兵的頭頸圈住，貼近上半身，緊緊摟住：「相公！娘子想煞你了！」

那侍衛心神一蕩，軟醉如泥的任她盡情擺佈：「娘...娘子...」

白雲齋和崑崙聞到妖香，知道厲害，忙運真氣將心神鎮住喊：「大家小心！莫中了敵人的幻術！」鯀先是沒防備會有這種用香精誘人的邪法，一經發覺，立刻抄出飛刀：「晦氣狗頭！原來是妖術？」

羅裟玉豔花嬌的模樣突然變了相，目射凶光，露出猙獰神情：「誰敢擾亂我的迷魂香？」士兵如夢驚醒，嚇得大喊：「救...救...救命啊！」羅裟伸出五指插入士兵的胸膛，三個健步，又往白雲齋和崑崙奔去：「你們納命來吧！」

鯀早把飛刀準備好，霹靂連聲，七、八枚同時拋出：「妖女！看這！」羅裟沒有突襲成功反而中了一刀，企圖負傷遁走：「可...可惡！」

白雲齋和崑崙趁隙全力夾攻，混亂中隱約又衝出一個人影，擋在二人面前：「二位的對手是我！」白雲齋和崑崙忙想抵禦，那男子雙手合掌，忽抄出幾張符紙搓了兩搓：「符爆術！靈符爆破！」

鯀驚喊：「小心爆炸！」

手揚處滿天紅霧，連響之聲震耳欲聾，白雲齋和崑崙僥倖逃脫卻也被火焰燒傷，使用符爆術的男子英氣勃勃的站在羅裟身旁，正是狩獵族的力神阿修羅：「哼！看我怎麼拆了你們兩個的老骨頭？」

魭龍和蟾蜍將彩雲峽的高原壓成了瓦礫荒丘，阿修羅和羅裟死裏逃生，滿腔怨恨卻無處發泄，索性白雲齋和崑崙逃得快，險些被靈符爆破術炸成肉泥。

這個時候，赤鷲瞪著一雙奇光幻眼，兩翼展開，俯衝向下撲在沙礫的荒丘，嬋撫著肚腹跌下天靈獸的羽背：「可...可惡...」白雲齋和崑崙見她臉色發青，立時會意：「是癩蛤蟆的五彩毒霧發作了！」

阿修羅見赤鷲的靈力消耗過度，倒臥在地化成一團霧氣，隨著風煙消雲散，稍喘口氣才覺得安心：「哈！天山國的嬋郡主，是中了蛇王的毒霧，怎麼？無法動彈了嗎？」

嬋勉強站起：「狩...狩獵一族...這場戰役你們不會勝利的！」

阿修羅知道赤鶩的厲害，赤手空拳絕不是牠的敵手，眼看天靈獸撞落在地化成了灰煙，洋洋得意道：「哈哈哈哈！一班亡命之徒，看我力神怎麼炸飛你們？納命來吧！」

話才講完，突然間咻一聲，兩枝羽箭射在自己的肩膀，日光下兩個黑影瞬間奔近，呼喊：「嬋大人！請恕風羌護駕來遲！」、「羌左使！我們倆左右包抄，先拿下符爆師！」

眾人回頭一看，原來是雷昊和風羌騎著快馬趕來支援：「眾士兵聽令！立刻分散西北兩路，西路分作六隊，北路分作七隊，千萬不要讓敵人闖入陣列！」騎兵高喊：「遵命！」

二人飛身下馬，風羌從揹筒抽出羽箭，瞄準敵人的咽喉：「狩獵一族！快點投降！」

羅裟無暇思索：「可惡！力神！先往後撤退！」阿修羅並肩站立，將四面八方的情勢盡看眼裡，壓低聲道：「艷屍！五天之後，在平瑤鎮會合！」羅裟轉頭驚問：「力神！你去哪裡？」

阿修羅移動寸步，跳上岩石高處：「四國聯盟！你們的敵手乃是我力神！」

白雲齋對眾人喊：「擒賊擒王！先捉住符爆師！」

蓬萊國、鬱樹國、天山國和翠雲國的侍衛均不敢抗命，幾百枝連環箭順勢射去，阿修羅身手敏捷的向旁避開，沿著山道的邊緣逃到了懸崖，彩雲峽的山腳下有河流過，雲霧繚繞，朦朧一團。雷昊和崑崙沿著山路追趕在後，忽然間北風大作，沙塵夾雜著漫天黃土，吹得眾人難以目視：「可惡！這是哪裡來的怪風？」

阿修羅雙足輕快，兩根手指銜著符紙，冷笑：「哈！能追得到我嗎？」

雷昊和崑崙的速度不相上下，一前一後僅僅相差三尺距離，白雲齋墊後掩護。眼看這個彩雲峽的高原地勢懸殊，中間是坦盪盪的高原，邊沿的懸崖下卻是端急水流，左右兩側還有危岩聳立，雷昊曉得敵人想把士兵引誘至此，肯定是伏下了陷阱：「大家千萬謹慎！對周圍的一石一草絕對都不能大意！」

阿修羅奔到懸崖的邊沿，天空吹來一陣寒風，低頭稍看，見到彩雲峽底下盡是峻峭絕谷和端急河流，頂上一片蔚藍天空，形成強烈對比。

「力神！你是逃脫不掉的了！」雷昊從腰帶抄出火爆彈，一個飛身擋在背後：「就算你讓氣溫變動，也無法召出幻獸，因為幻獸師不在這裡！」

阿修羅轉頭瞄一眼，挺起胸口笑：「哈哈！哈哈哈哈！」崑崙隨即追上：「你笑？什麼事情那麼好笑？」

白雲齋和三列侍衛跟著趕來，背後人群擁擠，硬是將敵人逼到了懸崖的末端。兩個士兵急要邀功，擠開人群，手持長槍衝向敵人：「殺啊！」雷昊攔阻叫：「等等！」

阿修羅伸出雙手，一拉一拗硬將士兵的長槍拐倒在地。破空之中咻咻幾聲，又有羽箭如流星擎電射來，可惜亂箭一枝也沒射到，盡數插在岩石。阿修羅反應極快，轉旋四圈脫下羊毛斗篷，斗篷內掛滿密密麻麻的文帖，帖上黏著火藥粉。

白雲齋、崑崙和雷昊聞到一股硫磺味，心驚：「糟糕！是引爆符！」

阿修羅抽出火折往導火線一摩擦，將那斗篷拋飛天空：「火焰殺！氫符爆破！」

懸崖邊頓時散發出萬道紅光，岩石都被引爆符炸得沖上高空，白雲齋、崑崙和雷昊看見敵人脫下羊毛斗篷之時，早就推測了端倪。無奈背後人群擁擠，硬是退後只會被卡個動彈不得，三人急中生智再無別的選擇，躍下懸崖，抓著樹藤吊在半空：「小心落石！」

幾個士兵被引爆符的威力彈出懸崖，仰後跌倒，摔下山壁：「啊！啊！」

白雲齋、崑崙和雷昊揪著藤蔓掛在空中，頭頂的落石疾速墜下，三人在半空中毫無著力之處，低頭見那情勢驚駭，幾乎感覺連心肝都接不著五臟：「抓緊！千萬別放手！」

可惜引爆符的爆炸威力太劇烈，懸崖邊的土石全都像雪中浪紛紛坍塌，山壁的岩石也跟著震裂下沉。雷昊驚呼：「斜坡的土石承受不住爆炸威力，全都會墜落山谷的！」

眾人見四週圍峭壁側立，下臨急流，怕一個不慎摔落谷底，均是猛扯藤蔓想往上爬：「快上去！快上去！」

頃刻之間地震山移，千百斤重的岩石從頭頂墜落，白雲齋、崑崙和雷昊唯恐壓成肉泥，雙腳在山壁用力一踏，避開墜勢：「糟糕！整座山坪都迸裂了！」三人左閃右躲，僥倖避開落陷坍塌的岩石，危岩禁不住爆炸力重創，拖著幾千斤重的巨石塌陷下去，激起滿天的塵埃，無數黑影直往彩雲峽谷落墜。

砂石橫飛，幸虧白雲齋、崑崙和雷昊的武藝不差，在空中比飛鳥還要靈活，腳下發勁，如鬼魅一般踩著山壁東穿西梭，看準落腳處往斜坡一蹬，抓住藤蘿盪回了懸崖：「二位大人！你們情況如何？」、「別管咱們，快搜出那個符爆師！」才剛講完，突然有塊危岩從頭頂落墜，雷昊抬起頭看：「二位大人小心！又是落石！」

白雲齋和崑崙拉著樹藤向左一蕩，踩著落岩跳回懸崖，緊貼峭壁：「真是驚險！」碎石從二人胸前平身滑過，向下落墜，三人低頭俯瞰，巨大的岩石摔出危崖，隨著無數黑點落在半空，瞬間消失無蹤。

彩雲峽幽巒寂靜，山下是巍然壁立的峽谷，峰頂則是碧綠如茵的高原，長滿野參花果。放眼眺望，坦蕩蕩的雜草順風搖擺，如浪起伏，還有漣漪環湖和磅礡的飛瀑襯托氣勢，隔世於外。

畫面轉到另外一端，嬋中毒之後渾身綿軟，風羌護主心切，一股怒火無處發洩，抄出三枝羽箭瞄準敵人咽喉：「別想逃！否則我立刻一箭射穿妳的喉嚨！」

羅裟見對方毫無情義，搔首弄姿做出許多淫蕩之態：「相公...您...您真的忍心殺掉奴婢嗎？」嬋喊道：「風...風羌！別...別看她的雙眼！」

風羌曉得這個獵命師的幻術之中笑裏藏刀，無論何人只要被她的美艷攝住，遲早必為所害，把心一横，羽箭再度瞄準敵人額頭：「該死妖孽！竟敢用這等淫穢幻術，明年的今日就是妳的忌日！受死吧！」

正要放箭殺掉獵命師時，不知怎的，耳邊突然有一種悠揚的笙歌隱隱傳來，頓時掩不住只覺得愈聽愈好聽，漸漸變得全神貫注。當下目光竟被對方吸住，想要拒看卻辦不到，風羌的心神被攝，明知幻術厲害又不能自制，嬋見沙場上的士兵都變得四肢綿軟，急聲呼喊：「大家快點清醒！否則便沒命了！」

風羌和眾士兵忽聞一股異香透鼻，那暖香之氣令人變得心迷意蕩，羅裟將衣裙全數脫光，柔乳豐肌，只裹著粉薄色的肚兜，坐在花叢中宛如繽紛的花兒，嬌滴滴的愈顯妖豔：「相公！您捨得殺掉奴婢嗎？」

羅裟再遞了一個媚眼，風羌和士兵頭暈心亂，失魂落魄滴的走向花叢。嬋知道眾人中了埋伏，情勢危急正想再用鴛鴦鉤召喚出天靈獸，突然有個人影如風掠過身旁，耳聽一聲慘叫，閃光過處，羅裟已經身首異處。

臨死之前，羅裟吐一口鮮血，含笑問：「生下來是件好事嗎？生是什麼？親情無聊，友情愚蠢，愛情既無聊又愚蠢，為什麼來到這個世界？出生是不是很無趣？」刑天道：「在戰鬥之中，我不會對任何人產生憐憫的，即使對手是女人也是一樣。」

羅裟冷笑：「餓鬼說得不錯，在這人吃人的世界，如果你不幹掉別人，別人就會幹掉你。弱肉強食的生存法則...我們所做的...和其他人比較起來，算得上是殘忍嗎？」講完，雙眼翻白，氣絕喪命。

刑天使用瞬身術奪取了敵人性命，羅裟慘死在如意風火輪的鋒刃之下，幻術立刻解開。風羌和天山國的士兵一個閃失，差點兒就要命喪在獵命師的手中，索性有人及時解開幻術，狀見羅裟一個弱女子身受那般慘狀躺臥在地，絲毫也沒稍加憐惜：「哼！這狐狸精真是個妖孽！」

原本鮀龍和大蟾蜍迎頭倒下，刑天架住喇珈應該會被壓成肉泥，索性他及時使用瞬身移位逃到遠處，可惜體內吸入五彩毒霧，這時已是累得精疲力盡：「終於...終於又解決掉一個！」

刑天和嬋均是中了蛇王喇珈的毒霧攻擊，昏眩中覺著胸口奇熱，風羌見郡主受傷，急忙打開玉匣掏出解毒丸道：「嬋大人！快將這顆靈丹吞下！」

嬋毫不猶豫地將藥丸吞下肚腹，一股清涼之氣流通全身，精神比先前更加清爽。忽見刑天撲倒在地，顯然是中毒極深，便吩咐：「給他一粒。」風羌稍有猶豫：「嬋大人！這個叛徒...」嬋決然又說：「給他解毒。」風羌鞠躬：「遵命！」

刑天胸前發冷，吞下一粒丹藥之後，手背的浮腫逐漸消退，皮膚也由紫黑轉成紅潤：「咳...咳咳...咳...」

嬋曉得對方若多說話會頗耗元氣，便直接解釋：「這是由天山國的神木膻香所調製而成，傳說中有起死回生之功效，乃是專門用來解毒的靈丹妙藥。」

刑天的性命雖然保全，中毒再加上重傷之後仍未痊癒，勉強爬起身：「咳...咳咳...」

回顧身後滾滾的黃沙，白雲齋、崑崙和雷昊又返回原地與眾人會合，成群結隊的侍衛將刑天圍在圈子中央，雷昊見到殺父仇人格外憤怒，推開人群擠入圈內：「刑天御使！快將如意風火輪交還給我！」正想伸手去扯對方，忽然三枚飛刀旋轉來，眾人驚喊：「小心！」

突然之間光輝耀眼，雷昊反應機靈，寶劍出鞘硬是將飛刀斬斷兩截：「哼！誰想造反？」侍衛提槍擁來，試圖圍攻：「大家快保護翠雲少主！」、「是誰射的暗器？快捉住叛賊！」

「嘿！我只是想打聲招呼，晦氣狗頭何必動怒？」鯀一個飛身躍到刑天身旁，挨肩搭臂的扶住肩膀道：「怎麼樣？有沒有感覺好一點？你每次暗中相助，捨命出力卻得不到任何感激，何苦如此？世界上哪有這般道理呢？」刑天澀澀苦笑，搖了搖頭：「咳...咳...我...我們走！咳咳...」

嬋曉得對方捨眾獨退必有原因，絕非膽小怯敵，風羌卻攔阻叫：「慢著！你們還沒把事情交代清楚！如此冒失就想離開？你當眾位郡主是什麼人？」

明鏡失蹤，吉凶難測，刑天曉得自己必須速查魄狼的下落，不等風羌和雷昊接近自己，一把拉住鲦喚：「咳...飛...飛刀人！我...我們走！」

風羌和雷昊驚見二人想逃，急忙阻止：「別讓他們離開！」、「捉住那兩人！」眾人聽了命令不敢違抗，背後有許多侍衛湧上來喊：「叛國賊！別逃！」、「保護五位大人！」、「大家小心！快捉住叛逆者！」

刑天迅速抄出如意風火輪，護住胸前喊：「火象通靈術！火煙遁！」一股強勢的火焰迎面衝擊，冒起幾十丈高的煙霧，眾人暗驚：「糟糕！」

天空下焰氣衝天，一隻巨龍從紅雲竄出，身軀盤踞在彩雲峽的高原，嚇得飛鳥振翅驚逃。天山國和翠雲國的士兵嚇得傻了，蓬萊國和鬱樹國的士兵也站著獃看，白雲齋、崑崙、風羌和雷昊同時撲上，可惜卻見氣流旋轉如飛，刑天和鲦跡影全無，早就消失在漫天霧氣之中。

第十八章 火燒紅蓮寺

刑天和鯀逃離了彩雲峽，在山中奔馳許久，順手採了山果也飲些山泉以充饑渴。二人在山脈附近的壁洞中歇息，懸崖上寸草不生，離地有數十丈高。

眼看天色漸暗，半輪紅日低落海面，一望無際的海洋只有飛魚和海鷗穿梭其中。刑天心中煩悶，面對著海景也無心欣賞。

鯀緩緩走來，遞出一粒野果道：「先將這個吃了吧？沒氣力要怎麼趕路？我好人做到底，你忍耐一會兒吧！到了鎮上之後，我給你找個大夫治療傷勢。」

刑天問：「你為什麼要一直追隨著我？」鯀恭敬道：「實不相瞞，我自恃飛刀百發百中，曾經夢想有朝一日能夠加入翠雲國的行列效忠雷烈大人，可惜卻被拒絕。後來刑天御使替我在白雲大人面前說情，收留了我，因此我才有機會加入軍隊。為了報恩，我鯀赴湯蹈火，在所不辭。」

刑天從脖子上解下木圈項串，捧在手中凝視：「幽在生前曾經對我說過，四國距離和平的日子已經不遠了，如果這是他心所願，我會想盡辦法替他達成，即使是犧牲性命。」鯀問：「你已經成為了四國聯盟的敵人，被套上殺人和叛國的罪名，你不怕日後所要付出的代價嗎？」刑天回答：「如果我所背負的冤債能為四國帶來長久的和平，日後受點罪責又算得了什麼？」

刑天惦記著明鏡安危，二話不說，踏步便行：「走吧！有時間說閒話還不如走快一點，否則我們永遠都追不上魄狼御史！」

刑天救人心切不敢耽擱，路上隨便打一個盹也沒睡好，不知受了多少疲倦。二人到處尋訪，愈熱鬧的地方雖然情報愈多，打聽了三天卻仍舊毫無頭緒，按著腳程趕了四天的路，也不曉得走了多少冤枉路，好不容易才抵達一座鄉鎮。

那鄉鎮有山環繞，一座寬闊木屋築立水畔，山泉澗瀑隱在霧中，刑天和鯀走入鎮上，見那城鎮雲煙瀰漫，東鄰西舍大約七八十家，尋訪片刻才曉得自己竟然又回到了平瑤鎮。

市集有賣漿的商人搭了棚子在做生意，沿途微風拂面，刑天見河畔邊停泊許多船隻，一旁的街邊聚集了遊民，正在猜拳吃酒，還有賣藝姑娘搭了竹棚子在檯上清唱崑曲，景觀熱鬧。

幾個不達時務的酒客，捱著酒壺坐在臺下喝酒，對著舞台上清唱崑曲的藝賣姑娘喊：「這戲演得真好！夥計！快來侍酒！快來侍酒！」店小二笑吟吟端過酒來，慇懃侍候：「客官酒來！客官酒來！」

隨班的樂工奏動鼓箏，臺上扮演娘子的花旦撒嬌撒癡地，清唱一段《牡丹亭》的崑曲道：「良辰美景奈何天，賞心樂事誰家院。唉！剪不斷，理還亂，無端悶啊無端悶！柳郎！連宵風雨一場空，花開一紅，孤墳獨影偏在月圓中。奴家伴柳郎是孤魂，女兒身斷魂驚痛，怎麼個無端把命送？」扮書生的戲旦回答：「娘子！剪不斷，理還亂，人有福禍無常，天有不測雲風。小生見妳如花美眷，似水流年，恨只恨萍蹤浪影！唉！神仙眷啊神仙眷！」

扮演娘子的花旦走上戲臺的碼頭，回首眺望遠方的孤城，垂淚唱：「柳郎啊！十年此居，十年此埋。死不能歸，何時再來？世間何物似情濃？羞花閉，鳥驚諠，沉魚落雁魂兒癲，難道相逢卻無一言？」

書生千般愛惜，萬般戀迷，依依不捨地拉著姑娘的手腕，對唱：「娘子啊娘子！妳似倩女返魂歸來，小生只是笑歡眼前，因何掉下淚來？切莫啼哭！切莫啼哭！上輩子的事怎麼好記懷？快快上船來！快快上船來！」

娘子依偎懷裡，緊貼書生的肩膀，悄悄一聲唱：「孤墳何處是望夫崖？柳郎啊柳郎！情根一點是無生債，奴家雖已塵埋，前生事還曾記懷，奴家為情傷病害，因雲遊夢境而難捱，和你死裏逃生，情深似海啊情深似海！」

天空中浮雲飄蕩，一班花堆錦簇的戲旦嫋嫋娜娜，楊柳細腰一擁上前，手中均捧著懸花結彩，小口櫻桃，嘴裡合搭著一腔惆悵的語氣，高唱《牡丹亭》的《蝶戀花》道：

忙處拋人閒處住，百計思量，沒個為歡處。
白日消磨腸斷句，世間只有情難訴。
玉茗堂前朝復暮，紅燭迎人，俊得江山助。
但是相思莫相負，牡丹亭上三生路...但是相思莫相負，牡丹亭上三生路...

戲劇演完，臺上登時鼓鑼喧天，幾百雙眼睛在臺下注目盯著，觀眾堂會雲集，有酒客酒後疏狂，興高采烈的議論風聲，連忙把銀錢都拋去酬賞，對著戲臺上叫好。刑天和鯀不認得是哪家掌班的戲，聽著臺下群眾拍手叫妙，高臺上耀眼奪目，附近傳來一陣歡呼鼓噪聲。

鯀聽著隨班的樂工伴奏古箏，忍不住插一句話：「唉！真是唱不盡的興亡，彈不盡的感傷。人世之事非世人所可盡訴，如花美眷，似水流年，情不知所起，一往而情深，生可以死，死可以生。生而不可與死，死而不可複生者，皆非情之至也...刑天御史，你說是不是呢？」

刑天隱約記得明鏡和自己曾經在某座城裡看過這齣戲，思索半晌，偶然一陣涼風吹來，怔怔望著戲臺上的花旦清唱一腔《蝶戀花》，心裡卻覺得三魂飄蕩，七魄飛揚，恰似還在夢中一般。

「刑天御史！」鯀向自己使個眼色，又喚：「你仔細聽！」

刑天回過神來，街道旁有一堆群眾圍著圈子議論，喧談道：「聽說紅蓮寺那個新來的和尚身手不弱，你們幾個市井之徒若去招惹，恐怕會有麻煩。」一個地痞漢回答：「咱們可是按著江湖規矩來做的啊！想在鎮上建寺廟可是要付出一點代價的，沒有人管理寺廟的周圍，豈不是要天下大亂？以前的老住持每個月都會按時付一點酬勞，幾天前鎮上來了一個癲和尚。自從他來之後，咱們到紅蓮寺討錢的兄弟總是有去無返，你說奇不奇怪？」

身旁一個癆病鬼也跟著點頭：「是啊是啊！不懂江湖規矩可是要負責任的！況且我們聽說那癲和尚來到鎮上的時候，還拐了女人進寺廟內，這簡直無可饒恕，紅蓮寺又不是怡紅院？這下子我們應該要增加管理的酬勞才對！」

理論的民眾道：「二位大哥啊！俗話說：『得饒人處且饒人』，況且講明白一點，你們其實就是勒索，老是找寺廟老和尚的麻煩，不怕有天人家一怒向衙門告狀說你們勒索嗎？你們兩個進了監牢不是更加倒霉？」癆病鬼惱怒：「什麼？竟敢說是我們勒索？大哥和我可都是人心宅厚的好百姓啊！按著江湖規矩來說，通個情理付酬款，請人來管理寺廟附近的治安，怎麼會叫勒索呢？」

地痞漢舉起拳頭，作勢打人：「不識貨的東西！竟敢說我們勒索？瞧我怎麼造化你？」理論的民眾怕會挨揍，嚇得逃開：「哎喲！不敢不敢！是我多嘴！對不起！對不起！」

鯀忍不住動起火性，走向地痞漢和癆病鬼：「喂！你們兩個串通起來想佔便宜嗎？」正準備抄出飛刀，卻被刑天一手壓住：「不要惹事！保持低調！」鯀將飛刀收入袋內，強裝笑臉：「刑天御史你放心！我不會惹出事的！」

刑天放開同伴的手腕，鯀從袖袋摸出一串銀子，解開包布問：「喂！你們兩個晦氣狗頭！誰得罪你們？我替他付賬！」地痞漢和癆病鬼指著那理論的民眾，異口同聲道：「賠錢！賠錢！」、「付賬！付賬！」

鯀看這二人見錢眼開的模樣非常厭惡，故意把錢袋一摸，捧在手裡炫耀：「你們兩個晦氣狗頭人心宅厚，不去向衙門告狀說人家寺廟的老和尚欠你們管理的酬勞吧？哈！若是如此！我手上這值錢的東西就歸你們！」地痞漢和癆病鬼不知高低，歡天喜地道：「給錢！給錢！」

鯀道：「值錢的東西來啦！接著！」忽把錢袋往反方向一拋，揣回袋內，拽起右手去打兩拳，二人鼻樑中招，噴射一柱鼻血，倒在地下。地痞漢和癆病鬼捂著嘴鼻，怪叫：「他奶奶的！你敢打人？」鯀回答：「你們不是要我拿值錢東西來堵你們的嘴巴？」

癆病鬼被打得頭昏腦脹，擦拭鼻血叫：「哎喲...這拳頭是那門子好處？」鯀哈哈一笑：「哎呀呀呀！我從小到大讀書寫字都不行，倒是習功練武還有成就。剛才這拳頭威力十足，可不像紙糊做的，空有架子。今天就算送你們一兩白銀，恐怕幾天之後就花個精光，但這拳頭的威力卻能叫你們難忘十年，所以你們兩個晦氣狗頭自己說吧！這般駭世不俗的拳頭，天下去哪裡找？」

地痞漢聽了這話，氣得臉漲紅通：「哼！他奶奶的臭小子！聽你在瞎吹一通！」說著，雙拳作爪，爬起身往他飛撲：「喝啊！看招！」街坊的群眾喧嚷，有人擂聲喝彩叫：「好啊！好啊！打他！打他！」、「一個打兩個，真是精彩！」

鯀側身避開攻擊，踏個斜萬勢搶到二人面前，用拳頭把二人腦袋敲個叮咚。地痞漢和癆病鬼討不著便宜，還在貪夢裡不肯清醒，竟被痛宰一頓。二人腳下一個踉蹌，狼狽跌倒，突然又見鯀從背後冒出，抬起腳往二人屁股一踹，踢得他們哇哇怪叫：「哎喲！」

鯀再喚：「喂！」地痞漢和癆病鬼抬起頭望，見對方手中多出四枚飛刀，笑呵呵說：「真是對不起啊！弄得你們兩個晦氣狗頭全身上下都是土灰。」

地痞漢和癆病鬼見那四枚飛刀鋒芒嶄露，似乎可以摧石斬鐵，嚇得滿臉憂色，半痴半癲倉惶爬起：「饒命！好漢饒命！」一邊說著，狼狽推開人群，抱頭疾走，沿途街坊看了無不熱鬧，轉眼之間飛也似逃去。

鯀樂得哈哈笑：「喂！好硬心腸的晦氣狗頭，怎麼走那麼快啊？不留下來一起吃晚飯嗎？」刑天不願暴露身份，使個眼色：「走吧！」鯀問：「刑天御史，你不想去調查清楚嗎？」刑天略一停頓腳步：「調查什麼？」鯀解釋：「剛才那些傢伙談到了紅蓮寺的和尚似乎有點古怪，他們說鎮上來了一個身手不凡的癲和尚，又說那和尚拐了女人，到紅蓮寺討錢勒索的地痞全都有去無返，難道你不覺得奇怪？」

刑天思索半晌，點頭：「嗯！你有遠見！這件事情看來似乎牽連重大，我們去查個明白！」

問清楚了紅蓮寺的位置，刑天和鯀沿著石階走下斜坡，街道上有一塊石牌跨路，經過牌坊，抬頭觀望，望見石牌屹立中央，附近有巷道四面彎轉，宗宇和祠堂被樹環繞，還有水磨砌成的青磚高牆，古色古香。

眼看那韻味濃厚的建築古意盎然，有種迷離之感，前庭後院呈階梯狀，房屋外匾額高掛，大紅燈籠和雕花彩繪的木柱豎立在兩邊。

刑天和鯀來到寺廟旁，抬起頭看，牆高七層樓，一整排屋簷向外翹，陽光從高處透射下，池塘被映照得波光瀲灩。

二人見樓層的兩邊皆為屋簷遮蔽，抬頭觀看，天只長長一條隙線，鯀忍不住問：「刑天御史，接下來該怎麼辦？」刑天回答：「我們潛入寺廟！」

那座紅蓮寺院子前的樹蔭下有兩排石像，門上還有賜建的匾額，鐵門緊閉，二人將耳朵貼在牆壁卻聽不見有和尚在誦經。刑天打量了幾眼，一個飛身跳上牆壁，仗著藝高膽大囑咐同伴道：「這裡沒人！快上來！」

鯀一個飛身躍過石牆，落在院內，眼前的寺廟有座拱門，壁門內橫著一條長窄甬道，左邊的佛堂看不見任何和尚在盤膝打坐，右邊樓門是通往寺廟上層的階梯，刑天好奇心起，疑惑：「奇怪！怎麼半個和尚都見不到？」

突然之間，禪堂內走出一個和尚，僧人見到二人正要開口，刑天早已飛身上前一把扯住，一點指之間，那僧人已被點中了穴道，倒在地上。

鯀曉得那僧人恐怕要喊叫，一見同伴將對方點倒，手揚處露出兩枚飛刀，抵住僧人的脖子道：「別喧嚷！小心腦袋不保！」和尚嚇得不敢喊出聲：「別...別...別殺我！小的什麼都不曉得！」

鯀道：「我問你，其他的和尚都到哪裡去了？」僧人回答：「他...他...他...他們全都死了！」刑天和鯀均是驚訝：「死了？」僧人解釋：「小...小...小的只是一介書生，原本經過這個鎮上，想來紅蓮寺進香投宿，沒想到上前叩門卻被人硬生拉進寺廟。強...強盜殺了住持和寺廟裡的僧人，拐了女人藏匿在紅蓮寺內。那強盜逼迫小的剃掉頭髮，喬裝成和尚的模樣，企圖要掩人耳目，若是不從...他...他...他就會一刀殺掉小的性命啊！二位大哥！拜託你們救命！拜託！拜託！」

刑天和緐聽了之後不由大吃一驚，原本還以為這個紅蓮寺只是個隱居修煉的佛門淨地，沒想到竟然有強盜藏匿在此？幸虧二人潛入寺內，問起紅蓮寺的情況才發覺這個消息，緐胸有成竹，點頭應允道：「嘿！你放心吧！是哪個狗頭和尚在此作孽？這件事交給我們來處理！」

僧人喚：「二位等等！小的還有話要說！」刑天和緐問：「什麼？」僧人解釋：「那強盜手上有一柄可以呼風喚雨的鐮刀，和一柄環狀武器會散發出藍色火焰，來寺廟勒索香油錢的人全都被他一刀殺掉了，二位千萬小心！」
刑天立時警覺：「是他？」緐笑問：「哈哈！踏破鐵鞋無匿處，得來全不費工夫！刑天御史，你和我心裡想的一樣？」刑天道：「飛刀人，這傢伙讓我來應付，你別輕易露出行跡，先想辦法找出明鏡姑娘被囚在何處。」緐點了點頭：「明白！」當下囑咐依言而行事，抄出飛刀，飛快離去。

刑天將僧人的穴道解開，觀察寺內的佈置，循著樓梯每向上層尋去。

「難怪打聽多時卻沒有消息，原來是魄狼御史喬裝成和尚，躲在寺廟？」刑天回顧來路，牆壁上畫著十幾朵紅蓮，花瓣的畫工精細，姿態生動。

這座紅蓮寺的樓梯總共有七扇樓門，七層樓的禪室均是按著兩儀四象和五行八卦的虛實變化，擺設而成。刑天幾個健步奔到七樓，魄狼在禪室內不知來者是敵是友，剛要轉身查看，忽聽對方向自己斷喝道：「魄狼！快將萬古神器交出來！」

魄狼好生詫異：「咦！什麼人？」刑天抄出如意風火輪：「我已撒下天羅地網，如今你是插翅難飛了！再不束手就擒，就叫你命喪此地！」留神往七樓的佛堂內一看，見殿中滿地橫屍，紅蓮寺的住持已經被人腰斬，魄狼似乎正忙著使喚人收殮屍身，打掃血跡。

兩個掃地僧見到有人闖入佛堂，正巧藉機逃走：「救...救命啊！」不料才踏出三步，魄狼雙手勒住二人脖頸，向左一扭：「嘿嘿嘿！刑天御史？居然被你找到了這個地方？單槍匹馬來到此地，你的勇氣值得我誇讚，只不過...我這邊有兩柄萬古神器，你有勝算嗎？」

刑天見對方身材高大，剃掉頭髮之後變得面如滿月，警戒問：「你將明鏡姑娘藏在什麼地方？」魄狼岔開話題：「你來此地，是想替自己洗刷冤屈？」刑天問：「我只想將事情的來龍去脈調查清楚，說！你為何要暗殺幽和雷烈大人，並將罪名誣陷於我？」

魄狼哈哈笑道：「刑天御史，你應該要有自省的能力！」刑天疑惑：「什麼？」魄狼問：「你有聽過四仙人和四象獸的傳說嗎？」刑天反問：「你究竟想說什麼？」

魄狼目不轉睛盯著對方手中的如意風火輪看，見那金箍環上鑲了一顆鵝蛋大小的靈石，赤紅色的稀薄透光，描述：「相傳盤古開天闢地，地繞黃道每六萬六千六百六十六年，必有天劫。這災難會造成地裂山崩，傷死靈亡。四位神仙走遍天下，發現天地相輔與山海相循的奧秘，找出了使人類生活安定的方法。四位神仙不想再見到災難連年，因此提煉出四象靈珠，又將靈珠鑄入兵器。傳說若是誰手中握有這些武器，就能呼風喚雨，傾城傾國，因此這些兵器被後世稱為萬古神器...」

刑天冷笑：「說穿了...你也只不過是想搶奪萬古神器？」魄狼道：「刑天御史，或許你並不了解這其中的含義...但是四國之內，唯獨你一人，擁有掌握四象獸的力量。」

刑天問：「你這話是什麼意思？」魄狼解釋：「在和你訣別之前，我就把你想知道的事情告訴你吧，反正已經沒有什麼必要再隱瞞了！你因著機緣，曾經無意間獲得了四仙人的武技奧義，神隱霧遁之術可不是任何人都能夠練成的奧義。四國需要四象獸和萬古神器的力量來維持和平，若是擁有像你這樣才能的人圖謀篡位，將會對四國帶來一大威脅，因為你所擁有的武技奧義並非每個人都能參透，這種仙術，就連四國郡主也要畏懼你三分，這麼簡單的道理，難道你從未想過？」

刑天憤怒：「胡說！我從沒想過要圖謀篡位！你說這話！證據何在？」魄狼搖了搖頭：「我沒證據，但是現在沒有，不代表以後就不會發生啊！」刑天心中悲憤：「是有人指示你這麼做的？」魄狼微笑：「看來你心中的答案已經很明確了！」

刑天想起幼年時遇見山賊，雙親被殺，自己則獲白雲齋所救：「不可能！不可能！不可能！你說謊！」魄狼冷笑：「刑天御史，我魄狼雖然性情古怪，說話做事向無更改，如果有一天你心存叵測，別有詭謀，那可將會是無論何人都沒辦法阻止的災難。再說...如今的你已經從翠雲少主那邊搶走了如意風火輪，無論戰爭是否會發生，只要盟國的神器一旦被盜竊，天山國、鬱樹國和翠雲國就會對我們蓬萊國產生復仇的心理，為了避免紛爭擴大，也只能犧牲你的性命了！」

刑天怒吼：「為...為...為什麼？不...不可能...不可能！」魄狼道：「刑天御史，我對你一直都抱有敵對和同情兩種感覺，因此也一直在暗中監視著你」

刑天的雙眼透著血絲，憤恨問：「既然你打算殺我，為何還要告訴我這些事情？」魄狼回答：「人家都說刑天御史你才是蓬萊國第一流的光明御史，因此白雲大人比任何人都更能看出你對四國的威脅，但我想驗證自己的能力，嘿！誰知道離開了光明御史的組織之後，沒想到你竟然會變得如此無助？看來...都是因為你無法泯滅掉良心，才會落到這個地步吧？」

刑天憤怒叫：「這麼說來，雷烈郡主果真也是被你用混天乾坤圈所殺？」魄狼笑問：「怎麼？難道你不想知道這些事情的經過嗎？既然你已經來了，我也不願掃興，你會聽到你所想要知道的真相...」說著，終於開始描述之前在狩獵族之役所發生的經過。

回到幾個月前，當時的幽和緜為了能讓刑天攔截哨兵通報訊息，並且迅速抵達盤岩宮，因此二人留守在雲間道對抗獵命師夜叉和羅裟。

當時，幽的手中有一柄鐧鐮刀，召喚出天靈獸鵃鳳凰，輕易就擊敗了兩個獵命師。夜叉和羅裟負傷逃走，沿途逃到一片曠野：「吁...吁...可惡...艷屍！妳立志嫖盡天下男子，剛才怎麼不用媚眼攝魂，去蕩敵的心神？若是那個光明御史一沾著妳的肌體，肯定失魂喪志，任憑擺佈，咱們倆也不會落得現在這狼狽樣！」

羅裟道：「餓鬼！你不能老是這樣只顧自己，如果我真的走投無路了，肯定喝光你的鮮血！」夜叉笑問：「嘿！走投無路？逃跑不覺得很羞恥嗎？」羅裟搖頭：「我不過是個弱女子，總比戰死沙場的好！」夜叉冷笑：「死是好事，但最好的則是從未出生。」羅裟瞪一眼：「你在胡說什麼？」

「雷烈大人！是獵命師！」

忽見遠方有旗幟搖動，戰鼓頻擊之處齊聲吶喊，一列千人軍隊的鐵騎持槍趕來，有士兵喊：「殺啊！殺掉狩獵者！」轉眼之間，一千多匹輕騎部隊奔馳來，滿山遍地的火光照亮，翠雲國的侍衛搖旗吶喊，蹄如奔雷，夜叉和羅裟均是驚得獃了，詫異叫：「糟了！是四國聯盟的後援軍！」

雷烈聽說兒子奪走如意風火輪，擅自離開堡壘並闖入狩獵國，因此率領著聲勢浩大的輕騎部隊意圖攔截，沒想到竟在曠野遇見了被幽擊退的夜叉和羅裟。仇敵相遇，分外眼紅，當然不可能輕易放過二人一條生路，騎著戰馬飛快奔進：「進擊！」

夜叉和羅裟分別拋出暗器，見血封喉，幾個騎兵跌下馬鞍，臥倒在血泊之中。二人又氣又惱，就算眼前有萬分艱難之凶險，無論如何也得試著殺開血路，衝出重圍。

雷烈見兩個獵命師衝向騎兵，立刻指揮射箭，咻咻幾聲，幾匹馬兒肚腹中箭，夜叉和羅裟卻身手矯健，趁亂逃跑：「艷屍！小心亂箭！」、「餓鬼！快使出陰陽奇門遁法！」

有騎兵喊：「大人！獵命師想硬著衝出突圍！」雷烈曉得機不可失，喊叫：「千羽箭陣！」

夜叉正殺出一條血路，拼命往前衝殺，突然感覺腿上一陣劇痛，抬頭忽見千枝羽箭墜下，對同伴喊：「艷屍！別過來這！」羅裟不敢接近，深怕一不謹慎也落入陷阱，忽見數十枝羽箭穿透同伴的肩膀，夜叉慘叫一聲，受傷不輕：「啊！啊！」

二人原本還指望脫逃，不料竟給千羽箭的陣形攔阻，前方一千多個騎兵迎面殺來，夜叉遭箭刺傷左腿，痛得跌倒：「可...可惡！只要尚有一絲氣息存在，我餓鬼就要將你們...全部吃光！」

翠雲國的千人部隊見獵命師受傷，均都歡呼，情緒為之一振，有人高聲呼喊：「那吃人魔受傷啦！大家快將他的頭顱砍下！」

這個時候，忽見天空中一團雲影飛來，有騎兵喊：「啟稟大人！是天靈獸鵪鳳凰！」雷烈、夜叉和羅裟吃驚詫異，均抬起頭看：「咦！什麼？」

一隻巨鳥在天空中旋轉三圈，灰沙從頭頂飛過，眾人感覺疾風迎面襲來，驚喜叫：「雷烈大人！太好了！鬱樹國的幽御史前來支援了！」

鴸鳳凰翅膀一拍，掀起旋風掃過曠野，幾個翠雲國的侍衛被捲上半空，雷烈察覺情況不對，急喊：「大家快撤！快找掩護！」翠雲國的侍衛均想：「發生什麼事情？」

說時遲那時快，鴸鳳凰從蔚藍的高空俯衝而下，連續穿梭三層雲團，一個向下滑翔，收住雙翼，借著兩翼兜風之力平穩停住。眾人抬頭一看，魄狼站在巨鳥的背脊上，左手握著混天乾坤圈，右手握著鐧鐮刀，得意洋洋笑：「用腿走不到的地方，用頭腦可以走到，原來乘著天靈獸騰雲駕霧，是讓人如此愉快的經歷？」

雷烈見對方利用四象獸的勢力相壓，也不畏懼，謹慎問：「你是蓬萊國的魄狼御史？你們不是應該已經抵達了盤岩宮？發生什麼事？是白雲大人差派你來支援我的？」魄狼冷笑：「雷烈郡主，尊卑不分的年代已經來臨了，在這世界，實力就是一切，您說是不是呢？」

雷烈問：「魄狼御史，你說這話什麼意思？你打算造反，背叛四國的盟約？」魄狼道：「雷烈郡主，白雲大人曾經告訴過我一句話，他說...因循舊守的人學不會向前邁步，因為這些人害怕發現真相，一旦幻想破滅，就會變得無所適從。雷烈郡主您可是歷代郡主以來，第一個提議廢除萬古神器和四象獸的人。但您忽略了一個很重要的重點，在這個世界上，弱小的注定都會被殺掉，如果想生存，就必須變得更強。我們四國經歷了千百年的戰亂，這都是因為萬古神器的神奇力量，百姓才得以享有特殊待遇的和平，您覺得是不是這樣呢？」

夜叉和羅裟見對方似乎有心造反，在旁觀戰，幸災樂禍道：「翠雲郡主！看來你應該要小心選擇盟友，因為總有一天，你也會變得像他們一樣啊！」、「是啊！翠雲郡主！小心選擇朋友，否則你會受盡折磨！」

雷烈沒空理睬那兩個獵命師，毅然道：「這個世界...沒有好戰的百姓，只有好戰的領袖。人往往把自己的意見看成原則，擁有極權之人不只會預言，使預言成真，也會說謊言使謊言成真。魄狼御史！萬古神器乃是戰爭的精神支柱，若是想改變四國的現況，帶來和平，就必須消滅戰爭的精神之柱，否則戰爭將會消滅我們！」

魄狼冷笑：「戰爭的精神支柱嗎？嘿！生存就是鬥爭，將敵人趕盡殺絕，殺到他們毫無還手之力，並讓他們聞風喪膽，這樣敵人就不敢報仇了，這個世界也就不會再有戰爭發生！」

雷烈搖了搖頭，正氣凜然道：「無論蓬萊國還是翠雲國，讓我們竭力持守的信念，從古至今都是一樣的，那是和平！我們的願望是建立一個太平盛世，若是以仇恨相待，衍生出來只有更多的仇恨。罪惡不能一筆勾銷，只能被寬恕，通往和平的道路也只有一條，那叫做寬恕！」魄狼仰著頭笑：「哈哈哈！雷烈郡主！看來...沒有什麼比忠告還令人難以接受的了！」

這個時候，幾個翠雲侍衛氣憤不過，舉起弓箭，瞄準鵜鳳凰叫：「叛徒！大家快將他射下來！」、「殺啊！殺掉叛國賊！」

雷烈驚喊：「等等！別靠近天靈獸！」還來不及阻止，幾百名侍衛騎著快馬衝去，羽箭如飛蝗一般射向天空，又有士兵喊：「殺啊！殺掉蓬萊國的叛賊！」

夜叉和羅裟困在雙方的戰場中央，就算想全身而退只怕也有困難，眼看翠雲國的千人輕騎攻向蓬萊國的光明御史，正是逃亡的好機會：「餓鬼！趁現在快走！」、「艷屍！往左邊！」

翠雲國的鐵騎放出數百枝箭，喊聲響徹雲端，不料天空中突然有一根巨大的黑風柱湧現，轉來轉去，將幾百人捲到高空凍雲層，消失不見。

煙霧瀰漫，許多雀鳥振翅飛逃，魄狼站在鵜鳳凰的背上，大笑：「哈哈哈！我再蠢，也不會蠢到以一敵千，但是...為什麼你們要對我感到恐懼呢？」

「因為...你們對我一無所知！」

羅裟和夜叉忽見魄狼舉起左手的混天乾坤圈，疑似要使用萬古神器的力量，怪眼圓睜，驚喊：「餓鬼！是火象奧義術！快用血遁逃跑！」、「死是好事，但...最好則是從未出生...艷屍...我的腿受了重傷，逃不了多遠，妳自己先走吧...」

混天乾坤圈燒成一團烈火，焰氣衝天，空中也跟著旋起藍雲。頓時之間驚鳥四散，逃飛方圓百里外的地域躲避災難。藍色火焰如同隕星墜落，草木皆化為灰燼，焦灼之痕清晰可見。

「雷烈郡主，人生之中有兩大遺憾，一是未能如願，一是正如所願，您是前者還是後者呢？」回憶到此，幾個月前的記憶變成了一團模糊，魄狼笑了笑，繼續說道：「刑天御史，這是我向雷烈郡主詢問過的最後一句話，在這個世界上，沒有什麼比忠告更令人難以接受的了，你也不這麼認為嗎？事到如今，你總算又增長一些見識了吧？」

刑天沉默不語，片刻之間無法釋懷。這個時候，佛堂的樓梯傳來腳步聲，一男一女跑上七樓，女子哭喊：「應戰！應戰啊！刑公子！不應戰就無法打贏他了！」刑天頓時回神：「明鏡姑娘？」

明鏡闖入大堂，兩眼含淚，站在門檻外又喊：「痛苦這種感覺...悲傷這種感覺...這些遭遇一次又一次的在人生之中重複著！應戰啊！」毿追奔來，攔阻：「姑娘小心！別隨意接近他們！」

刑天想起自己冷不防遭人暗算，無端被套上叛國和殺人莫須有的罪名，心中決意和敵人以死相拼：「魄...魄狼！我要殺了你！」手中的如意風火輪瞬間冒出一團火霧，玄陽烈火的真氣由百會穴流到湧泉穴，通過任督二脈貫穿全身經脈，在體內愈轉愈快：「魄狼！納命來！」

魄狼全神貫注周圍情勢，奔向佛堂內的寶櫃想拿混天乾坤圈和錮鐮刀，沒料到敵人掐個靈訣，疾如電掣閃到身邊，心驚：「咦！是瞬身術？真快！」

情勢頗急，刑天使用神隱霧遁想刺殺敵人，可惜魄狼料得自己決無這般容易應付，早一步擲出暗器：「哼！」四枚飛鏢隨聲而出，直朝霧中的人影擲去：「我就不信打不中你！」

刑天使用瞬身術時疾如飄風，一道閃光過處，立刻從霧中隱現：「你已經無路可退了！」一股暖流之氣迎風撲面，魄狼被對方的迴旋踢踹中肚腹，撞在寶箱，跌個四腳朝天：「啊！」

「刑公子！」明鏡哭喊：「不要放過他！應戰！」

刑天轉過頭細看清楚，忽見明鏡衣裝單薄，肩膀上還披著一條薄被，怒眼圓睜：「你...你竟然輕薄她？」

魄狼被踢得肚腹疼痛，扶著寶箱爬起：「嘿...嘿...這姑娘真是聰明，她昨晚陪我在佛堂裡睡，由她服勞奉侍，可比這些紅蓮寺的和尚還要強得多呢！」

明鏡聲音抖顫，嗚嗚咽咽道：「刑...刑公子...」刑天咬牙切齒道：「明鏡姑娘妳別擔心，我現在就替妳報仇！」

魄狼道：「刑天御史，這寺廟裡的和尚除了專心一意學習佛法之外，從沒有犯過淫罪，但我可不是和尚，這姑娘生得水出芙蓉，叫人看了怎麼能不垂涎？能與這姑娘纏做一團，在軟綿綿的床上縱情肆樂，可是一種難得的人生經歷。」鯀罵：「你這淫魔，竟然有此膽量敢來胡為，遲早會遭報應！」

明鏡哭泣：「刑...刑公子...小女子並非貪生怕死之人，受...受了玷辱，如今...如今已無心在此留戀了...」刑天安慰：「明鏡姑娘，恨只恨我當初有眼無珠，沒早一點殺掉這個孽畜。等到知道錯誤時，已經來不及了。」鯀道：「刑天御史，夜長夢多，不如先解決這晦氣淫魔，有什麼話待會再談，如何？」

刑天把心一橫：「說！死前還有什麼遺言沒有？」魄狼面現鄙夷之色，冷笑：「真是不經一事，不長一智。刑天御史！你堂堂一個光明御史，到了情慾關頭竟然也會把持不住？這位明鏡姑娘原是禍水，為了她，你和四國聯盟鬧得兩敗俱傷，又是何苦？」

「小心！」鯀一聲驚喊，立刻抄出飛刀。刑天知道不妙，也使出瞬身術左右夾攻：「明鏡姑娘！快離開大堂！」

「刑天御史，既然你愛這位姑娘，就隨你帶走吧！不過...」魄狼早已經暗中準備要先下手為強，撲向寶箱，打開匣蓋，迅速取出混天乾坤圈和鐧鐮刀：「無論你們逃到哪一層樓，都絕對無法倖免！」

刑天使用瞬身術遁到面前，如意風火輪順勢一劈，將金箍環的鐵圈套在鐧鐮刀的鋒刃中央，猛向旁甩開：「飛刀人！接著！」

魄狼一時失誤撒開了手掌，鋼鐮刀竟被如意風火輪撇飛，刑天立即舉起金箍環劈向胸口，魄狼急忙使個迴旋踢，一個風捲殘花之勢將敵人踹飛幾尺：「哼！不謹慎竟被你奪走了鋼鐮刀，這下恐怕要再耽誤大局，看來又要費一般氣力奪回來了。」

鯀見鋼鐮刀迎面飛來，伸手接住，忙喊：「明鏡姑娘！快隨我來！」明鏡聞言大驚，迎前暫時避往別處，魄狼的手一揚起，散發一團藍光，拿著混天乾坤圈追過來：「一個都不許走！」

佛堂內耀目難睜，眼看明鏡和鯀就要命喪敵手，忽然面前閃出一個人影，刑天拿著如意風火輪追上，擋在中央：「魄狼！你的對手是我！」

二人照面一撞，就在這轉瞬之間，紅光和藍光的火焰如隕星墜落，滿空飛灑。如意風火輪和混天乾坤圈煙霧蒸散，連發出吱軋軋的撞擊之聲，刑天濃眉倒豎，目露凶光道：「魄狼！這次我絕對不會讓你活著離開！」

魄狼曉得敵人想以死相拼，猙獰笑：「這佛堂太窄，我們到外面去打！」刑天道：「正合我意！」

二人大喝一聲，直往外衝，佛堂的樓牆破開好大一個壁洞，刑天和魄狼照面相對，站在七樓坪台，滿團煙霧往天空中升起，佛堂內的蒲團和木魚紛紛起火燃燒。

魄狼手中的混天乾坤圈散發出藍色火焰，如斷線黑絲一般，滿室飄揚：「刑天御史如不猜疑，且聽我一說如何？」刑天咬牙怒道：「還有什麼好說的？你是打算借刀殺人，再將這些罪名誣陷於白雲大人，讓四國與我結下仇恨，等到我們雙方玉石俱焚，自己再從中取利吧？」

魄狼回答：「我是巴不得與你停手罷戰，如果你仍舊不信，白雲大人請你親自到蓬萊島赴會一趟，你的意下如何？

」刑天冷笑：「哼！你好好招出實情便罷，死到臨頭還想戲耍我一番？你是感覺到自己性命難保，這才高喊收兵，化敵為友？」

魄狼搖了搖頭：「最值得慶幸的是...叛徒是你而不是我。你可譏我是心腸狠辣，卻不能笑我是貪生怕死之徒，怪只怪你過於輕率，沒先查出我的背景虛實。現在的我想要脫身雖是不易，你要想取勝卻也非容易，我看你人單勢孤，還是早去為是，否則四國聯盟的援軍來緝拿你，你早晚必遭橫死，還會連累到那個明鏡姑娘。」

刑天使用如意風火輪迎敵，紅色火焰籠罩全身：「一派胡言！準備受死！」話聲未畢，一個飛身好似鷹雀撲蛇衝去，魄狼左閃右躲，二人又從坪臺打到佛堂內，踢翻桌椅，花瓶盡碎，到處都被搞得天翻地覆。

刑天舉起如意風火輪斜砍，魄狼拿著混天乾坤圈橫擋，二人一來一往連續拆上數百招，將桌椅和牆壁斬成如雪花碎片似，滿堂飛舞。

雙方均曉得若是在此使用萬古神器，召喚出四象獸攻擊對方，勢必將這座紅蓮寺夷為平地。刑天為了避免波及到鯀和明鏡的安危，以靜制動觀察魄狼的招數，一旦對方召喚出四象獸也才會跟著行動。魄狼則是為了避人耳目，不肯隨便召喚出四象獸，免得驚動鎮上村民。

如意風火輪和混天乾坤圈皆是屬於火象限性的神器，握在二人手中所凝聚出的靈力，散發出紅色火焰與藍色火焰。刑天和魄狼均感覺身體奇熱如焚，火團將紅蓮寺的七樓耀照通明，煙霧瀰漫，萬丈烈焰冒上高空。

眼看火焰沿著木板連排燒去，燒透了花窗和木樁，火苗迅速蔓延，瞬間將紅蓮寺七樓寶塔的佛堂給吞在火窟。刑天和魄狼受困火窟，聽見寺外傳來人聲喊：「失火啦！來人啊！快點救火！」

情勢危急，焰騰騰的烈火連排燒開，黑漆漆的濃煙使雙方視線變得模糊。佛堂內的檀木和蒲團燒得猛烈，屋內的火焰再也無法控制，突然間一塊樑木被火燒著墜落，壓跨許多桌椅，刑天和魄狼同時覺著腳底一軟，地下陷出一個大洞穴。那洞穴似有極大吸力，二人無法掙脫，硬是被拖著陷入洞內。

畫面轉到另外一端，鯀和明鏡逃出了紅蓮寺，抬頭見屋簷的上方煙霧直冒，佛堂內的桌椅皆燒成灰燼，大堂也已經變成一片火海。

眼看火勢逐漸擴大，似乎要將底下的樓層都給燒掉一般，鎮上有許多百姓被大火驚動，犬吠不絕，居民紛紛跑出屋外提水搶救：「救火啊！快點救火啊！紅蓮寺失火啦！」

「刑公子！」明鏡眼眶泛淚哭喊著，還想返回佛堂再看動靜，卻被鯀一手攔阻：「別去！危險！」明鏡哭喊：「紅蓮寺失火了！你快救救他！」鯀曉得佛堂內的情況恐怕是一團混亂，只能安慰：「明鏡姑娘妳不要擔心！刑天御史沒那麼輕易就死的！」

紅蓮寺的大火愈燒愈旺，一連從七樓延燒到了四樓，天空被火光照耀通明，風勢將紅焰與藍焰煽得更猛烈。屋簷坍塌紛紛都向下墜落，有幾塊木樑墜在火窟中，濃煙直沖天際。

再說刑天和魄狼原本在佛堂的七樓僵持不下，忽聽得頂上傳來喀喀聲，幾塊磚瓦從中墜落。二人正鬥激烈，沒料到一股強勢壓力坍塌，雙方身子一沉，竟同時陷落到四樓佛堂的坪臺，被埋在磚瓦之下。

雙方的實力旗鼓相當，均都曉得自己短時間內難於取勝，就算真的脫困出去，日後也有無窮後患。刑天欲意全力發揮火象術的威力，想制敵於死，不巧木地板突然塌陷，二人無可退避都是跌在四樓坪臺。

陽光斜射入內，魄狼面相凶醜，爬出磚瓦：「哼！沒想到竟然走到這般地步，真的打算同歸於盡嗎？」鮮血流了一地，陽光斜射入洞內照得分外清楚。抬起頭看，火焰中隱現一個數尺方圓的大洞，就可惜被煙霧籠罩，沒看得非常清晰。

刑天不肯示弱，爬出磚瓦還想再戰，可惜先前的傷勢尚未完全恢復，再加上連日趕路早已累得滿身是汗：「魄...魄狼！留下性命！」

忽聽得震天一個霹靂響，大殿的屋樑倒塌，後面一片烈焰似潮水湧來，魄狼和刑天均見時機稍縱即逝，立刻奔入佛堂後門的長窄甬道。

就在這個時候，紅蓮寺外湧來了許多圍觀的民眾，樹枝顫動，火勢震得屋瓦亂飛。

眾人見塔寺頂樓的四層皆陷在火海，鯀忙喝阻：「來人止步，快點退後！免得遭遇不測！」突然間，明鏡突然一將自己推開，衝入火窟：「刑公子！」百姓驚喊：「有位姑娘跑進紅蓮寺了！」鯀回頭驚看 ：「晦氣狗頭！遭了！」

寺院中的參天古柏燒成火團，明鏡獨自闖入佛堂，望見周圍亮光耀目，寸步難移：「刑...刑公子！」

一陣轟隆之聲，木柱往牆壁陷入，明鏡暫時被火勢困住不能脫身，就這眨眼之間，樓梯上衝下一個披頭散髮的男子。明鏡驚喊：「刑...刑公子！」

刑天的背後緊跟著一個光頭男子，料是魄狼無疑，詭笑道：「刑天御史！你想顧全這位姑娘的安危，不消半個時辰就會命喪火窟，我們靠著萬古神器必可安然脫身，你我雖是敵人，此刻卻是同在患難之中，不如我們罷手如何？」

刑天瞥見明鏡孤身涉險困在火窟之中，曉得時候稍久她便難支持住，忙把如意風火輪收入腰帶，飛身衝向對方一把摟抱住，試圖破壁而出：「快抓著我！」

刑天因為全神貫注想救同伴，撤開了萬古神器，此舉乃是將自己的死門敞開。魄狼見敵人晃眼自側身飛過，高舉混天乾坤圈叫：「嘿！一個能捨棄掉重要東西的人，才能捨棄掉人性，一個什麼都無法捨棄的人，什麼都無法改變！火象通靈術！烈火焚身！」

刑天抱著明鏡正在覓路逃亡，退避無及，一下撞了個迎頭。忽見滿團的藍焰烈火在四方爆開，刑天急忙使用瞬身之術想逃走，眼前光景突然一閃，再看移位之地已非原處。雖然如此，當時瞬間移動之前所產生的爆炸威力仍舊不減，二人被藍焰的威力震飛四丈，五臟六腑幾乎顛轉，刑天咳嗽：「明...明鏡姑娘！咳咳...咳...」抬起頭看，回顧遠方的紅蓮寺，藍煙瀰漫了整座寶塔，四樓到七樓的佛堂則是樑柱裂斷，瞬間坍塌。

百姓由遠而近想要救火，前往應援卻又挺直身體，驚呆了站著不動。鯀一見到刑天抱著明鏡逃出火窟，立刻飛趕來：「刑天御史！」刑天喊：「此地不宜久留！快走！」

刑天抱著明鏡逃出紅蓮寺，鯀追趕在後，二人推開圍觀的人群，遠遠看見萬丈藍煙升上天空。

眼前這座平瑤鎮樹林茂密，每處都是依山傍水，曲徑通幽。刑天和同伴不知不覺逃到了一座梨花樹林，那地方有飛瀑垂落，嘩啦啦白茫一片。四處可見花蜂飛舞，甚至還有彩蝶繚繞，山坡上填滿了雪白色的梨花，耀眼奪目，雪白皚皚的梨花樹將大地都染成白色。

一條溪水潺潺流過，遍地梨花的樹林被陽光照得晶瑩如玉。飛瀑泉湧直瀉而下，氤氳飄渺，構成了壯觀景緻。刑天抱著明鏡跑到瀑布近處的梨花樹，樹蔭下濺起飛瀑的浪花，沾濕三人衣褲：「終...終於逃出來了！」

幾片梨花雪瓣飄蕩下，掉在明鏡的胸口，刑天低頭一看，忽見明鏡的衣襟都被鮮血染成殷紅色，梨花瓣和鮮血紅百相映，遠遠看了倒似雪中紅梅。鯀和刑天均是睜著眼呆看：「明...明鏡姑娘...」

「刑...刑公子...」明鏡臉色蒼白，勉強一笑：「小...小女子...似乎能夠體會幽大哥曾經說過那句話的心情了...困境不會一直持續，不能因為山高就想回頭，只要堅持走下去，就能看見海洋...許多人不敢說出他們的願望，是因為曉得自己無法如願以償，我們受限於環境，卻都被逼上其路而受苦...但是...如果你在這世界上曉得自己是被人所愛的，生死那一瞬間，什麼也都無所謂了...」

刑天覺得一陣心酸，臉頰流下兩道淚：「我從不解釋為什麼我會愛上一個人，雖...雖然我知道自己道歉了也沒什麼用，但是...對不起...對不起...」明鏡用手撫摸著對方的額頭：「刑公子...為何哭泣呢？難道你認為小女子能夠長生不死嗎？」

刑天想起自己幼年坎坷，從未得到親人疼愛，好不容易遇見像明鏡這樣一個知己，對方卻命在旦夕，忍不住流下眼淚：「能...能不能別丟下我？別去一個我無法去到的地方...」

明鏡奄奄一息：「刑...刑公子... 你永遠都不會知道自己有多堅強，直到有天除了堅強之外，你再也別無選擇...真正的失敗不是跌倒...而是...放棄...我終於明白了...無人能夠代替你走那條路，那條路...你必須自己走完...如果...如果可以...我只希望你能展現笑容，不再悲傷...」

刑天一時淚流滿面，激動道：「我錯了！我知道自己道歉了也沒用，但是對不起！對不起！我沒有能力救妳一命！」

明鏡搖了搖頭：「如果你在這世界上曉得自己是被人所愛的，生死那一瞬間，什麼也都無所謂了...其實，我們永遠不會像自己想像中那麼快樂，也不會像自己想像中那麼不幸...好好活下去，拜託...我不希望再看見任何一個人因為這場戰爭而犧牲了...答應小女子好嗎？能...能活下來，才能獨當一面...因此...我懇請你，活下去...努力的...活下去...」刑天心亂如麻：「好！好！我答應妳！我不會丟下妳一人不管的！別離開我！別離開我！」

兩道淚痕滑落臉龐，明鏡忍著劇痛：「會...會傷心是一定的，會難過也是能預料到的，一路走來失去了這麼多人，但是這條路還是必須繼續要走下去，誰對誰錯都已經不再重要了，重要的是...重要的是...戰爭終於快結束了...」刑天忍著斷腸之痛，搖頭：「明鏡姑娘妳撐著點！我替妳去找大夫！」

明鏡的臉上露出一絲笑容：「不...不要問幸福是什麼，那...那只是一種感覺...只要你能找到那種感覺，在這世界上...在這世界上...你就不會再失去任何東西了...刑...刑公子...如果哪天還能再見一面，你...你能再像現在這樣...像現在這樣...抱著我嗎？」說著，緩緩閉上雙眼，刑天見她對自己流露出深情，滿腔悲憤無處發洩：「明...明鏡姑娘...明鏡姑娘！」

臉頰邊吹過一陣涼風，萬樹梨花和槮花蔭木被陽光照耀，刑天抱著明鏡在大樹下，鯀則在一旁安靜守候。耳邊聽見飛瀑聲轟隆隆，數十道瀑布傾瀉而下，落在岩石，彷彿仙樂交奏。

「埋在這株梨花樹下，可以嗎？」鯀嘆一口氣，搖了搖頭，又說：「離開比相遇容易，因為相遇是萬中選一，而離開只是兩個人的結局。歷史雖然會一再重複，人卻無法回到過去。而眼睛能看見世上的一切，卻唯獨看不見自己。或許是我們都太寂寞，為了不要感到寂寞，我們因此做了太多傻事... 又或許...這才叫人生？」

「也許我真的很蠢，但是現在的我，知道什麼是愛了...」刑天愈想愈越過意不去，心中難受的連一句話也說不出，過得良久，深呼吸一口氣才繼續說：「痛苦這東西...悲傷這東西...死亡這東西...是如何的沉重呢？人的壽命，是原本就注定好的嗎？為什麼？死亡是如此的殘酷呢？」

鯀道：「你想逃避自己的不幸嗎？若你體會到別人的痛苦，就不會再抱怨了。」刑天喃喃道：「我本來以為任何事只要努力都能做到，如果做不到的話...該怎麼辦才好？」

鯀搖了搖頭：「生命並非在呼吸停止時而結束，乃是在你失去信念之時。我曉得這樣說或許很過份，但是通常叫人不必擔心，最無法達到安慰的果效。遇見小的災難，需以忍耐承受它，遇見大的災難，則需勇氣面對它。刑天御史，人生在世無法事事如願，活著和希望是兩件不一樣的事情，重點是不要放棄希望，繼續努力活下去！」

刑天抱著明鏡還在悲傷，一個人影緩緩從遠方走來，對著自己二人說：「一無所有的人是幸福的，因為他能夠獲得一切，以此類推，或許在這個世上，只有孩童和傻子才能獲得快樂？唉！看來在這個世界上，若是沒有好的機運，有再厲害的能力也沒有什麼意義了。」

鯀立刻抄出飛刀警戒：「晦氣狗頭！是什麼人？」仔細一看，那男子豹頭環眼，身上披著羊毛斗篷，正是狩獵族的符爆師，人稱力神的阿修羅：「二位不要擔心，我只是一時好奇心起，被紅蓮寺的藍色火焰吸引而來，我對你們沒有敵意。」

刑天忍著痛把眼淚拭去，冷然問：「你來此的動機為何？」阿修羅嘆了口氣：「說來話長，這實在是一言難盡。」鯀插嘴道：「那就長話短說吧！」阿修羅解釋：「失敗讓人感覺不好受，但是從未追求成功之人更不可取，我希望能夠加入你們，如果我們三人聯手，我不只會幫你報仇雪恨，並且將我的符爆術和氣溫變動之術傾囊傳授，包管你日後受用無窮！」

鯀猜不出對方是何用意，問：「你打算要出賣自己的同胞？」阿修羅回答：「沒有我的引爆符協助，戰神的幻獸也成不了什麼氣候。我並非弱者，之所以不成功乃是因為老天爺不眷顧我。若是老天爺肯給我一次機會，我會好好把握住。我需要的只是時機，有野心的人都想成功，但真正能實踐的究竟有多少？我需要的只是時機！」

刑天全未理睬：「現在的我沒心情殺人，我只想一個人好好安靜，你走吧！」阿修羅甚為憤怒，一聲詭笑：「哈！你變成了四國聯盟的通緝要犯，難道一點都不想報仇嗎？守護四國，然後死亡，這就是你的選擇嗎？在這個世界，所講究的全都是機緣和運氣！蓬萊御史！你擁有這種瞬身移位之術的能力，並不是任何人都能擁有的，我之所以看中你，乃是因為你的武技奧義與眾不凡！」

刑天問：「這就是你來找我的原因？」

阿修羅略一沉吟，描述：「傳說在很久以前的洪荒時代，有兩個大神爭奪天地，這戰爭不知何時開始，也不知何時結束。後來世界遭受了空前浩大的災難，冰洋極海的積雪被烈焰融化，形成無數川流。萬畝方圓的地域被汪洋淹沒，島嶼陸沉，天傾地陷的空前巨災一觸即發。那時，有四個仙人遵照天象經緯的指示，仗著仁厚膽識之心走遍天下，在極地荒涼的隱僻之所發現了天地相輔、山海相循的奧秘。他們發現靠著吸收天地山海的日月精華，經過火風水土的醞釀所淬煉出的幻化靈珠，能使天下生活安定，扭轉人類榮枯興衰的契機。因此四位仙人展開了收集靈珠的旅程，將靈珠鑄成神器，使用這股力量來解救天下蒼生。千百年來，八柄萬古神器代代相傳，四仙人為天下樹立萬世範典，以彩雲峽為地界的中心點，創立了天山國、蓬萊國、鬱樹國和翠雲國。後來，四仙人擇地隱修，萬古神器和四象靈珠召喚術之傳承的重責大任落到了後裔身上。蓬萊御史！你身上所擁有的特殊才能，就是傳說之中四仙人幾經勤苦研探，所練化出來的瞬身術。若是日益精進，能隨意靠這仙術遍遊中土。我便是看中你的機緣與能力，才有心商量，怎麼樣？你願不願意與我聯手合作？」

刑天冷笑幾聲：「哈哈哈！」阿修羅滿臉錯愕：「你笑什麼？」刑天橫一眼：「你的言行舉止，甚至是你所呼吸過的空氣，都讓我感覺到非常厭惡！你已經打擾到我的安靜，既然你想自投羅網，須怪不得我無情了！出手吧！」

阿修羅忍不住張口要罵，忽見刑天一個瞬身閃到面前，急忙抄出符紙應敵：「哼！如果我擁有像你這種移行換位的能力，我會憑著這股力量奮發向上！納命來！符爆術！火焰殺！」

原地立足處忽散發萬道紅光，梨花落瓣和塵土被炸得沖上天空，煙霧朦朧，瀰漫了整座梨花樹林。鯀在旁觀戰，聽得刑天吩咐自己叫：「飛刀人！保護好明鏡姑娘的遺體，這是屬於我的戰鬥，你別插手！」

阿修羅忌諱敵人的速度，使用符爆術之後立刻逃遠，正向煙霧中尋覓敵人蹤跡，忽見身旁閃出一個黑影：「四國的百姓或許會稱呼我為罪人，但我問心無愧！」

阿修羅對周圍環境瞭若指掌，舉起雙臂，連肩帶胛向前一推，朝敵人心窩攻擊：「雖然你懂得瞬身移位，但是我的力量不比你差，我們的實力旗鼓相當！」

刑天急把雙手在胸前挽個半圈，將對方掌力壓住：「你的殺氣，我可是看得一清二楚！」阿修羅的雙手被扣住，無法動彈，喊道：「住嘴！人活著就是爭一口氣，我不會被看扁的！看招！氫符爆破！」

梨花林的上空升起滿天紅霧，飛瀑底下不時聽見爆破之聲，刑天只在眼前一閃便不見蹤影，阿修羅連敵人出手的招數也未看清，愈加憤恨咬牙：「可惡！出來！」躲得慢些，羊毛斗篷和褶寬腳褲都被削下碎片，又驚又怒：「蓬萊御史！你我彼此聞名，井水不犯河水，你既然得罪於我，休想活命！」刑天突然現身，大喝：「無知妖人！你的劫數到了！」手中握著如意風火輪，疾如雷電的揮出一砍，阿修羅想逃已經來不及，腰間被掃了一下，撲倒在地：「啊！」

刑天的元氣傷耗太多，仗著瞬身移位的變化才可除害，稍出了一口惡氣：「下次如果有人跟你說：你運氣好、機緣好的時候，你可以這樣回答他：我的運氣好，只是因為機會剛巧碰到了我的努力！」阿修羅紅眼怒視道：「你...你...」

刑天見對方的腰部血淋淋似是脊骨已斷，橫著身趴臥在地，冷然又說：「殺不掉你的話，不過是被你殺掉而已。打贏你的話我就能活下去，不應戰就沒辦法贏，我若是放棄，那才算輸，只要我堅持戰鬥，我就沒輸...所以...你千萬不要跟一個一無可失的人爭奪！」

阿修羅被人腰斬，倒在面前說不出的難看，突然伸手一摸，抄出半疊符紙往對方的右腳抓去。事前毫無半點徵兆，刑天用神器斬斷敵人的腰部，稍一疏神竟被抓住腳踝，無法逃脫：「糟糕！」

阿修羅獰笑：「蓬萊御史，有件事我未曾向你提起，在這個世界，存在著被人稱為靈界的地方。一般來說，人死之後的靈魂會離開軀體，前往亡靈者的世界。其實我也有一項天賦，那就是能將對手的靈能異術封印到靈界的能力。當你的瞬身術被我封印之時，體力耗盡之後，就會發覺原來自己不過是個普通人罷了！」

刑天正想要飛速遁開，忽感覺右腳好似火中取粟烤得疼痛，不禁駭異：「糟糕！那是什麼武技？得趕緊快用火象術擺脫他才行！」

阿修羅緊抓住敵人的右腳不放，手中的引爆符被如意風火輪的火焰所牽引，燃燒更加猛烈。刑天明知形勢不妙，卻無法掙脫那烈火封印術，阿修羅正在幸災樂禍，全身忽被如意風火輪散發出的火焰籠罩，死前依舊面帶詭笑：「哈...哈哈哈...我仍舊相信運氣決定命運，否則...否則又如何解釋...令我討厭之人...如何...如何得以成功？」

一股焦臭之氣迎面撲鼻，阿修羅的上半身趴在刑天的腳邊，立刻被如意風火輪的火焰燒成灰質，遭天風所化，消散眼前。

話說那烈火封印術的法力非比尋常，只因變化倉促，刑天不及防禦才會吃了大虧，腳踝受傷甚重，跪倒在地：「可...可惡...太大意了...」

鯀見同伴受傷，抱著明鏡的軀體走來：「刑天御史，其實你比自己想像中的還要厲害，我是這麼認為的。」刑天忍著劇痛，連日來自多經歷已不再似從前那般輕視：「人總說如果你能活得夠久，你可以看盡所有的事...從前...我一直以為只要武藝高強，就能夠有所作為，改變世界。但是現在我明白了...有些事情，並非努力就能達成，人生...人生果然還是無法一帆風順...」

鯀道：「如果你真想去一個地方，總有辦法如願以償的。」刑天咬著牙：「既然如此，我該如何...如何才能去到...明鏡姑娘所去的地方？」鯀搖了搖頭：「一個人所該擔心的不是死亡，而是他從未活過。刑天御史！不要尋找死亡，因為它會找上你，要尋找能夠驅使死亡成為你所成就的道路。」

刑天思索半晌，又問：「飛刀人，你覺得這世界完美嗎？如果不完美...為何別人總要求我們達到完美？」鯀嘆氣：「唉！四國有其疆界，人類的愚蠢卻無止境。最可怕的事情莫過於無知行動，歷史不過只是描寫不幸和戰爭的縮影罷了。表面上為國為民的人，暗地裡其實更重視自己的聲譽。嘿！這些晦氣狗頭用規範限制別人，自己卻同樣在暗地裡幹骯髒的事。要求完美的人，在這不完美的世界只會逼人驅向滅亡。人所渴望的，不是成為完美，而是能被接納，如此而已。」

陽光從樹枝的縫隙間透射，刑天和鯀在大樹蔭僻處掘了坑洞，將明鏡的遺體埋在地下。

刑天低頭望那土墳良久無語，撿起一片梨花瓣放在土墳上，突然空中颳起一陣涼風，那花瓣飄飄蕩蕩，竟被風捲上天。鯀轉了頭去，又問同伴：「刑天御史，你現在打算如何？」刑天沉默片刻，冷靜道：「到蓬萊國去！」

第十九章 殘酷的真相

刑天和鯀埋葬了明鏡的遺體之後，離開平瑤鎮，打算前往蓬萊島去尋找白雲齋。二人連續趕了幾日的路程，來到一座湖畔附近，忽見遠處隱約有船划過，刑天指著說：「那邊好像有人！我們過去看看！」才剛講完，一片大湖泊隱現在眼前，微風拂著湖水前湧後退，沖刷岸邊的沙石，二人心中均喜：「太好了！果然是碼頭！」

且看那岸邊隨便用幾塊木板釘成，哪裡像個碼頭？索性河岸水淺，刑天和鯀跳上船頭，一個老翁從艙內探出頭來問：「是哪位啊？」鯀揖手鞠躬：「我們想搭船渡過湖泊，不知老伯可否方便載一程？」老翁也不多問，便說：「上船來吧！」

刑天和鯀點頭示善，老翁起篙解纜，小船順風向南移動，轉眼片刻已經離開了岸邊十丈距離。待得小船離岸稍遠，途中恰遇順風，老翁趁勢拉落滿篷，竹篙幾下起落，順著那風滑向湖心。湖岸遠處有座農莊，隱約可見村童用棕櫚葉劃個圈兒，翩翩哼著山歌小調唱道：

人無千日好，花無百日紅，
天長地久有時盡，一日無常未可知
富貴非為準，福禍不常明
勸君莫念傷心事，路逢絕處有幾時？

刑天獨自一人倚著船欄，耳邊聽得波浪打在船身，心中也跟著起伏不定。老翁熟練地掌控竹竿，小船順河而下，駛進了城鎮的水閘門。一座偌大磚城屹立湖邊，隱現在眼前。話說這座城鎮共有七座水閘，每處均可用鐵鍊控制，拱式甕樓貫穿了水陸之間的閘門。平時有商船熙來攘往，商販熱鬧，自遠古時期就是山海臨界的重要關口。

不久之後，小船駛進了碼頭停泊靠岸，刑天和鯀見城樓附近到處都是燈火輝煌，槳聲燈影，水天一色的銀河構成壯觀奇景。左觀右看，沿途街道燈籠滿掛，大大小小的商鋪高低錯落，還有古色古香的宅房門院河街相鄰，築水而立。

刑天對同伴吩咐：「我們分頭去購買乾糧，得一切準備就緒之後回到這邊集合，再轉乘輕舟往蓬萊島去。」鯀點了點頭：「好！」

二人分別往東西逆向離開，沿途可見粉牆黛瓦的樓坊上擺了滿桌豐盛的宴席，有胸掛紅花的花旦登臺唱戲，刑天望見樓船上的宮燈似霓虹變幻，簫鼓笙歌，再搭上絲琴竹樂，唱韻悠揚，吸引了許多民眾留戀忘返，繁華之處猶勝萬方。

刑天觸景生情，想起明鏡和自己曾經來此遊賞，低頭暗想：「不曉得明鏡姑娘在天上過得可好？」心想自古快活的光陰總是消逝特別快，抬頭一望，酒樓間盛席滿堂坐，各處的東鄰西家均有花姑娘艷衫麗裙，手持香扇在宴款酒客。

幾個衣冠闊綽的賢士舉了香杯把酒暢談，一旁的女鬟髮挽銀髻，擺臀走來，痴花嬌綻的陪笑閒談，非常熱鬧。過不多時，刑天恰巧從一群賢士的身邊經過，忽然聽人說道：「昨天晚上，天空中那隻怪鳥不曉得哪裡飛來，若是給牠盯上了，肯定命都沒了！」酒客回答：「就是說啊！怪鳥才一現身，全身散發出光芒四射的雷電，若是飛來攻擊金老爺的船隻，大家肯定都沒命了！」

賢士道：「我看那隻怪鳥不像一般飛禽，難道竟是傳說之中的雷公？」酒客又說：「怎麼可能？那只是一則神話故事吧？雷公根本就不存在的！」刑天警惕：「咦！全身散發出雷電的怪鳥？」

話才講完，岸邊一陣寒風迎面撲襲，將眾人的頭髮吹個蓬鬆，船夫紛紛將小船停靠碼頭，嚇得逃上岸叫：「怪...怪...

怪...怪鳥又出現啦！」隔江觀望，一陣霹靂聲夾雜著雷電落在數畝方圓之外，天色陰沈，忽從濃霧中飛出一隻巨鳥，展開羽翼，迅速從水面滑翔而過。鎮上的百姓見到湖面無風自湧，嚇得前推後擠，喊叫：「快逃啊！精怪！是精怪啊！」

波浪翻湧，掀騰了船舟的甲板，刑天見船夫嚇得拋開划槳用的竹竿，立刻順手抓住：「是雷鳥？難道幻獸師就在近處？」當下也等不及要和鯀會面，一個飛身跳上小船，撐著竹竿往湖面對岸划去：「可惡！竟然在這裡召出幻獸，無端想把百姓捲入戰爭嗎？」

有個船夫還以為天空降下什麼不詳預兆，忽見刑天反而將船划向彼岸，嚇得站在碼頭驚喊：「年輕人！千萬別做傻事啊！快點回來！」

刑天不發一語，隻身孤影乘著小船划向對岸，突然船身劇烈搖晃，原來是激烈的水流撞到了船殼，掌船的舵夫又在碼頭遂喊道：「年輕人！快點逃啊！再不逃就沒命啦！」

一陣轟隆聲響，天空被巨鳥的神雷照耀明亮，舵夫再顧不得危險也往反方向逃：「哎喲！我的媽呀！雷公發威啦！」

遠方的高山嵯峨陡峭，忽見一隻巨大的白尾麋鹿登上山頂，往山後一轉不見踪影，刑天詫異：「咦？是地靈獸白尾麋？」還在思索，湖面又湧起一波浪濤，撞在礁岩，船身搖晃幾乎顛翻，江裡的水流如洪災氾濫地湧入船內，竟將刑天淋得滿身濕透：「是白尾麋和雷鳥正在打鬥嗎？得趕緊過去看看才行！」

抬頭一望，恰巧湖面有風吹來，刑天見狀急奔去操舵，張開風帆：「這風應該可以推動小船吧？希望這能成功！」船隻逆水順風，果然將風帆鼓漲的小船推往滔滔波浪，往峻嶺駛去。

刑天急於追查雷鳥和白尾麋鹿的下落，等不及與緜會面，竟將同伴獨自留在鎮上。眼看遠方的山林冒起一片濃煙，心裡曉得那是神雷擊中樹木所引發的山火，天空被火光照得明亮，看得鎮上的百姓目瞪驚呆：「那火燒得好旺啊！」

小船逆著河流飄蕩幾里，擱淺在岸邊，刑天一個飛身跳下甲板，急用麻繩纜住樹幹：「現下已經查出雷鳥的弱點是什麼，只要再找出召出幻獸的爐鼎，將它擊碎就能驅走雷鳥了。」正打算要去尋找煉製雷魂珠所使用的爐鼎，忽從岩石旁邊閃出兩個黑影，其中一人喊道：「失去一個好對手，真令人遺憾。物競天擇，不能適應的人最終將要遭到淘汰，妳所做的一切都是白費力氣，別再逃了吧！」

刑天仔細一看，果然見帝釋天正在追殺海棠，心驚：「是天山國的棠右使？」

海棠根本不是敵人的對手，迎敵也不在乎取勝，回頭又見幻獸師從背後追來，把心一橫，再度返身抵擋：「你我井水不犯河水，趁早離開，免得兩敗俱傷！」帝釋天哈哈大笑：「兩敗俱傷？這是老夫有史以來聽過的天大笑話！能操控雷鳥的人才是真正的強者！妳敢向老夫挑戰？哈哈哈！天底下多少人不自量力，最後落得悲慘下場？」

刑天迎著二人，心裡曉得恐怕是海棠撞見帝釋天之後被追殺，沿路逃到此地，喊道：「戰神！你的對手是我！過來找我！」帝釋天忽聽身後一聲大喝，回頭驚看：「什麼人？」

刑天遇見仇人怎肯容得放過性命，立刻抄出如意風火輪往敵人衝去：「戰神！納命來！」

帝釋天與仇人相見，分外眼紅，當下也顧不得追殺海棠，舉起戰天斧劈向刑天：「哼！小畜生，來得正好！」刑天向後避開：「棠御史！快走！」

帝釋天仰著頭笑：「哈哈哈！在這世界，實力就是一切，雖然你的實力在老夫之下，老夫也不得不承認你擁有一定的實力！」刑天回答：「那可過獎了！」帝釋天把眼一橫：「但是既然你和老夫的實力有所差別，你就應該向老夫表達敬意！哼！要出手了嗎？不知天高地厚的小子，若不安分守己，就應該要嘗點苦頭！」

海棠暗幸終於有人來支援，剛才還不敢輕舉妄動，一見刑天攻向敵人，立刻也抄著鐵樺殺威棒從左邊夾攻：「蓬萊御史！我來助你！」

刑天想使用瞬身術接近敵人，忽又感覺右腳好似火中取栗烤得疼痛，不禁駭異：「咦！怎麼回事？」仔細一回憶，想起阿修羅死前曾經跟自己說過的話：「蓬萊御史，有件事我未曾向你提起，在這個世界，存在著被人稱為靈界的地方。一般來說，人死之後的靈魂會離開軀體，前往亡靈者的世界。其實我也有一項天賦，那就是將對手的靈能封印到靈界的能力。當你的瞬身術被我封印，耗盡體力之後，就會發覺原來自己不過是個普通人罷了！」念及此處，才清楚明白自己再沒有神隱霧遁可以護身，光影中一隻巨鳥迎面飛到，海棠急對自己大喊：「蓬萊御史！留神！」

一道穿織成光網的神雷籠罩住頭頂，刑天來不及避，便聽到周圍地裂山崩的一聲大震，沙塵滿天飛舞。帝釋天連續催動九雷轟頂的招數，天空中的雷火像是花炮爆散開，海棠見刑天稍一疏忽便要吃虧，料自己再不能袖手旁觀，立刻迎上去應敵：「土縛術！盤根糾結！」

樹枝上滿綴繁花，廣闊的草地忽然激起滿空飛灑的綠葉，全都像春筍冒出新芽，藤蘿和瑤草舒展開，纏住帝釋天的雙腳。眾人忽覺得視線被樹影遮蔽，原來竟是許多綠茸茸的草木破土而出，刑天見帝釋天被藤蘿捆縛得無法動彈，曉得是海棠借助了草木之靈拖住敵人攻擊，當下拼盡全力逃出神雷的攻擊範圍，饒是如此，也已經被雷電的威力震得頭昏目眩。

帝釋天的手腳被藤蘿糾纏住，戰天斧猛力一劈，斬斷草木：「哼！兩個後輩的實力距離超凡入聖這四個字還差得遠，現在就叫你們見識看看老夫的實力！」

刑天原本被困在神雷的攻擊範圍之內，一經脫身，立即會合海棠逃到遠處。可惜神隱霧遁已經遭到烈火封印術的壓制，無法再次使用，與帝釋天和雷鳥的對決萬分不是對手，當下時刻都有慘死之虞，應戰時必須更加謹慎：「棠御史！妳能否設法用白尾麋鹿引開雷鳥的注意？」

海棠見對方的身上熱氣直冒，面色逐漸轉為紅潤，顯然是剛才死裡逃生，點了點頭：「蓬萊御史有何打算？」刑天天生奇稟，近來又不斷的對抗狩獵一族而增加戰場上的閱歷，心中早有盤算，使個眼色道：「妳別擔心！我已有了計策，你只照我說的，先把雷鳥的注意力引開，到時行動便知！」

月光從頭頂射下，一隻白尾麋鹿孤影立在懸崖邊，四足扁尾，周身梅花斑紋，一雙鹿角像海底珊瑚似的碧鱗閃閃。獵鷹飛在天空見到麋鹿丈高數尺，一雙鹿角繁花大葉，企圖展翅撲下攻擊。海棠急喊：「糟糕！快逃！」

白尾麋似有警覺，立刻掘土往地穴鑽去，頃刻間全身鑽入地下，不見踪影。雷鳥不慎讓獵物逃掉，轉而又飛來攻擊海棠。帝釋天乘虛而入，舉起戰天斧砍向刑天：「還不覺悟？」

刑天存心誘敵掉入陷阱卻沒注意到雷鳥接近，忽感覺身側一陣風掠過，獵鷹突然散發出一團奇亮無比的雷光，心驚：「啊！糟了！」耳邊忽聽得有人低語：「快來！」海棠一把拉住自己的手臂，跳下地穴內的坑洞，頭頂上忽變得遮蔭蔽地，岩石和藤蘿宛如大棚竟將二人牢牢罩在其內。

樹根和藤蘿四方延伸，竟和土地渾成一體，毫無半點縫隙，轉眼就將敵人阻擋在外。事出倉促，獵鷹的神雷將地面劈開一道裂痕，刑天差點兒就遭九雷轟頂擊中，索性海棠及時搭救自己，忍不住嚇出了一身冷汗：「好險！差點就喪命了！」

地穴外的岩石似是被神雷擊中而爆裂，化為光雨，耀目難睜，海棠喘氣吁吁，倚著岩壁問：「蓬萊御史，那隻獵鷹的神雷比魋龍的火焰還猛烈，也不怕白尾麋的土術攻擊，你打算怎麼解決雷鳥？」刑天思索：「草木能使火焰燒得更加旺盛，如果妳有辦法接近他，再次用草木之靈纏住那個幻獸師，一旦他被藤蘿捲住，我便發動魋龍之火的攻擊，立時能將那個幻獸師形神俱滅，化為灰煙而亡。」海棠點頭：「這計策或許能行得通！」

刑天留意觀察地穴內的情勢，粗糙堅實的石質雖然可以暫時抵擋住神雷威力，時候久了勢必也被敵人攻陷，但若一衝出地穴外，頭頂又有千萬道神雷劈下，其勢更險。萬般倉惶之際也是無計可施，頭頂忽然傳來幾個震盪，無數碎石陸續塌落，彷彿陸沉光景似的。刑天曉得時候一長，這地穴能否支持也實無把握，倒不如衝出去搏個運氣，吩咐：「快替我開一條道路！」海棠問：「你準備好沒？」刑天點頭：「走！」

土牢外層突然破裂，藤蘿和樹根都被神雷劈成焦炭，刑天一個飛身破穴而出：「雷鳥！我在這裡！」

獵鷹飛在空中望見敵人，展開羽翼撲下來，刑天不敢相距過近，始終保持十丈左右的距離，忽聽得背後轟隆聲響，一道青光似墜星落下，地忽然往下坍塌，陷出幾個小洞穴。

那隻雷鳥看來似有無量潛力，白尾麋鹿知道厲害，拼命往地脈下鑽，唯恐遭神雷擊中便化為灰煙而亡。

海棠靜候刑天引開雷鳥的注意，立刻跟著退出地穴，舉起鐵樺殺威棒喊：「土象通靈！樹界降臨！」

話才講完，闊地中央忽然激起飛灑的綠葉，大樹的枝幹上滿綴繁花，成排古木全都冒出新芽。茂林密樹瞬間遮蔽了近處，丈許方圓的闊地也變得繁花如蔭，藤蘿瑤草和古木舒展開，頓成奇觀。

帝釋天被困在茂密的叢林，幾根藤蘿纏住手腳，誰曉得周圍突然會變得瓊花瑤草，還以為自己置身在夢境之中，立刻用戰天斧斬斷藤蘿，將樹木齊根削斷：「哼！老夫是不可能被打敗的！」

參天蔽日的奇樹約有千萬株，全都是用鐵樺殺威棒所創造出來的原始森林，奇花異卉遍地皆是，盤根糾結的巨樹葉綠繁密，闊地都被瓊花和瑤草給遮蔽。雷鳥飛在高空看不清楚，視線全都被巨樹給擋住，海棠利用草木之靈的障眼法干擾幻獸，心想：「樹界降臨只能阻擋一時，既然行藏已露，就必須速戰速決！」

自從刑天的瞬身術被封印之後，對抗幻獸頗有相形見絀之勢，索性雷鳥被樹木阻礙一時也無計可施。忽然間，幾道青光夾著無數神雷從天空劈來，相差不過十幾丈距離，樹木紛紛起火燃燒，刑天被那爆炸威力彈飛，下半身也震得右腿麻痺，失了知覺：「可...可惡！」

帝釋天見他沒立刻被神雷炸死，迎前奔去：「老天順老夫，老天昌！老天逆，老夫叫祂亡！你們這群凡夫俗子，竟然想跟日月爭輝？」

海棠曉得敵人要先剷除刑天再來對付自己，喝道：「蓬萊御史！快接應我！」刑天立刻明白，舉起如意風火輪喊：「烈焰焚風之術！」

帝釋天沒料到敵人想施展什麼戰略，突然數根藤蘿破土而出，纏住自己的手腳：「又想用樹枝干擾老夫？」正待舉起戰天斧要砍根莖，迎面一大團火球襲捲而來，火焰接觸植物立刻燒得猛烈，延著藤蘿燒到手腳：「啊！啊啊！」

刑天和海棠見策略湊效，土象術和火象術合璧的威力極強，藤蘿和根莖像一張天網絆住敵人，經由火焰燃燒之後更是萬難脫身，火海中傳來嘯吼之聲，淒聲厲耳令人聞之顫栗，帝釋天只顧先下手為強，做夢也沒想到二人竟然會使用誘敵之術，被夾擊之後，全身燒成火團，倒地氣絕：「老...老夫並不是一個失敗者...老夫擁有出眾不凡的雷鳥！」

海棠暗中慶幸有人相助，東北方的天空忽有破空之聲傳至，竟是獵鷹行動迅速又來襲擊，刑天勉強爬起身喊：「棠御史！掩護我！」海棠不曉得對方打算如何，點頭：「好！」

刑天感覺麻痺的右腿似有極大力牽引，行動遲緩，一拐一拐跑向北方：「用白尾麋鹿引開牠的注意！我要召出魆龍，先想辦法找出爐鼎藏匿的位置！」海棠恍然醒悟：「原來如此！」

白尾麋破穴而出，沙石塵土四處飛揚，雷鳥原本盤旋在半空中，一見地獸出沒，立刻拍振翅膀追去。海棠心中盤算：「必須將獵鷹引到遠處！」握著鐵樺殺威棒喊：「土象術！地脈潛影！」

雷鳥低空飛行又緊追不捨，白尾麋忽往地脈下鑽，穿山鑿穴打出一條通道，遁向遠方。

刑天見白尾麋將雷鳥引開，舉起如意風火輪喊：「�龍！帶我到山頂去！」火焰熊熊耀閃，一隻巨大火龍掀起熱風掃過樹林，近處的飛鳥嚇得驚逃，海棠忽感覺一陣焚風迎面撲襲，抬起頭看，刑天踩著�龍的頭頂升上高空。

巨龍的身軀蜿蜒於雲端，黑暗的夜空中旋起一團紅雲，刑天飽吸口氣，腳力一踏踩著魈龍的火鱗，借著重力之勢更向上跳，一瞬間沖天七層樓高：「可惡！煉製雷魂珠的爐鼎究竟藏在哪裡？」低頭俯瞰，月光從雲端透下，隱約可見東邊的樹林擺置一座巨大爐鼎，心喜：「終於找到了！」

刑天順勢從半空中躍下，亂髮被風吹得蓬鬆，瞇著眼叫：「魈龍！爆炎火球！」

紅光照天，樹林中驚鳥四散，魈龍張口吐出幾團火焰，狂風搧起猛烈的火勢，瞬間竟將東邊的大爐鼎和樹木全都吞在火窟。烈焰中傳來轟隆聲響，樹木坍塌，野花野草全都被烈火焚燒殆盡。

原本厚密的雲層被濃煙衝開了一個大洞，火勢無法熄滅，眼看燃燒之處皆化為灰燼，天空浮雲全被火焰耀照個通紅，幾根大花花的羽毛飄蕩落下，爐鼎被毀，雷鳥的幻獸術立刻解除。

刑天躍下魈龍的背脊，海棠奔來，喚道：「等等！」

刑天急著趕路往蓬萊島去，沒空停頓：「棠御史，我們後會有期！」海棠再喚：「讓我加入你！」刑天滿腹疑惑：「為什麼妳要背叛天山國？」海棠道：「你想自己一人對付四國聯盟嗎？但願你在找到自己所要的東西之前，能先認清自己的實力。」

刑天黯然搖頭：「從前我以為只有戰爭才會死人，和平到底是什麼？政權在不斷更換，人民還是得要繼續努力生活。人究竟為什麼要死呢？或許這樣的生命才顯得有它的價值存在？生存就是戰鬥，為了生存，必須學習無懼。痛苦讓人變得軟弱，我必須學習痛恨軟弱。況且...總有一天，我們都會死的...不是嗎？」

海棠問：「你打算怎麼做呢？背叛四國，即使成為千古罪人，也無所謂嗎？」刑天哽咽：「要讓四國所有的百姓都能滿足，那是一種瘋狂的行徑，無論百姓還是這個國家，我全都不在乎！就算要我在歷史留下污名也無所謂了！給我睜大雙眼看著！這就是現實！我...我已經無家可歸了...」

海棠舉目觀天，嘆氣：「有時候我們對自己很不滿意，卻沒任何理由，生命有限，人生無法做盡無謂的事。有人的一生像是照映到陽光的葉，有人的一生卻像是埋在泥土下的根...蓬萊御史，你能否告訴我？栽種樹木...是一件很無謂的事情嗎？」

刑天聽不明白，搖頭：「這話是什麼意思？」海棠解釋：「今天四國的百姓能坐在大樹下乘涼，是因為很久以前，有人在這塊土地種植了樹，人只有在實踐了自己的責任時，生命才會充滿意義。」刑天把心一橫：「妳到底想說什麼？」

海棠道：「讓我加入你的行列，我們一起改變天下！」刑天冷笑：「嘿！跟著我，怎麼樣的代價都無所謂嗎？生命對我而言是沉浮不定的，要徹底醒悟，需要一段很長的時間。今天就到此為止！我們再會吧！」海棠又喚：「等等！」

刑天不等對方追來，一個飛身奔向岸邊的小船，拋開纜繩，小船再度飄入河中。

海棠孤影站在岸邊，將鐵樺殺威棒揣入腰帶，白尾麋的身軀忽化為塵土，煙消雲散。月光照映，小船沿著河流飄蕩幾里，水天相連處隱約浮現一座島嶼，船隻轉眼就抵達了蓬萊島。刑天跳下淺水，拉著纜繩走向岸邊，心想：「一轉眼才幾個月，又回到了白雲大人這邊，可惜我已經不是昔日的光明御史了。」

登上岸邊，來到一座蔥鬱樹林，刑天不顧多想往南奔馳，身旁的樹叢和花草迅速倒退，腳下竟是愈奔愈快。

途中有許多岩石雕刻豎立在兩邊，琢型精細的飛禽走獸自北往南，依次排列。那些彫刻兩邊對稱，南縱北橫，附近有祀祭和哨崗的築樓，規模龐大，氣氛森嚴。

幾個哨兵在築樓高台見到有人跑來，持槍近前查看：「什麼人？」哨兵一見刑天孤身赴會，均嚇得喊：「是刑大人？」刑天冷道：「開門！我有要事求見白雲大人！」

哨兵均知不可輕敵，只得勸勉：「白雲大人差派了軍隊通緝您，刑大人快點離開蓬萊島吧！免得送死。」刑天命令：「我說開門！」

哨兵無可奈何，想驅敵人卻又不敢，硬著頭皮持刀攔截去路：「白...白雲大人有交代，傳下命令凡求見者，需得細問盤查，否...否則一律不得進入！」刑天冷道：「讓開！」

守衛還在遲疑，敵人已經飛奔過來，幾個侍衛反應較快，陸續抽出刀劍揮舞。刑天看明退路，飛野似閃過守衛身旁，連續四掌，眾人身上穿戴的甲鎧護鏡裂成粉碎，向後倒下。旁邊其餘的守衛見到同伴慘樣，嚇得前推後擠，撞個滿懷，一時倒也不敢斷然逼近。

其餘幾個哨衛繞過背後，排成弧形，圍個半圈封鎖去路：「大家小心！邢大人的身手不弱！千萬別單獨應付他！」刑天嚴防戒備，斜瞄週圍又思索：「跟這些人解釋也是毫無用處，倒不如制敵先機，把他們打退。」有個守衛喊：「快把圈子縮小，逼他就範！」

其餘守衛擁擠來，擒拿敵人叫：「快抓住他！」

數十根長槍刺到胸口，刑天向右邊一轉，將那十幾根槍桿拴在側腰，抓住桿子左扭右拐，勁力到處，長槍折斷兩截，守衛驚叫：「大家小心！快逃啊！」可惜動作慢了一步，還不等眾人逃開，刑天抓起半截鐵槍迴旋一拋，撞在眾人胸脯，向後跌倒。其餘同伴嚇得面色如土，轉身就逃：「救...救命啊！」

闊路兩邊的城樓巍然壁立，刑天的動作快如鬼魅，幾個健步穿越了氣派宏偉的大石門。他不敢耽擱，沿著一條寬闊的長廊經過幾株白檀巨木，轉眼抵達了莊院南邊的天壇廣場。

廣場的西側有一座重檐樓，築高兩層，刑天踏上石階，兩旁種滿了成排槐樹。這島嶼遍植松柏，土山築起，樓閣的宮殿安置在山丘北邊，一座鐘鼓樓和白塔築建最高點，低頭俯瞰，可見全殿美景。

山坡上偌大的宮殿巍然峙立，大殿階前一座氣勢莊嚴的坪台。大門玄關掛著匾額，刻了「神樂殿」三個大字，刑天走入殿內，守值的侍衛面上神情有些驚訝，互看一眼，也不敢出手攔阻，呆立原地，毫無動靜。

刑天知道此行關係重大，能不翻臉最好，忍辱道：「煩勞通告白雲大人，就說御史刑天專誠來神樂殿謝罪，無論如何，必須親自拜見白雲大人一面。摯誠相告，煩勞轉稟。若要攔阻，我也只好冒昧自行入殿求見了。」

守值的侍衛均曉得對方絕不好惹，一言未發又不敢出手，刑天再道：「我已連請數次，諸位若是仍舊置之不理，說不得我只好失禮，自行進見了！」

其中一個侍衛企圖生擒活捉，率先持槍衝向前：「喝啊！」刑天的雙掌交叉用力一推，空拳折斷兵器，硬將那人的手腕扭到背後：「還不退下？」

侍衛怪眼圓睜，痛得彎腰：「救...救...救命啊！」刑天一腳將他踹開：「退下！」

其餘的侍衛暗中戒備，一前一後往後撤退，連上數十階梯，眾人的凶眼盯著刑天看，快要踏入宮殿中央，左右各有二十個侍衛一字排開，手持長槍，寒氣逼人。

刑天冷然道：「御史刑天一時無知，冒犯四國郡主的威嚴。今日特地登門請罪，並且尋求訓誨，希望白雲大人能當面賜見，給予指點。」

那群侍衛唯恐稍一不慎就被敵人突襲，只管持槍戒備，恭恭敬敬站在神樂殿內待命。刑天說了幾句話後，見眾人始終端然敬立，並無一點懈怠之色，心中已漸不耐煩，突然有個侍衛大喝：「白雲大人有命令！吩咐蓬萊國的叛徒進見，聽受責罰！」

刑天聞言大怒，心中本來覺著受辱忿恨，轉念又想：「這些人出言毀謗，我做什麼與他們計較？我忍辱來此，原是為了要見白雲大人，將事情的來龍去脈查明清楚，理他們做什麼呢？」當下只得忍著怒火，退到大殿門口。

神樂殿內寬大宏敞，陳設華麗，執守的侍衛都是手持槍矛，等候動靜。牆邊擺置一架大銅鼓，有個侍衛手持鼓槌，掄起鼓槌擊打。那銅鼓發出轟轟之聲，忽見白雲齋率著隨從往殿內走來，在場的侍衛鞠躬下拜。

白雲齋將手一招，其中有個校報的侍衛下跪道：「啟禀白雲大人！叛徒刑天目中無人，不請自來還特地登門造訪，如此狂妄的行徑目無尊長，如不重責一番，實在情理難容，還望大人作主，即時發令施行，將這叛徒審辦行兇之罪。」

刑天見在場的侍衛虛張聲勢，全無禮法，只冷眼旁觀道：「御史刑天無知冒犯，蒙白雲大人賜見，特此造訪，是想將某件事的真相給查明清楚。」

白雲齋見對方目蘊神威，臉上隱帶殺氣，心中曉得雙方所結下的仇怨已經勢成騎虎，巴不得刑天出言頂撞，一旦激怒自己，便能名正言順的趁機定罪：「刑天，你真的已經打算要放棄光明御史的位置了嗎？」

刑天黯然道：「白雲大人，那位幕後的主使者，是您吧？」白雲齋搖了搖頭：「刑天，看來你還是太過年輕，無法明白我的苦衷。」刑天咬牙切齒：「為...為什麼？」

白雲齋慢條斯理道：「因循舊守的人，學不會向前邁步，雷烈只是盡力在追求一個無法實踐的夢想，若是太過於熱衷自己的信仰，一旦發現真相，夢想破滅，就會變得無所適從。雷烈是歷代郡主以來，第一個提議廢除萬古神器和四象獸的郡主。但他無法認清事實，在這世界上，弱小的注定都要被除滅，如果想存活下來，就必須變得更強，或者躲起來不被追殺。四國經歷了千百年的戰亂，唯有靠著萬古神器的力量，百姓才能享有和平。但是雷烈迂腐的理想，恐怕會連累天山國、蓬萊國和鬱樹國淪為亡國之邦，因此我差派了魄狼將他除掉。畢竟萬古神器和四象獸乃是老祖宗承傳下來不滅的產業，豈能輕易將神器葬送在雷烈迂腐的理想上？」

刑天激動問：「為了要凝聚四國的力量，因此借刀殺人除掉了一切阻擾之人？白雲大人...那幽和明鏡姑娘怎麼辦呢？他們也該死嗎？為什麼他們也跟著無辜枉死？」

白雲齋搖了搖頭：「有的時候，活著的人求生反而不如求死，特別是活在戰亂之中的百姓，因為戰爭之中毫無法則，從來沒有，永遠也不會有。刑天！幽御史和你都曉得對抗狩獵族一戰的風險有多大，但是你們還是去了。在戰爭中會失去許多人的性命，但是大家早有心理準備，不是嗎？」

刑天問：「魄狼得到了您的批准使用混天乾坤圈，幽和我在盤岩宮遇襲一事，火象術的烈焰將雷烈大人的軀體燒成灰燼，這些陰謀都是您親手所策劃的吧？那些借刀殺人的伎倆、偽善的和平，犧牲我們這些為國捐軀的...這就是您所渴望達成的和平？」

白雲齋仍舊不為所動：「雷烈最終的理想和我一致，不過既然他被魄狼給刺殺身亡了，那只能證明他根本沒有能力創造出永遠和平的世界。如果盟友親眼目睹了整個計劃，無論戰爭是否會發生，只要任何一國的萬古神器被人盜竊，天山國、蓬萊國、鬱樹國和翠雲國就會彼此猜忌，並且向對方產生復仇心理，所以避免紛爭擴大，也只能犧牲一些人的性命了。為了守護四國所遺留下來的產業，在盟國引發戰亂之前必須找一名值得託付任務的人執行任務，在戰爭發生之前爭取時間，好讓四國能夠真正統一。這項任務對你來說很殘酷，但是至少能保證四國境內短期之中不會再度引發戰爭。」

刑天黯然道：「白雲大人，每當刑天看見您的時候，就回憶起當初您搭救我的村莊，那種情景和敬仰的心情。當君和臣子的關係距離愈近，當刑天愈是理解白雲大人的時候，給我心中帶來的痛苦和憎恨也愈是湧上心頭，那憎恨變得比對任何人都更加深切。我曉得白雲大人希望我接下這個任務，正因為您是主人才會提升我為光明御史，並且肯定刑天的能力，但也正因為我是白雲大人的鎮國御史，所以無論大人犯了何等大的錯誤，臣子都無法阻止，就算您想以自己的方法統合四國聯盟，身為臣子的我也必須服從命令。但是...大人...您認為這樣真的就能找到和平嗎？」

白雲齋問：「刑天，你的生存之道是什麼呢？如果失去了萬古神器和四象獸，這國家末後的日子，會變得如何呢？萬古神器乃是四國的精神支柱，如果四國沒有萬古神器和四象獸的守護，和平絕對無法維持。懲罰乃是伸張正義，良好秩序是和平的基礎，萬古神器則是秩序的基礎，唯有碰上善於使用它的主人，才會有好的秩序。但是保護蓬萊國，保護四國的百姓，有時候也必須遵從超越使命的仁義，要是四國的百姓都保守行事，四國就已經敲響喪鐘了。」

刑天心灰沮喪，冷笑：「白雲大人，因此您替刑天套上了叛國和行刺雷烈郡主的罪名？」白雲齋解釋：「幽御史和你的命運是活在黑暗之中，戰爭之時，那些駭人聽聞的罪行必須有人來承擔...我只是能希望揭示萬古神器的秘密，化解天災，在短暫的人生之中，最好的貢獻莫過於此。」

刑天道：「嘿！一個人真的能背叛他的國家、郡主和親友嗎？能背叛的，無非就是自己的良知罷了？」白雲齋問：「你是不是打算向我報仇？」刑天搖了搖頭：「白雲大人...看來，我們還是免不了一戰？」

白雲齋極力保持風度道：「沒有戰爭的和平，真的會降臨嗎？幽御史的性命比你自己的性命還要重要嗎？刑天！你交出如意風火輪，我可以教你如何善用這股力量，去實踐全天下百姓都渴望見到的和平。你只要將萬古神器交出來，我可以撤銷你叛國的罪名，這世界的戰爭也能結束，怎麼樣？你願意嗎？」

不知為何，刑天突然想起錦那羅死的時候，乾闥婆和自己曾有過一段對話：

「為了不讓俘虜在戰爭中留下任何線索，妳竟然連自己的同伴都可以狠心殺掉？」

當時的乾闥婆對自己說：「殘忍也是感情的一部份，藥師不夠殘忍，所以活得不久，這是他應得的懲罰。」刑天道：「看來妳也會用謊言讓敵人放鬆戒備，然後趁機一刀殺掉我吧？」乾闥婆問：「蓬萊御史，看來你未曾經歷過大風大浪，所以無法體會話中含義？欺騙本身並沒有錯，有的時候，事實比謊言更加殘忍，更加傷人，不是嗎？」

回憶到此，刑天的胸口又是如受重擊似的：「事實...有時候...真的...真的比謊言更加殘忍？」

白雲齋見他安靜無聲，又勸：「你自己應該很清楚的吧？若是你現在交出如意風火輪，過去的事，我們可以一筆勾銷。」刑天咬牙切齒，把心一橫：「絕不！我不能讓幽和明鏡姑娘白白犧牲！」白雲齋問：「當你殺掉我的時候，蓬萊國的百姓該怎麼辦？父母的孤兒又該怎麼辦？」

刑天的內心躊躇不定，暗想：「如果殺掉白雲大人，愛戴他的百姓會是什麼感覺呢？如果我將實情告知，翠雲國、鬱樹國和天山國的郡主會相信我嗎？四國的和平還能繼續維持嗎？」白雲齋搖了搖頭，嘆氣：「刑天！我原本還以為我們可以互相理解的？真是遺憾！」

刑天心灰意冷，問道：「鎮國御史的命、蓬萊國百姓的命，到底哪一個比較重要？如果犧牲我來救治百姓的性命乃是正確的抉擇，引發戰爭為幽和明鏡姑娘報仇，為何又會是錯誤的呢？大家都只不過是想活下去而已，不是嗎？」

「如果殺了白雲大人就是你輸了。刑天御史...四象獸乃是四國的精神支柱，如果萬古神器被毀掉了，白雲大人也死了，蓬萊國將會天下大亂，和平絕對無法維持。」

「咦？魄狼！」刑天猛轉頭一看，見說話的男子聲如洪鐘，那人緩緩走來，又向白雲齋下跪：「啟稟大人，刑天御史襲擊神樂殿一事，我已經報知了消息給鬱樹國、翠雲國和天山國知道，三國的郡主應該再過不久就會抵達這邊。」

刑天大喊：「你害死了幽和明鏡姑娘！魄狼！我要你血債血償！」魄狼回答：「若說幽御史的死有什麼意義的話，死後遺留下來所承襲給你的意志，也只有仇恨罷了。現在的你已經被四國認定為危險的通緝犯了，所有人都會追殺你，你能靠著幽御史死後所遺留下的意志，打贏四國的軍隊嗎？」

刑天怒視：「我絕不會死的！我會繼承幽和明鏡姑娘的遺志！」

魄狼恭敬道：「白雲大人，魄狼有一事相求！」白雲齋點頭：「你說。」魄狼解釋：「我和刑天御史在大人面前須容不得動手，請大人暫離此地，以求脫險，望求大人俯允，感恩不盡！」

白雲齋點頭示意：「先將他的如意風火輪奪下！」說完，命令眾多守衛在殿外看守，不許擅自離開，隨即走出神樂殿，揚長而去。

「刑天御史，你總算增長見識了嗎？」魄狼掏出混天乾坤圈，架在胸前防禦：「如果四國獲得了永久的和平，你我手中的萬古神器，只不過是毫無用處的破銅爛鐵罷了！守護你兩位契友的遺志，然後死亡，這就是你的選擇嗎？」

刑天決然道：「四國的百姓或許會稱呼我為罪人，但我問心無愧！」魄狼冷笑：「你讓我學到了一件事，那就是永遠不要給人忠告，因為對方絕對不會言計聽從。嘿！最早在洪荒時代的世界，使用萬古神器的無非就是恐懼罷了！四象獸所擁有的破壞力，足以轉化成使人屈服的絕望。白雲大人說你的命運是活在黑暗之中，就算要在歷史上留下污名，真的也無所謂嗎？」

刑天也曉得自己和蓬萊國的關係已經決裂，原本心想還有轉機，因此暫時隱忍。如今魄狼出現在此，被逼到這等處境已經無能挽回，怒吼：「魄狼！廢話少說！你害死幽和明鏡姑娘，我要報仇！報仇！」講完，抄出如意風火輪，一個飛身往敵人衝去。

魄狼舉起混天乾坤圈，護住胸：「你也曉得我們的組織是秘密進行的，為了維持住四國表面的和平，洩露機密是絕對不被允許。年紀輕輕就成為了光明御史，在出巡任務的期間，偶然因著機緣而獲得了四仙人瞬身術的武技，並成為全四國頂尖的武行者。刑天御史！你身上擁有每個人都羨慕的條件，因此白雲大人吩咐我嫁禍給你，是害怕你的勢力擴張，為了防止你有異常舉動，因此事先毀謗你，才能讓眾人將你隔離。」

如意風火輪和混天乾坤圈在空中撞出火花，魄狼矮身一低，挽個順勢大平側滾開。刑天砍了個空，從旁奔來，照向咽喉再補一招：「你害死了明鏡姑娘！拿命來償！」

魄狼一個後空翻，落在遠處：「只不過是一個尋常女子，大丈夫何患無妻？何必這般認真執著？」刑天答：「我若決心要完成一件事情，總是那麼認真的，我要殺了你！」

魄狼呵呵一笑：「刑天御史！你曉得那位明鏡姑娘真正的心願，是什麼嗎？」刑天殺紅了眼，喘氣吁吁：「我...我...我要殺掉你！」魄狼正色道：「那位姑娘的心願是要你繼續活下去，只要她留在我的身邊充當人質，她的心願就能達成。但是令她心碎、令她感到困惑的人...就是你！刑天御史！結果...嘿嘿！你始終都是獨自一人！」

刑天瞪大邪眼：「胡說！你胡說！」舉起如意風火輪，對準敵人的手肘關節斬去：「納命來！」

金箍環的鋒刃削鐵如泥，嗤嘶一聲，魄狼的右袖不慎被削掉半截，急忙舉起混天乾坤圈平挑壓住，轉個天地向化開攻勢：「在攻陷盤岩城的時候，大家都很高興，百姓以為這樣一來和平便會降臨，可惜沒什麼比真相更令人難以接受的。現實，不會有所改變，你的願望無法改變任何事情。聽好！你可以隨意高興去爭論戰亂與和平的事。但有件事我可以向你保證，那只會是無濟於事，沒有任何事情能改變。戰亂之後的短暫和平，會再次讓人遺忘死亡的恐怖。人會遺忘戰爭，但只要他們開始獲得王權，很快又會開始發動戰爭。即使你擁有令人稱羨的瞬身術，卻有辦法做出不一樣的抉擇嗎？」

刑天咬緊牙根：「每個決定都有一個代價，沒人逼我做出任何抉擇，既然這是屬於我的決定，或許要付出的代價就像幽一樣，但我會在死前先殺掉你！魄狼！我會讓你見識到黑色的光！」說著，腳踏穿雲勢往敵人奔去，手中的如意風火輪瞬間燒成一團火圈，當下有烈火般的真氣相助，由百會穴流到湧泉穴，通過任督二脈，貫穿全身經絡，在體內愈轉愈快。

魄狼見敵人使用火象術，隨即也釋放出混天乾坤圈的藍焰之火，火焰的真氣順著陽蹻脈循環，內息流轉，生生不滅：「即使名聲不好，也要全四國的百姓和後代子孫知道你的名字嗎？」

「你已經死到臨頭了，還盡問一些毫無益處的廢話？」刑天手中的火輪挾著勁風掃去，魄狼急把身子向左一偏，狼狽避過這個殺招，饒是如此，右肩也被削去一塊肉，傷口疼痛：「嘿...這樣一來，你便是徹底的叛徒，白雲大人也可以名正言順的對你進行制裁了！」

刑天一擊落空，再度遞走中宮，魄狼見那招數勢無可擋，迅速扯下袖袍，旋圈一轉，竟將如意風火輪綁縛捲住。二人僵持不下，袖袍被紅焰和藍焰燒出濃煙，兩股烈火真氣運轉起來，瞬間將袖袍燒成灰燼。

刑天和魄狼的武藝不相上下，強烈的火勢將二人彈飛，各自向後滑行數尺，氣血翻騰，險些跌倒在地，索性找到煞腳之處，這才勉強凝定身子。

魄狼冷笑：「人總是對未來感到有所憧憬，但有勇氣實踐的卻不多，每個人都以為自己能掌控事情的節奏，可是一旦邁步踏出，就會發現自己對什麼都無能為力。嘿！人人都說失去之後才學會珍惜，其實珍惜之後的失去才最痛苦。刑天御史！你自以為選擇了一條和別人不一樣的道路，但是當你走到半路回頭看時，會發覺其實和別人並沒什麼不同，因此...你就和幽御史一起共赴黃泉吧！」

刑天沒料到敵人的藍焰真氣竟會反撲，那威力硬是將自己逼退幾步，索性有火象術護體，饒是如此，也將手腕震得隱隱生痛：「我...我不是跟你說過了嗎？如果這是我的命運，就算要流血，我也不會懼怕！魄狼！納命來！」

魄狼身手矯健，在神樂殿的圓柱間東穿西梭，刑天追趕在後：「別逃！」魄狼滑向左邊，抬起腳把桌壇踢個翻飛，又將板凳踢個翻飛，刑天用如意風火輪劈開桌椅，裂斷兩半，搗成木屑。

眼看神樂殿內的木屑滿堂飛舞，魄狼左閃右躲，刑天又看不清楚視線，忽然一團火雲照面撲上，刑天怪眼圓睜：「糟糕！」急忙舉起如意風火輪架擋，一股強勢的藍焰壓向胸口，刑天被震得向後滑行，背脊撞在牆壁，頭昏腦脹：「可惡！太大意了！」

刑天的瞬身術被封印之後，速度變得趕不上敵人，一個不慎竟被對方掐住喉嚨，藍焰將脖子燒得冒煙，刑天哎喲想叫，無奈喉嚨被勒住叫不出聲，痛得幾乎暈去。

魄狼的混天乾坤圈勢走偏鋒，砍在敵人的肩膀：「嘿...嘿！先前的威風哪裡去了？刑天御史！即使天塌，你也只死一次，在我看來，人生最大的悲劇莫過於受人誤解而死。

一旦踏上這條不歸路，就不是那麼容易能回頭了，你很難真正的離開光明御史這個組織。弱者...連自己的死法都無從決定，人生是不公平的，你就學著去習慣和接受它吧！」

刑天的視線模糊，正要喪命在混天乾坤圈的鋒刃之下，忽喊：「魱龍！」

幾隻雀鳥振翅飛逃，神樂殿外的天空旋起一道紅雲，廣場上的侍衛紛紛嚇得驚喊：「是山靈獸啊！牠往這邊撲過來了！」

魱龍的巨尾向右一擺，神樂殿的牆壁塌陷出個大洞，刑天和魄狼被那風勢一掃，撲倒在地，宮殿內瀰漫著嗆鼻濃煙，有侍衛衝入殿內：「大家快來救火！」

風沙吹來，助長了火勢愈燒愈旺，刑天趁隙由牆洞逃出神樂殿，打算召喚魱龍用烈火一舉將魄狼和宮殿焚燒遺盡：「火象通靈術！流星焰火球！」

魱龍正要張口噴吐紅色火團，猛覺一股強大壓力從背後襲來，天空中旋起藍雲，一隻通體藍鱗的巨蛟怒嘯發威，自空墜下，用牠那曲頸攔腰一繞，捆兩圈糾結住魱龍的身軀。

兩隻巨獸鬥個不分高下，紅焰與藍焰化為無數火團散落，在廣場上的侍衛躲閃不及，立受重傷。有幾個侍衛不慎被火球擊中，披頭散髮，屍橫就地。

刑天逃出了神樂殿，廣場上頓時大亂，魄狼緊追在後，喊道：「蟠蛟！用藍焰燒掉魱龍！」

蟠蛟牢牢纏著魱龍的身軀不放，一聲呼嘯，鋼錐般的利齒往火龍的頸部咬下，刑天看出形勢不妙，急喊：「火象通靈術！焰禦防火牆！」

魆龍口一張動，紅色火焰噴向天空，藍焰和紅焰兩股強大的勢力撞在一塊，火雹像萬千爆竹同時炸開，濃煙彌漫。蟠蛟露出滿口銳牙，萬丈黑煙冒上雲端，兩隻巨獸交頭接尾捲成一團，附近有許多逃竄的侍衛葬身在赤芒耀目的烈火之中。對陣一看，索性刑天和魄狼均有萬古神器護身，各自將通靈召喚術施展開，驚險萬分。

交手之際，魄狼便看出敵人似乎無法使用瞬身術，雖不曉得究竟是何原因，心裡仍有些忌憚：「刑天御史還不施展神隱霧遁之術嗎？在等待什麼良機呢？等我放鬆戒備，再施展瞬身術，打我一個措手不及？」

刑天料知這般搏鬥必是難以取勝，顧不得身上被火燒得疼痛，就地一個打滾，衝向敵人：「休想逃走！」

魄狼見敵人以死相拼，舉起混天乾坤圈喊：「焰火煉獄！」

忽然之間藍光眩眼，一團天火從空中墜落，火雹像千萬爆竹炸開，刑天左臂的皮肉被藍焰燒掉了一大片，他咬牙負痛，手中緊握著如意風火輪向前一砍，魄狼還以為敵人會用瞬身移位閃到背後，因此一直暗中防備，沒想到刑天竟然直接從藍焰中衝來，忽覺得脖頸劇烈刺痛，竟被攻個出奇不意：「咦！」

刑天從對方的手中奪走混天乾坤圈，收在腰帶，後退一滾：「在戰場上不是生就是死，即使勝負只在瞬間，怕死的人就會被幹掉，魄狼！你已經輸了！」

萬古神器一旦離開施術者的手中，蟠蛟立刻化為火霧，消失不見。魄狼捂著脖頸，鮮血從手掌縫隙源源湧出：「嘿...嘿...沒有什麼是永久的，無論你多麼想為了實踐和平而努力，新的戰爭依舊會來，但...但那其實也沒什麼好擔心的...一旦你發覺有人比你更能實踐和平的時候，就是...就是...該撒手離開的時候了...嘿嘿，跟你相較起來，我...我的痛苦只會在瞬間結束...」

「魄狼！」刑天手中的如意風火輪捲起一道火柱，火焰之勢直沖天際：「絕不要跟一個一無可失的人鬥爭！」講完，對方的全身被濃煙纏住，火煽風勢，魄狼瞬間遭到火焰吞噬，咆哮幾聲撲倒在地，化成灰質。

魈龍一聲長嘯，身軀忽化為火團，隨風消散。陽光從密雲層中射透下，露出一線曙光，逐漸可以分辨眼前景物。刑天身受重傷，皮肉被藍焰燒掉了大半片，有氣無力的將如意風火輪掛在腰間：「終...終於結束了嗎？」

忽然感覺胸口疼痛，一柄長劍透胸而入，刑天回過頭看，白雲齋身穿長袍，腰佩寶劍站在身後：「刑天！我已經跟你事前提及過了，我們四國是以聯盟軍的身份而行動，逮捕你是全國的意願。我各人的意願，是無法改變任何事的，希望你能了解我的苦衷。」

刑天的胸口鮮血泉湧，忍著劇痛問：「白...白雲大人...為...為什麼？」

白雲齋舉止飄然，手中的長生劍幻化數道銀光，再補一劍戳向腰部：「刑天！君要臣死，臣不得不死；父要子亡，子不得不亡，臣不死是為不忠，子不亡則為不孝。如果你殺了我，蓬萊國會變得如何呢？這罪你承擔得起嗎？」

刑天再喚：「白...白雲大人...」白雲齋搖了搖頭：「我的性命不值掛齒，但是我身為四國之一的郡主，乃是為了要維持和平。我不能這樣就死，無論任何手段，我都必須活下去。四國戰亂不斷，需要統一之後，百姓才能安享太平。若有冒失褻罪之處，恕我失禮。」

刑天忍著痛問：「為...為什麼那麼想活著？」白雲齋回答：「因為死了的話，四國百姓便會失去一切。」

這下變故來得突然，刑天的全身鮮血淋漓，灑了一地，廣場上忽有校報喊道：「天山國嬋郡主駕到！」隨即又一個侍衛叫：「鬱樹國崑崙郡主駕到！」跟著再一個校報也喊：「翠雲國雷少主駕到！」

天山國、翠雲國和鬱樹國的侍衛隊伍嚴整，場面浩大，旌旗飄揚，廣場上的侍衛行君之禮，紛紛下跪，群眾靜蕩蕩的不敢出聲，就連細蚊飛過都能聽見嗡嗡振翅聲。嬋、崑崙和雷昊穿越人群緩緩走來，三人望見刑天身受重創，跪在地上喘氣，一直喃喃自語：「為...為...為什麼...」

白雲齋高舉起長生劍，昭告天下道：「逆輩刑天禍亂天下，惡貫滿盈，神人共怒。上天有好生之德，思天下黎庶之苦，唯祥瑞現於蓬萊，此為上天垂應之兆，逆輩刑天今日伏法，當斬首正罪，以安天下民心，此乃社稷生民之福！」

話剛講完，白雲齋手中的長生劍正要往對方的脖頸斬落，刑天回頭凝望一眼，心想：「難道這就是人生的盡頭？」天空中忽然傳來一聲喝叫：「慢著！劍下留人！」

眾人抬起頭看：「什麼？」

有隻巨鳥振翅一拍，翱翔於碧海青天之間，隨即忽把羽翼伸展，向著神樂殿俯衝下，有侍衛驚呼：「是天靈獸鵜鳳凰！」

一股激風呼飀而過，廣場上的沙塵四處飛揚，鵜鳳凰像是一團旋風俯衝而下，羽翼兩側捲起數十根風柱，許多侍衛全被拋飛：「啊！救命啊！」

鵜鳳凰兩翼兜風，再轉半圈低空飛下，忽見有個男子站在鳥背上，刑天心中一凜：「飛刀人？」鯀的右手握著鐧鐮刀，伸出左手喊：「快抓住我！」說著，一把拉住對方的手腕，將他提上鳥背：「刑天御史！我們走！」

刑天被對方拉上巨鳥，這才醒悟是同伴召喚天靈獸來搭救自己，低頭稍看，相距廣場愈來愈遠，見底下的蓬萊島被白茫茫的雲霧籠罩。鶬鳳凰激起一陣旋風天旋地轉，許多侍衛在廣場上亂成一團，雲彩浮空，刑天和鯀的衣褲被風吹得柔活，仿彿置身一處霽靈仙境。

廣場上橫屍滿地，在混亂之中，嬋、崑崙和雷昊誰也沒注意到魄狼的屍體早已燒成焦炭，沒料得天空忽然又刮起一陣狂風，鯀不顧危險，竟然會乘著鶬鳳凰闖入宮殿？白雲齋、崑崙和雷昊與天靈獸的實力相差懸殊，根本無法抗衡，輕易就被旋風掃飛，嬋矮身一低，踩著屍體從廣場中央奔過，立即抄出鴛鴦鉤喊：「赤鷩！快追！」

天空傳來一陣雷響，忽起狂風，赤鷩展開翅膀鳴叫，疾速俯衝而下。嬋一個飛身跳上羽翼，左手緊抓著天靈獸的頸部：「飛高！」

赤鷩收攏雙翼，一個旋轉從神樂殿的屋簷穿梭而上，週圍白茫茫盡被雲層遮蔽。天空中塵土瀰漫，幾團飛沙迎頭撲面的塞著口鼻，被大氣雲團包圍什麼都看不見。

另外一端，刑天失血過多之後雙眼緊閉，昏迷過去，鯀探近看：「刑天御史！你感覺怎麼樣？」刑天雙眸閉著，兀自未醒，鯀伸出兩指探他鼻息：「還有救！必須先想辦法替他止血！」

鶬鳳凰乘載著二人飛越山峰雲霧，頭頂萬里晴霄，遠近的山脈、島嶼、溪流和海洋盡收眼底。看著半山，遠方的峭壁霧氣朦朧，鯀轉頭一看，有隻巨鳥展開兩翼，疾速追來：「糟糕！是天山國的嬋郡主！」

回頭驚見背後的赤鷩窮追不捨，鯀一手緊握鐧鐮刀，一手扯著刑天不放：「晦氣狗頭！真是陰魂不散！」嬋舉起鴛鴦鉤，喊道：「風象通靈，旋風柱！」

赤鷩翅膀一展，十根風柱團團飛轉，將方圓幾畝的樹木全數吸起。鵜鳳凰偏身避開，被旋風吸起的斷樹掠身飛過，墜落遠處。鯀的雙腳踏在巨鳥羽背，試圖穩定住平衡：「嘿！被我躲掉了，真是可惜啊！」

赤鷩瞪著一雙奇光幻眼，兩翼開展，前後相距數十丈遠。鯀甚為懊惱，擺脫不開怪鳥的追逐，唯有乘著鵜鳳凰拼命飛逃，心想：「晦氣狗頭！該怎麼樣甩掉她好？」轉念思索，忽見陽光穿透雲層透下，遠處隱約可見一個小鎮，鯀顧不得風大危險，急喊：「喂！大鳥！快！往那村莊飛去！」

鵜鳳凰啼鳴一聲，羽翼絨毛全數鼓起，飛向小鎮。赤鷩緊追在後，嬋正想使用天罡風穴襲擊敵人，忽見鵜鳳凰收翅束尾，如疾箭一般往那小鎮俯衝下。

眼看鵜鳳凰的速度銳減，像投石一般往下落墜，一團陰影遮蔽大地，鎮上的村民抬頭驚看：「咦！什麼怪鳥？」

鵜鳳凰兩翼兜風，一個勁往下直墜，塵霧飛揚，撞出幾畝方圓的大洞，又激起滿天飛灑的塵土。嬋正在思索破敵之策，忽見那隻天靈獸撞在民宅，暗驚：「怎麼回事？」轉念再想，隨即醒悟：「看來那人還沒完全掌握住通靈召喚術的要訣。」

小鎮上的民宅磚牆坍倒，百姓無處走避，嚇得驚叫：「救命啊！」街坊百姓心慌膽顫，大家都怕禍事臨到，七零八落欲往後逃。有人不慎擠到攤販，脫身不得，栽個筋斗跌在階前：「啊喲！別擠別擠！踩死人啦！」

混亂中又有長幼婦女被人推倒，踩個頭破血流。眼看閣樓牌坊半被摧折，築奉香火的古廟也被巨鳥壓壞，讓人看了觸目驚心。

鵸鳳凰撞在民宅早已落得遍體鱗傷，天空忽刮起一陣大風，霎時之間雲消霧散，鵸鳳凰的軀體化為沙塵，隨風而逝。

嬋乘著赤鷩降下，跳落鳥背，左右卻尋不著刑天和鯀的踪影，心想：「跑掉了嗎？蓬萊御史受了重傷，這兩人應該還沒逃得太遠才是。趁著天黑之前，必須派兵將附近仔細搜尋，行動得快才行！」

第二十章 暗行御史的崛起

「刑兒！別回頭，快跟著你娘跑！」

刑天左顧右盼，耳邊突然有個聲音呼喚，微微傳達來。聽了這句話，刑天回頭一看，忽見背後有幾個村民前推後擠，隨即一群山賊騎馬衝來，舞槍大叫：「站住！」村民聽了這話，心中更是焦急，逃出幾步，有人被一槍刺中，叫聲悽慘，痛楚難當。

刑天緊緊抓著母親的手不敢放，一個山賊飛快追上，長槍揮出，硬將婦人的手臂斬下。鮮血飛濺開，刑天的臉上血淋淋，那婦人嘶聲喊叫，四個山賊扭住一人走來，罵道：「好小子！看到我們竟然敢逃？」

男子拼命掙扎：「快放開我！快放開我！」向左一看，忽見婦人的右手臂遭斬，焦急大叫：「娘子！娘子！」說著，左右掙扎，憤怒的喊叫。

那群山賊忌他威勢，被掙脫了也不敢貿然上前，退開道：「好小子！還敢還手？」辨別方位，手中的長槍出招極快，劈頭砍下。男子毫無閃避之餘，滿臉鮮血，身子向後一翻，倒地氣絕。

刑天初時大驚，待見眾人下手狠辣，雙腿無力的跪倒在地。那群壯漢一臉得意，坐在馬鞍上哈哈大笑：「蠢材！這時候才來討饒，未免太遲。」

正說之間，不料斷臂婦人突然跳起，左手勒住一個男子的脖頸，張口往他肩膀咬下，喊叫：「兒子！快逃！」兩人纏成一團，山賊嗯啊怪叫，落墜馬鞍。其餘幾個同伴抽劍來砍，怒道：「好個潑辣的婆娘！」幾根長劍順勢刺下，那斷臂婦人被刺得渾身是血，臉色卻毫無畏懼之意，只管張嘴咬住不放，模樣駭然。

刑天見到母親哀嚎，無奈腳下一軟，站不起來。其中一個男子躍下馬鞍，緩緩走來，溫言微笑：「小朋友，你爹爹媽媽試圖反抗，快過來叔叔這邊，你向我俯拜謝恩，叔叔饒你一命不死。」

刑天聽見這話，雙腿酥軟，無力起身，張口想叫卻發不出聲，突然之間嚇得睜開雙眼，冷汗直冒，才知原來竟是惡夢一場。

鯀的額上腫一塊淤青，漆黑眼珠子盯著自己看：「刑天御史，你做了噩夢，是嗎？」刑天的胸口全是血跡，披頭散髮問：「我在哪裡？」

睜大眼看，四面八方一片霧茫茫，明月當空，原來是鯀在河岸邊搭起了草棚，似乎打算露宿荒郊野外。

且見鯀用火烤了黃鯉，抄出飛刀切開烤熟的肉，刑天見彼岸的運河黃沙滾滾，夾帶著萬噸污泥往下游沖刷，突然間心生感觸：「飛刀人，為什麼要救我？」鯀笑了笑，反問：「你問我為什麼要救你，對嗎？一條性命該何去何從，並不是由我來決定的，對吧？」

一輪明月高高掛在天邊，刑天仰視夜空，淡淡說道：「君要臣死，臣不得不死，既然都是個死，能不能有點尊嚴而死去呢？千古年來，人與人自相殘殺，這個惡性循環從沒間斷過。看來...我似乎愈來愈能夠明白，為何從古到今...人人都想爭奪萬古神器的原因了...」

鯀笑了笑：「人們渴望戰爭，因為戰爭能夠帶來利益，對這些人而言，和平毫無價值。嘿！名利和權勢都非常誘人，因此一切與這兩者有關的事物，即使是死亡，任何人都無法抗拒。」

刑天黯然道：「飛刀人...最遺憾的事發生在我身上了，四國境內沒幾人能懂，難道要我背負這罪而死嗎？」鯀問：「刑天御史，你的決心僅止於此嗎？嘗試用意志控制身體吧！只要能掌控它，你就是掌控了所有。」

刑天的心中無法釋懷，捏緊拳頭，揩拭眼眶：「有些事情明明是錯的，卻仍然堅持，只因為心有不甘。我總是照著白雲郡主所指派的任務去執行，現在我突然體認到根本不曉得自己是誰，花了太多時間去擔憂別人對自己的期待，一直循規循矩想維持好光明御史的形象，卻從未為自己活過一天，或許到了最後才會發覺，自己僅僅只是一個空殼，如此而已...」

鯀道：「你並非孤單一人，不需要獨自肩負一切，但是既然你這麼不甘心...就想辦法讓自己變強吧！」刑天把心一橫，毅然道：「替自己申辯委屈是一件懦弱的事情，即使被人誣陷，我也不能申辯，我會以能力證明我的清白！」

鯀點了點頭：「這就對了！懂得偽裝自己的人，才能確保不被殺掉，不被殺掉，才有機會報仇。現在的你被套上了謀反的罪名，四國遲早會派兵追來，在體力恢復之前，好好掩飾自己的身份，別讓人察覺了！」

隔天清晨一覺醒來，刑天的傷勢已經好轉許多，二人喬裝成村民走到河岸，一個船夫唱著村歌，搖著船槳靠近。鯀吩咐那梢夫駛向北方，刑天低頭一望，潭水清澈，遠方的河畔停泊了幾艘大舫船，頓時懷念起自己曾經與幽和明鏡一起看海的時光，心中稍有感傷。

艷陽當空，泓波碧影，遠方隱約可見許多島嶼被陽光照得耀眼，待得刑天和鯀乘船上岸，忽然望見前方有兩條黑影迅速閃過，那一男一女瞬間穿越長街，奔進暗巷內。

鯀見那二人腳步輕快，不似尋常百姓，喚道：「刑天御史！」刑天點頭：「快過去看看！」二人悄悄跟蹤，在巷子裡拐個圈，忽然眼前燈火通明，有個女子討饒道：「好了！別追了！別追了！我投降！」男子回答：「追了妳七天七夜，妳這鬼丫頭，看妳這次還往哪裡逃？」

刑天見那男的臉黃似蠟，女的一雙水盈大眼，正是天山國的通緝重犯貊和狩獵族的傀儡師多蘿蘿，心想：「咦！是他們兩個？」

貊迅速從匣中抽出長劍，劍氣寒芒逼人，踏上一步：「鬼丫頭，先前竟然敢愚弄我？今天被我捉住，有什麼遺言？快說吧！」多蘿蘿被逼得狗急跳牆，也沒時間與對方糾纏，嚇得拔腿就逃：「等...等...等等！等我練成了移魂轉身術，咱們倆再來比武！」

貊一個飛身擋在面前：「嘿嘿！站住！鬼頭鬼腦的鬼丫頭！妳若知趣就自己把頭砍下，省得我麻煩！」多蘿蘿憤怒：「你...你...你發什麼神經啊！自己把頭砍下，我還能活嗎？」貊回答：「我有說過要讓妳活著離開嗎？」

多蘿蘿怒氣填胸，大罵：「王八龜孫！你敢動我一根寒毛，我就跟你拼了！」貊全然充耳不聞，持劍來砍：「嘿！投降！」多蘿蘿側身避開：「你才投降！」

貊以長攻短，試圖砍敵人一個腦漿爆裂，當下把劍柄轉個半圈，自半空劈下：「過來！」劍走輕靈，多蘿蘿的長袖被劍挑中，大驚之下不敢硬衝，奮力向旁邊閃躲，不料背上竟又給寶劍削出一痕，嚇得她狼狽跌倒：「哎喲！」

貊趁勝追擊，正要一劍刺中對方的胸膛要害，突然三枚飛刀擲來，斬斷劍柄：「什麼人干擾我殺人的興致？」刑天和鯀遠遠站在前方：「大家有什麼話，可以心平氣和的談，何必要火氣那麼大？」貊怪眼一睜：「咦！是御史大人？」

刑天點頭：「好久不見！」貊微笑：「御史大人，近來江湖上有傳言，聽說狩獵一族的戰神被你殺掉了，嚴格說起來，戰爭應該已經結束了吧？怎麼樣？我們之間的承諾我可是一直都沒有忘記，看！我眼前站著的可是狩獵一族的傀儡師，我若將她殺掉，也算得上是協助你一臂之力了。」

刑天毫不猶豫，向同伴吩咐：「飛刀人，將鐧鐮刀拿給我！」鯀從腰帶卸下神器，遞給對方：「接著！」刑天一手握住鐧鐮刀，拋給貊道：「大丈夫一言既出，駟馬難追，你曾經協助過我，這是我答應你的承諾！」

鐧鐮刀掉在雙腳前，貊半信半疑低頭看了看，撿起來問：「你這話當真？」刑天回答：「我刑天說過的話，從不食言！」貊將鐧鐮刀綁在腰帶，笑得合不攏嘴：「那好！這個狩獵一族的小丫頭，我就交給你來處置了吧！」

多蘿蘿看見刑天和鯀，嚇得腿軟，立刻下跪討饒：「別...別殺我！我可以教你狩獵族傀儡師的獨門奧義，移魂轉身術！」貊收了鐧鐮刀之後，也不在乎那傀儡師的死活，笑道：「嘿！一個臨死之人，做什麼事都不輕鬆啊！」

鯀轉過頭問：「你打算如何？」刑天沉默半晌，開口道：「傀儡師，妳願不願意加入我？」多蘿蘿睜眼詫異，指著自己：「啥...我？」

貊問：「這樣妥當嗎？這個妖女乃是狩獵族的傀儡師，她的雙手可是沾滿了四國百姓的鮮血！」多蘿蘿辯駁：「我所做的不是壞事，是沒辦法才做得啊！誰心裡曉得人做壞事是不應該的，所以不曾做過壞事呢？為了在殘酷的戰爭之中而生存，道德早已毫無用處，不是這樣的嗎？」

刑天冷然道：「我只問妳，願不願意加入我的行列？」多蘿蘿毫不猶豫，答應：「這個當然！只要不殺掉我，什麼都行！」刑天點頭：「好！我不殺妳！」

貊原本還打算湊熱鬧、看好戲，被澆了一頭冷水，毫無興致道：「鬼丫頭！怎麼？妳沒尊嚴的嗎？苟且偷生，怎麼那麼容易就屈服於人？」多蘿蘿呸了一聲：「哼！每個人有時候都會糊塗，但沒有人永遠當傻瓜，世界就是這樣！權勢是力量，誰的權勢大我就跟誰啊！」

刑天轉過身，對著貊說：「鐧鐮刀既然已經交在你的手中，我們倆之間的承諾算是達成了。現在我有另外一個目標，需要使用萬古神器來達成這個願望。因此我希望你也能一起加入我的行列。」貊問：「如果我說不呢？」刑天冷道：「那我只有無奈的殺掉你了，再從你手中搶回鐧鐮刀。」貊笑：「看來我沒權利可以選擇了吧？」刑天問：「你覺得如何？」

貊反問：「御史大人，你打算要收集四國境內所有的萬古神器？」刑天點頭：「我正有此意！」貊哈哈笑：「這個主意聽起來挺有意思的！」刑天問：「你的決定如何？加入？還是不加入？」

貊微笑示意：「現實與夢想要分清楚，現實是很殘酷的，可是很多時候我們卻被迫要接受它。嘿！為了理想與抱負，甚至追求成功，需要犧牲的代價可是很高的。人要懂得及時行樂，因為我們永遠不曉得明天和意外哪個先來。」

刑天聽了有些不耐煩：「所以你的決定如何？」貊點頭：「放心！人活著不必太過嚴肅，反正又沒人會活着離開。既然如此，那就一起懷抱希望吧！」

多蘿蘿揪著髮辮，唧唧噥噥嘟著嘴嚷：「長篇大論的廢話了老半天，原來自己還不是一樣苟且偷生，貪生怕死？」貊恨不得將她用麻繩捆縛，踢下山坡當車輪滾，暗想：「哼！可惡的鬼丫頭！自卑的時候變成了奴才，覺得自己像陀狗屎，自傲的時候，又覺得別人都是狗屎，真想把妳揍個半死！」

刑天點了點頭，對貊和多蘿蘿吩咐：「兩個月後的今天，我們在彩雲峽的山海坪會合，到時候大家不見不散。」

待得貊和多蘿蘿離開，鯀又問：「刑天御史，你我已經變成了四國的叛徒，從今之後要何去何從？你真的打算收集八柄萬古神器？」刑天回答：「收集萬古神器，是為了能夠使用力量來實踐夢想，如果這就是我的命運，就算要流血，我也不會懼怕，就算要在歷史上留下污名，我也無所謂了。」

鯀道：「既然如此，那就讓我們合力來結束這場戰爭吧！」刑天思索半晌，吩咐：「飛刀人，我有件事情要拜託你。」鯀問：「什麼事？」刑天道：「白雲大人指示魄狼殺害雷烈郡主這件事情，請你替我保守秘密，千萬別跟任何人提起，尤其是翠雲國的笙公主。」

鯀疑惑不解：「你不打算揭發真相嗎？任憑兇手逍遙法外？你怕翠雲國的笙公主知道兇手是誰，會去找兇手算賬？」刑天道：「我曾經是白雲大人的重要輔佐之一，他也曾有恩於我，如果連他也相繼逝世，這事件肯定會對四國境內造成不小影響。現在的戰爭才剛結束，我不想驚動任何人，這事你先別插手，交給我來負責。」鯀點頭：「好吧！放心！我會替你保守秘密，絕對會守口如瓶的！」

二人曉得自己武功再高，日子一久，終究也難抵擋四國聯盟的軍隊，眼下若是繼續待在四國境內，肯定會被發覺，牽扯出一連串的災禍。鯀又問：「我們好不容易從蓬萊島逃走，那些追兵應該正在四處搜查，現在該怎麼做？」刑天道：「我有一件事情需要解決，你先去彩雲峽等我，兩個月之後，再與你會合。」

鯀點頭答應，刑天和同伴分離之後，隔天清晨抵達了河岸，乘了一艘水船準備往翠雲國的方向去。過得片刻，船身劇烈搖晃，那水船停駛，有乘客問：「哎喲！船怎麼停住了？」另一人回答：「小兄弟，你別驚慌，恐怕是有其他船客也要上來搭船。」

刑天聽了二人對話，果然看見幾個渡船的旅客踏上甲板，心想：「這些人不知道要去哪裡？也是要去翠雲國的嗎？」

那群旅客相貌魁偉，隨後又見幾個婦人抱著小孩跑上船來，她們將包袱遞給旅客，眾人灑淚拜別，那群婦人囑了要事，這才別情依依走下船去。

刑天看見船客互道離別，心中一股傷感：「是離鄉背井去幹活嗎？」

幾個時辰轉眼過去，水船逆江行駛，索性水流不怎麼端急，一路倒也相安無事。船上熱鬧，那群旅客互相閒聊，彼此認識，並且敘述各人搭船的原因。有個外地的富商沾酒輕談，訴說自己踏足四國境內的奇景，眾人都把行李擺置一邊，不但聽他高談闊論，甚至還奉送茶水，服侍款待。

這天傍晚，夜明風清，幾個商人乘著船存下幾匹貨物，想去翠雲國做一些販布買賣。刑天對那女人的首飾和手絹沒啥興趣，獨自坐在甲板瞻望夜空，良久不語。

有個旅客醉醺醺的扶著欄杆，見他獨坐甲板，走上前打破沉默：「年輕人，既然有機會乘船來到翠雲國境內，就應該多跟人聊天，多看山水。否則人生苦短，做什麼事情總是獨來獨往，心情也會很煩很悶的，你說不是嗎？」

刑天望那乘客一眼，點了點頭：「謝謝你的意見。」旅客想要融入氣氛，隨便扯個話題：「今天晚上，這月亮顯得又亮又大，不曉得是不是因為昨晚曾經下過一場雨的緣故？」刑天沉吟半晌，說道：「你說不錯，就可惜那月亮缺少一角，不是個圓滿結局，所以顯得有些落漠。」

旅客提著酒壺，苦哈哈笑：「常言說得好！天下無有不散之宴席，這月亮真的就像常言所說：『星無夜夜光，月無夜夜明』，月光雖亮，卻是好景不常，若不是昨晚下了一整夜的滂沱大雨，恐怕今天也見不到這般晶瑩的月光吧？」

刑天沒心思跟人閒談話，說道：「老伯，你是外地來的旅客嗎？這種腐敗的國家，還是趁早離開了比較好。」

那旅客發起酒瘋，又繼續罵：「他媽的！老婆把借來的本錢弄折了，友人又欠了我大筆銀子，害得我沒錢也要跟著離鄉背景，不然債主就陰魂不散，什麼離開這國家？天下之大，卻沒容我去處！唉！唉！」

忽然黑暗中傳來一陣哭泣，那哭聲甚是微弱，像幼童哭鬧又像婦女哀求，船上許多旅客聽了心都慌一半。酒醉的旅客詫異問：「哎喲！年輕人！岸上怎麼會有小孩在哭泣呢？」刑天也感覺疑惑：「我不曉得。」

幾個熱心民眾問：「快找掌舵的人，咱們駛船過去岸邊看看！」隨即又聽另外一個船客喊：「事情不妙！船上有人失蹤啦！」船上的旅客都很驚訝：「發生了什麼事情？」刑天心想：「怎麼會有人無故失蹤？」

這個時候，船的甲板外側傳來叩叩聲，酒醉的旅客怪叫：「哎喲！大家快聽！那什麼聲音？」

恰好岸邊又傳來孩童哭聲，酒醉的旅客嚇得身體寒涼，雙手抓著船杆叫：「啊！啊！是河精的哭聲啊！」刑天疑惑暗想：「這地方好怪，究竟怎麼回事？」

黑暗之中，幾個掌舵的船夫手持火炬，飛趕來喚：「哎喲！各位客人！大家快來幫忙！」掌舵的水手也催促：「大家快來幫忙轉舵！」有客人跑去問：「掌船的！你們打算要駛船靠岸嗎？岸邊有小孩正在哭泣！」掌舵的船夫忙得焦頭爛額：「可沒時間解釋了，必須快點離開，快！快來幫忙轉舵！」

酒醉的旅客扯住船夫：「喂！你們真是冷血無情！有小孩在哭泣！好歹不去幫忙，反而還想逃走嗎？」船夫被扯住，不小心滑了一跤，四腳朝天跌倒在地：「野蠻的傢伙！你做什麼？快放手！」酒醉客愈是拉扯：「哼！你叫我放手？我就偏偏不放手，看你能怎麼樣？」

船夫解釋：「各位！每到夜晚，這河岸附近就會傳來哭泣聲，若是一時心軟把船靠岸，海盜就會趁機殺上來搶劫。這附近往來的船隻經常遭到劫掠，無辜殃人十之八九慘遭殺戮，現在又有孩童哭聲，恐怕是強盜出來作亂了，必須快離開才行啊！」

船夫狼狽爬起，推開酒醉客，抓著竹桿猛搖舵：「你們這幾個不知死活的，快點讓開！」酒醉客雖然曉得自己無端闖禍，還是忍不住雙眼冒火：「喂！你這臭廝，敢罵我？」船夫道：「你這人不知死活！我還年輕，可不想在這裡無故喪命啊！」

酒醉客怒叫：「誰不知死活？你敢罵我？」有客人急忙勸阻：「別吵！別吵！咱們大家同在一條船上，暫且聽船夫先生的話，別再節外生枝了！」

這個時候，有旅客指著對岸喊：「大家快看！」

刑天和其餘乘船的旅客轉頭一看，見運河上許多原本航行在附近的船隻紛紛揚起帆布，往河道兩邊避開。眾人心想：「怎麼其餘的船隻都跑掉了？」酒醉客怪叫：「是強盜來搶劫了？哇！現在該怎麼辦好？」
幾名船客跟著喊：「前方有船駛過來啦！」眾人大吃一驚，果然看見八艘帆船悄悄駛來，逐漸逼近。許多船客嚇得喊：「船衝過來啦！船衝過來啦！」、「救命啊！強盜要來殺人啦！」

有船客感覺不妙，喊叫：「糟糕！大家快點收拾包袱，跳船離開！」掌船的舵夫喊：「大家快來幫忙轉舵！若是這艘船不走，誰都沒命啦！」

許多旅客再也顧不得危險，陸續奔去轉動船舵，有人抓了木舵向旁扳開，唯恐船隻停住不動。有人扯起蓬帆，亂成一堆叫：「你不要擋在這邊！」幾個旅客也不顧船隻，只管喊：「大家快跳水裡啊！免得死在海盜的刀下！」

這個時候，船艙邊突然湧起一波浪濤，船身劇烈搖晃，幾乎顛翻。許多旅客跌倒在地，爬不起身，刑天捱肩擦背擠開人群：「大家別慌！」

船艙中喧嘩聲響，有旅客狼狽逃了出來，往甲板跑：「哎喲！船上有海盜啊！船上有海盜啊！」眾人均是驚訝：「什麼！強盜已經跑到船上來了？」

有旅客嚇得膽顫心驚逃到甲板，連滾帶爬的讓過一邊，叫：「殺人啊！殺人啊！船艙裡有海盜拿刀殺人，有人被砍成重傷，需要大夫！快去救命！」講完，左碰右撞逃了開去。

刑天暗自推測：「難不成是海盜趁著夜裡漆黑，摸黑上船，為了避免被人發覺行蹤，悄悄殺了在場的旅客滅口，推下水淹沒屍體？」

大船的甲板又滑又濕，船身左搖右晃，酒醉客一連在地上摔了幾跤，狼狽爬起身叫：「救...救...救命啊！」

忽然旁邊一排大浪湧來，打得船身劇烈搖晃，刑天回過神喊：「大家！快跳下水去！」酒醉客怪叫：「哎喲！船上漆黑一團，什麼都看不見！」刑天轉頭一看，黑暗中有火光接近，仔細看原來又是另外三艘水船順風駛近：「大家小心！有船撞過來了！」還未講完，三艘船「轟隆」一聲響，硬是撞在船艙右側。

四艘大船同時相撞，甲板傾斜，江河的水流如洪災氾濫，一群旅客伏在地上，被那濺起的水花淋個滿身濕透。有人嚇得屁尿滾流，緊緊抱住船杆不敢鬆手：「老天爺救命！海盜抓住我們啦！老天爺救命！」

刑天觀察週圍情勢，許多船客顧不得收拾行李從船艙逃出，對面三艘海盜船的情況還未知如何，就已經看見四爪鐵錨迅速垂落水中，許多海盜抽刀躍上甲板，前後兩隊衝殺來。

船客見海盜無故亂砍，竟連性命也不顧了，有人嚇得拿起包袱反擊。雙方纏成一團，幾個海盜跳上甲板，把手中的火炬往空高舉，照得明亮。混亂中有旅客被刀斧砍中，翻身跌倒，死在地下。

海盜落下帆蓬並且拋錨攔截了船，掌舵的船夫再顧不得危險，捲起衣袖，抱頭鼠竄跳下河中。酒醉客按住頭頂布帽，怒喊：「喂！等等！別走啊！你去哪裡？撇下我們大家不管了嗎？」

船艙和甲板幾乎都被海盜佔據，有個旅客被刀砍中，腳下一個筋斗，又把另外兩個船客撞落水中。刑天衝到船邊，扶著欄杆望底下看，突然間腦後生風，一個海盜揮刀來砍：「死老百姓！下水去吧！」

刑天斜身避開，迴旋一腳，將敵人踹倒在地：「看你們還要橫行多久？遇見了我算你倒霉！」海盜氣急敗壞，爬起身罵：「狗雜碎竟敢踢我？瞧我不挖你心肝下酒菜？」刑天冷道：「強盜！快滾下船！」海盜揮舞大刀：「滾你奶奶的！去跟閻王老爺見面！」

刑天再度迴旋一踢，那海盜的腦袋天旋地轉，跌入水中。

說時遲那時快，黑暗中有亂箭射來，身旁那酒醉客的肩膀突然感覺一陣劇痛，鮮血染遍上身，刑天看見旅客的肩膀中箭，正要伸手拉他一把，那酒醉客雙腳酥軟，跌倒在地，眼前一黑滾到船下。

另外的海盜見同伴受了敵人一腳羞辱，豈能善罷干休，揮刀來砍：「殺啊！」刑天抄出如意風火輪，喊道：「焰殺！流焰斬！」

一根火柱迎面撲襲，那海盜被烈焰燒成火團，摔落水中。

客船上闖入了許多不速之客，旅客被海盜持刀殺害，有人嚇得魂不附體，抱著行囊跳進水中。數艘海盜船拋下鐵錨，把船上的人盡數殺掉。強盜聚集成堆，又用竹篙去壓溺水的船客。海盜舉刀歡呼，將殺掉的屍體拋落江中，原本還以為大獲全勝，正準備在甲板上破罈慶祝，忽見天空中旋起紅雲，一隻巨大的火龍隱現在方圓半里之內。

海盜紛紛嚇得驚呆，有人怪叫：「河中有精怪啊！」、「發生什麼事？」、「妖怪！是妖怪！大家快射箭！」

虬龍的身軀全是火焰，運河的水流沖來，黑騰騰的煙霧冒上高空。海盜見巨龍張口噴吐火團，瞬間將天空照耀通紅，火球落在河面形成了壯觀的焰海，嚇得眾人逃回賊船：「快走！快走！」

墜落的火團掉在海盜船，有的地方起火燃燒，波浪翻騰，湧入甲板。船上瀰漫著嗆鼻的濃煙，海盜看得觸目驚心，有人也跟著船客一樣跳下河中逃命。

數艘船互相碰撞，運河的水流如洪災氾濫，淹滅了火勢，也打得船身劇烈搖晃。

其中有三艘海盜船都陷在火海，燒焦的木板在河中沉浮不定，一陣寒風把雲霧都吹了開，幾百根火炬飄在水面，忽明忽暗。

隔日清早，許多船客擱淺在岸上，迷迷糊糊睜眼醒來，刑天披頭散髮的坐在岸邊，呆呆望著天空：「難道白雲大人說得沒錯？萬古神器乃是四國的精神之柱嗎？」想起自己在神樂殿手刃魄狼之時，白雲齋曾經說過這樣一番話：「刑天，你的生存之道是什麼呢？如果失去了萬古神器和四象獸，這國家末後的日子，會變得如何呢？萬古神器乃是四國的精神支柱，如果四國沒有萬古神器和四象獸的守護，和平絕對無法維持。良好秩序乃是和平的基礎，萬古神器則是秩序的基礎，唯有碰上善於使用它的主人，才會有好的秩序。但是保護蓬萊國，保護四國的百姓，有時候也必須遵從超越使命的仁義，要是四國的百姓都保守行事，四國就已經敲響喪鐘了。」

河面上漂浮著許多行囊，一陣寒風吹來，幾個落難的船客跌跌撞撞走上岸：「右邊還有人活著！大家快去幫忙！」旅客南北的口音皆有，大呼小叫：「這邊還有沒有人受傷？」有船客接話道：「天下事真沒道理，海盜實在太霸道了！」

眾人正在搜索，遠處又冒出一人喊：「大家快來幫忙！」

那群旅客爬過岩岸，站在沙灣忽看見骸骨與屍體浮在水面。許多屍體浮在水面，存活的船客見了這情景，叫聲不絕。有的屍骸被海盜砍了之後血肉模糊，膚體在水裡浸了一晚，腫如囊袱大小，還有浮屍呈現紫色，似乎是在水中溺斃而死的。

刑天見那群船客在岸邊圍觀，許多無辜百姓的屍體浮在水中，眾人均不曉得該如何是好。雖然生在亂世之中，動刀殺人原是常事，但那景象太過殘酷，叫人看了觸目驚心。

船客見到水中浮屍，嚇得渾身抖顫，有人喊叫：「快救人啊！」接著，叫聲未絕，人群迎頭一擁上前搜尋親屬。落難的旅客哭哭啼啼，有人罵聲不絕，只怪海盜喪盡天良，必受報應。大家各自分散打撈著屍首，有人看了忍不住大哭，非常悽涼。

「終於找到你了！」

一個女子咬牙切齒，站在背後喊叫：「刑天！替我爹償命！」

刑天忽有警覺，抄出如意風火輪防禦：「翠雲公主！？」

笙的雙手握著兩顆鐵球：「殺我爹的仇人！我要殺了你！」刑天見她使用炸彈攻擊自己，情急之下立刻退後，那火爆彈炸開，濃煙直冒：「我冒著生命危險，打算潛入到翠雲國的境內來，就是為了要尋找妳，怎麼妳沒留在翠雲宮殿內嗎？嘿！這樣也好，可省得我費事潛入翠雲宮殿了。」

笙沉默不語，冷冷盯著對方看，腦海裡回憶起一個片段畫面：

幾個月之前，自己在山坡的廟宇撞見了刑天。當時的笙引爆了轟天雷，鐵球炸成碎塊飛散滿天，刑天用遁光術閃出百丈之遠仍舊受了重傷。索性他仗著瞬身移位避開爆炸，饒是如此，衣褲也被火焰燒得破爛。

笙見敵人用瞬身術脫困，大怒：「你殺了我爹！別逃！」

紅光耀眼，十餘畝方圓的煙霧升到半空，樹木均被炸得斷裂。刑天的右肩血流不止，從袖上撕半截破布裹住，高一腳低一腳往前走，咬牙切齒道：「可...可惡...我...我絕對還不能死！」

抬頭一望，不遠處有一座廟宇築於半山坡上，廟前種植著竹林，後山是高不可攀的危峰峻嶺。那翠竹蔽日的廟宇並無圍牆，門外供著大鐵香爐，刑天披頭散髮闖入室內，支持不住，癱倒在地：「吁...吁...」低頭鑒視一回，眼看肩膀湧出鮮血，竟將牆壁都染成一片殷紅。

「叛徒！你從我哥的手中搶走如意風火輪，又殺了我爹，今天我要你用命來血償！」笙跳進門檻，不問青紅皂白，抽出長劍：「這次你逃不掉了！」刑天手酥腳軟的靠在牆壁，抬頭一望：「又是妳？」笙見他面如土色，疑惑問：「咦！你受了重傷？」刑天答：「不干妳的事。」笙指著怒罵：「無論如何，你殺了我爹，我要報仇！納命來吧！」刑天哼一聲：「是誰跟妳這樣說的？」

「少囉嗦！替我爹償命！」笙的雙腳墊個人字步，向前攻擊：「看招！」

刑天向後稍退，背貼著牆壁立站起身，將手臂護住胸前：「妳是打不過我的。」笙出劍揪他肩膀，不料對方做個翻身鷂子從頭頂飛躍，應變奇速的落在背後。笙心中一驚，扭腰攻擊：「想往哪裡逃！」

刑天企圖生擒活捉，雙掌交叉用力一推，空拳折斷劍刃，翻起手腕把她的手臂扭到背後：「給我安靜！」笙杏眼圓睜，痛得彎腰：「放...放開我！」刑天冷一聲：「妳想殺我？是誰差派妳來的？說！」

笙動彈不得，忍氣吞聲：「你這叛徒背叛了四國，你殺了我爹，又從我哥手中搶走如意風火輪，你遲早會被砍頭的！」刑天冷冷說：「我沒有殺妳爹。」笙忍著淚眼：「騙人！大家親眼看見了！我爹的屍體被火燒焦，你從我哥手中搶走了如意風火輪，你這個殺人兇手！」

刑天道：「別攔著我，我還有重要事情要辦，現在得離開這了。」笙咬牙切齒：「別做夢！你殺了我爹，我絕對不會放過你！」刑天向後退步，鬆開手腕：「我現在並不打算傷害妳，但妳最好別礙著我，一旦證據確鑿，我就會揭開真相。」

笙一愣：「什麼真相？」刑天答：「殺妳父親的兇手。」笙臉色詫異：「你說什麼？」刑天道：「妳曉得為什麼我要從妳哥的手中搶走如意風火輪嗎？」笙問：「為什麼？」刑天撫著胸膛：「那是為了要對付殺了妳父親的兇手。」

笙半信半疑，伸手想抓衣袖：「等等！」刑天躍上屋樑，衝向天窗：「我們後會有期！」

想到這邊，腦海中的記憶又變成一團模糊，笙雖然不知仇人所在何處，當時憶起刑天所說的話則是愈想愈疑，決意再去尋他一次。

回憶到此，笙對於自己離開翠雲宮殿的遭遇也無意再解釋一遍，冷然問：「你說你不是殺我父親的兇手，你找到了殺我父親的兇手了嗎？你手中那柄如意風火輪是屬於翠雲國的鎮國之寶，快點將它歸還於我！」

刑天原本想揭發白雲齋的陰謀，並將自己在神樂殿的遭遇描述清楚，轉念忽想起自己曾要鯀替自己保守這個秘密：「飛刀人，我有件事情要拜託你。」鯀問：「什麼事？」刑天道：「白雲大人指示魄狼殺害雷烈郡主這事情，請你替我保守秘密，千萬別跟任何人提起，尤其是翠雲國的笙公主。」

鯀疑惑不解：「你不打算揭發真相嗎？任憑兇手逍遙法外？你怕翠雲國的公主知道兇手是誰，會去找兇手算賬？」刑天道：「我曾經是白雲大人的重要輔佐之一，他也曾有恩於我，如果連他也相繼逝世，這事件肯定會對四國境內造成不小影響。現在的戰爭才剛結束，我不想驚動任何人，這事你先別插手，交給我來負責。」鯀點頭：「好吧！放心！我會替你保守秘密，絕對會守口如瓶的！」

想到此節，刑天忍著委屈將真相吞下肚，把心一橫：「翠雲公主...我千里迢迢來到翠雲國境內，是想邀請妳加入我的隊伍。」笙冷然問：「什麼隊伍？」刑天問：「妳想知道真相吧？」笙道：「你打算做什麼？」刑天道：「收集八柄萬古神器。」

「休想！」笙咬牙切齒，一個飛身衝上前：「你在做夢！」雙手又掏出兩顆葫蘆大小的鐵球，厲聲喝道：「我只再問一次！說！究竟是不是你殺了我父親？」

刑天無法使用瞬身移位，兩顆鐵球在眼前散發出萬道紅光，索性及時滾出爆炸範圍，饒是如此，全身也被沙石撞得疼痛：「可惡！真的這麼冥頑不靈？」

笙趁機攻進，腰身一低，伏在地面橫掃出兩招旋風腿：「交出如意風火輪！」刑天不曉得敵人這是虛招，蹤身躍起想要閃躲，不料對方突然把掃腿轉變成迴旋之勢向上一踢，竟被攻個出奇不意。刑天的胸膛痛辣辣中了一腳，仰身向後一跌，險些站立不穩，急把袖袍左揮右舞化開勁勢，憤怒道：「妳若想知道真相，兩個月之後，就來彩雲峽找我！」

雖然笙的武藝相較起刑天實在是遜色許多，但是先前那迴旋腿的虛招攻得敵人措手不及，刑天被踢得痛至心肺，雙眼發黑，恐怕是連日累積下來的傷勢所致。

笙曉得敵人瞬身術的厲害，一時之間有所忌諱也不敢上前硬拼，只擋住去路道：「我不會讓你逃掉的！」刑天被攔阻住，心中顯然不快，稍微再退三步，謹慎道：「如果不是我想親自見妳一面，我不會冒著性命危險跑來翠雲國，我沒空找妳打架，妳願意加入還是不願意加入，這個決定全由妳選擇。」笙問：「我見你行徑鬼鬼祟祟，究竟在打什麼主意？」

刑天道：「你剛才偷襲我，這事我也不計私嫌，妳若是願意去彩雲峽一趟，我們兩個月之後再見。」說著，抽身退後想要離開，笙怒喝：「你要去哪裡？站住！」刑天回答：「這個妳管不著。」笙放聲道：「誰說我管不著？你收集萬古神器到底有什麼陰謀？你是逃不走了！」

刑天悶哼一聲：「腳長在我身上，怎麼會走不掉？」笙怒喝：「你說頑話耍我？」刑天心想：「翠雲公主不願加入，卻在此與我胡纏，是想拖延時間？不行！須趁著翠雲國的軍隊尚未獲知消息前，離開境內！」想到這邊，身形一幌，往山坡上撤退。

笙一見對方移動便猜到他心意，奮力一跳，追在背後：「快招出實話！殺我父親的兇手究竟是誰？」刑天毫不理睬，雙腳蓄力縱上懸崖：「後會有期！」

笙的防爆手套一揚，擲出兩顆鐵球：「不准走！」

突然間萬道紅光，懸崖邊的岩石瞬間炸碎，失去支撐，像是雪崩溶化往下落墜。刑天的身子一沉，隨著碎岩向下掉落，半空中籠罩一層灰霧將視線全都遮蔽，火焰熊熊耀閃。

笙飛身向前，站在高地上叫：「殺人兇手！」轟隆聲響，大塊岩石斷成粉碎，全都滾到運河中沉入水底。低頭觀看，懸崖斷處無限風沙，塵土飛揚，卻再也望不見敵人踪影。

另外一端，刑天和碎石墜落水中，全身寒凍徹骨，一股水流急速湧入口鼻。當下腳底踩不著邊，身邊又無浮木可抓，急流灌入口鼻，非常難過。

那水勢壓得胸悶，刑天曉得自己若被潛流捲入水底，恐怕再無生還機會。因此當下雖然不識得運河去向，也只能閉住呼吸，趁著浮出水面之時閉氣換氣。

眼前一花，刑天的身子在水中旋轉，就算他識得水性，這般湧急暗流也幾乎要給溺死，無奈人非游魚，即使武藝再高，溺在水中卻是毫無用處，轉眼之間，又給激流沖出數十丈遠。

刑天感覺身體快被潛流的水壓撕裂一般，難以喘氣，眼看被那水流沖到不知何處，精神再也支持不住，激水湧向口鼻，眼前一花，便暈過去。

「刑公子！」

有個熟悉的聲音在呼喚自己，刑天睜開眼看，忽見一男一女站在身前：「幽？明鏡姑娘？」

遙山遠處的夕陽對照在明鏡的臉龐，花容更顯嬌媚，刑天心中一股莫名說不出的感觸，一時不曉得該說什麼才好，幽走到身旁，拍拍肩膀道：「刑弟，參與戰爭，讓明鏡姑娘承受到的痛苦，你其實感到很自責吧？」

刑天見明鏡俏麗的影兒站在前方，卻沒有勇氣走過去，搖了搖頭：「幽，我為了解決掉一切紛爭，選擇應戰，我...我已經沒有回頭路了...」幽安慰：「你已經盡力了。」刑天咬緊牙根：「我愛著明鏡姑娘卻保護不了她，一個人的無能，原來也是很重的罪。」

幽道：「刑弟，我們在戰鬥中會失去許多人，大家早有心理準備，雖然知道這個風險有多大，但我們還是去了，不是嗎？失去信念你就失去了一切，如果你一直想著昨天，就不可能擁有更好的明天，抱著信念去行動吧！會失落是一定的，會沮喪也是預料之中的事，一路走來已經失去了那麼多，可是這條路你還是必須走下去，誰對誰錯已經不再有所謂了，重要的是...戰爭已經結束了...」

刑天搖了搖頭：「從前我一直以為只要武藝高強，就能有番作為改變世界，但我現在明白了，有些事情並非靠著努力就能達成。無論你多有才幹，權勢永遠掌握在那些假冒偽善之人的手中。」幽道：「沒人能阻止未來，改變過去，但至少活在當下，就是幸福。時間總會過去的，讓時間帶走你的煩惱吧！」

一道七色彩虹隱現在雲端，消失在遙遠天邊，刑天抬頭眺望，忽見明鏡隱隱走來，呼喚：「刑公子！」刑天飽吸口氣：「明鏡姑娘...」

明鏡道：「在生命的歷程之中，有太多的遭遇無法依靠自己掌握，每個人生平總有一些遺憾想要挽回，但是無論你如何嘗試去彌補、去改變，甚至是去遺忘，這些重擔似乎更加難以承受。或許生離死別是很沉重的，我們暫時都還沒辦法領會，但小女子相信生命有它存在的價值與意義，就像是暖煦的陽光，雖然它日出山頭日落山腳，總是按定時序，卻提供了明亮的光。清澈的流水順著山勢高低循環，滋潤大地而生養不息。你看！這些在人的眼中看似毫不起眼的事物，尚且有它的用處，更何況我們這些有靈的活人，不是嗎？」

刑天搖了搖頭，用手擦拭臉頰的淚痕：「就算只有一成的希望，我也會守護著你們，我就是因為這麼想，才會拼著性命前來此地的！」幽阻擋在身前，搖頭：「回去吧！這裡不是你該來的地方！」

刑天哽咽：「做了許多對不起你們的事...對不起...對不起...」明鏡溫柔微笑：「你一直都保護了我們，刑公子...謝謝你...謝謝你...謝謝你...」

聲音還迴盪在耳邊，也不知究竟昏迷了多久，如意風火輪被河水沖上岸邊，忽感覺頭頂上陽光耀眼，刑天逐漸轉醒。他吐出腹中積水，只感覺全身衣衫盡濕，透貼背脊，凍得直打哆嗦：「明...明鏡姑娘...幽...我...我...」

刑天全身都是血跡，遍體傷痕的爬上河岸，只不過當下視力有點模糊，才睜開眼，竟連一絲光線都感覺到刺目：「我...我沒死嗎？」此刻有氣無力的躺在沙灘，全身沾滿泥濘和黃土，輾轉思索夢中情境，忍不住又是悲從中來：「我...我會贏的！非贏不可...即使要我將他們全都殺死，也在所不惜！」

夕陽西下，刑天撕開半截長袖，輕輕壓住傷口止血。或許是連日奔波再加上身受重傷，鮮血滲出布外，竟將整片染得殷紅。他只能強忍著痛，勉強站立，但見周圍遍處荒涼，天上飄過一浮雲影，雜草叢順風擺動，更顯孤零。

刑天的傷勢痛苦難耐，好不容易熬過一個夜晚，次日清晨也只能趕緊動身。

光陰如箭，離開翠雲國之後少說也有數十多天。沿途窮鄉僻野，他經過了幾座遺棄的破院，中途便暫時在曠野夜宿一晚。

突然間，前方的道路隱約有隻小黃狗奔來，吠叫幾聲，在地上打滾又往遠路奔去。刑天心想：「附近有村莊？」眼看遠方盡是一片枯黃的稻麥，有風徐徐吹過，幾根長草斜曳倒下，便放開腳步往小土狗的方向行去。

走了將近半個時辰，果然抵達一座偏僻的村莊，土黃狗奔過來兜了幾圈，搖搖尾巴，望空亂吠。刑天把手一揮，想驅趕那隻土黃狗，村莊幾家街坊的百姓聞著吠聲尋來，前後數十村民好奇來訪，皆是詫異問：「是誰來著？」

有村童叫：「村長！村長！有客人來了！」眾人半信半疑：「不會是強盜吧？」村民見是一個青年，心中倒抽涼氣：「不是盜賊便好，小伙子要找地方投宿是吧？那行！跟我來吧！」

刑天走得精疲力竭，村民連忙安排飲食款待，村莊的老幼婦童一聽見有外客來訪，備些酒食和點心，畏畏縮縮都探出房門觀望。就這樣暫時在村莊待了一晚，次日醒來，繼續再啟程趕路。

遙遠的北方刮起大風，隱約可見聯綿不絕的山峰透在霧裡，彷彿一條沉睡中的巨龍，刑天心想：「那地方是龍脈長城嗎？狩獵族的戰爭已經結束了，不曉得還有沒有侍衛駐守在烽火台？」

也不曉得走了多久，無意之中又返回到了平瑤城，這座城鎮素來就有「梨鄉」之稱，可是梨花樹的盛產之地。每年逢著二月到四月之間，氣候舒宜，正是梨花盛開的好節期。

看著梨花樹白雪皚皚，展舒開的枝幹搖曳生姿，在陽光耀照下更顯得美不勝收。刑天從牌坊下穿越，走進城鎮，見附近的街道種滿梨花樹，宗宇祠堂被樹環繞，每一處都是依山傍水，而曾經被火焚燒的紅蓮寺也已經整修好，心想：「趁著去到彩雲峽之前，先回來這裡探望明鏡姑娘一趟，不曉得她獨自一人長眠在此，是否感到寂寞孤單？」

來到了這座平瑤城，到處可見坐南朝北的民宅，大紅燈籠與幡旗高掛門外，雕花彩繪的圓柱韻味濃厚。刑天站在屋簷下，天只長長一條隙線，有種撲簌迷離之感，沿路走到了梨園，一道飛瀑垂落，嘩啦啦沖起白霧構成了壯觀的風景。

到處可見花蜂和彩蝶在花瓣上飛舞，山坡近處綻放著雪白梨花，一陣清馨香氣迎鼻撲來，似乎都給這美景陶醉。瀑布的近處長著幾株梨花樹，樹蔭下立了一座墓碑，幾片梨花瓣落在石碑上，在這花園中更顯孤寂。

刑天走向前看，沉默良久，一股熱血湧上胸口，似乎又顯得割捨不下，僵持一陣卻仍舊不忍離去：「我從沒想過要謀反，或者是獲得功名，只希望我所在乎的人能夠平靜的活下去...沒想到連那麼微不足道的願望都無法加以掌握？幽...明鏡姑娘...我感覺自己已經無家可歸了...似乎...似乎什麼都無所謂了...」

梨花瓣掉在頭頂和肩膀，刑天毫不理會，忽感覺背後好像有人在竊視自己，立刻警覺：「咦！什麼人？」轉過頭卻見周圍靜蕩蕩的聲息全無，心想：「難不成是四國盟軍的探子？看來此處也不宜久待了！」

刑天從口袋掏出一個木圈項串，放在石碑上，轉身離開：「明鏡姑娘，我會再回來探望妳的！」說著，一個飛身衝向瀑布，躍上岩石。

沒想到就在這個時候，一個黑影飛快追來，跟著跳上山坡。刑天沒空和對方糾纏，視線全關注在上方的瀑布，身形一飄翻過山峰，往後山撤退。

山林樹木向後疾退，刑天速度奇快，如風一般衝下樹蔭，忽聽背後有人喚道：「等等！」

刑天掃視背後，瞥見追趕自己的女子竟是天山國的棠右使：「是妳？妳來這裡做什麼？」

海棠抄出一柄銅色鐵棍：「你在尋找這個？」刑天瞪大邪眼：「鐵樺殺威棒？」海棠問：「你想要這柄萬古神器吧？」

刑天二話不說，颼的一聲掃出長袖：「嘿！海棠！這是妳從嬋郡主那邊盜竊來的？」海棠畏忌對方速度，把那神器防禦周身，向後滑開：「若是你要鐵樺殺威棒，我可以給你！」

刑天原本想探敵人虛實，雙手牢牢抓住鐵棒：「妳有什麼來意？」

海棠接招拆招，卯足全力舉起神器抵擋，可惜對方的擒拿手法招數精妙，感覺敵人的手臂力大異常，鐵棒橫在胸前幾乎喘不過氣：「事情到了這個地步，你已經得罪了四位郡主，變得這般落魄淒涼，若是還想東山再起，重整昔日風光，不依靠四象獸的力量是無法達成的。」

刑天冷笑：「天底下怎麼會有如此傻瓜，輕易把萬古神器送給別人？」

海棠曉得對方武藝高強，若單打獨鬥實非敵手：「你若有心交涉，我們心平氣和的談，可別如此短見。」

刑天鬆開手問：「妳想幫我？」海棠答：「我是看你曾受過四國郡主的薦舉，如今看見戰後的四國勢力薄弱，因此有心整頓。」

刑天笑：「說穿了，妳也只是想圖謀篡位，當上四國之郡？」

海棠直言：「我只有兩個條件，第一！你是暫居首位的，到時候若是四國淪陷了，天山懸樓殿的範圍要歸我管。」

刑天到底還是君子度量，無意加害於她：「這個簡單，我所尋求的不是四國領土，若是妳能助我攻陷天山國、蓬萊國、翠雲國和鬱樹國，就算十座城池，我都給妳。」海棠說：「我的第二項條件！殺威鐵樺棒在你達成目的後，要歸還給我。」

刑天見對方似乎有心唇齒相激自己的氣度，不想表現出無容人之量，冷笑：「嘿！若是妳有心為我效力，我的東西就是妳的，妳的東西也是屬於我的，殺威鐵樺棒妳可以自己保管，我不會硬搶，等我需要，會親自再來向妳取。」

海棠分析：「雷烈已經逝世，現在的翠雲國是一片混亂，嬋的底細我一清二楚，蓬萊國的白雲齋和鬱樹國的崑崙我也不擔心，如今的我是識得實務，所以才會選擇來加入你。」

刑天轉移話題，忽問：「妳怕不怕死？」海棠答：「若是我害怕死，從嬋那邊盜竊鐵樺殺威棒後，也不會留在四國境內，早就逃到外海欣賞風光了。」刑天重複再問：「所以妳是不怕死了？」海棠淡道：「人生百年終是死，樹長千年劈柴燒，人生難逢開口笑，若我真的害怕，一定要終身活在死亡的陰影下嗎？」

刑天仰頭哈哈笑，終久一股怨恨囤積心底，陰沉沉說：「兄弟結盟，最要緊就是誓同生死，儘管憑人百般辱罵，最後尚能成就大業。既然妳已經得罪了嬋郡主，從天山懸樓殿竊盜走了鐵樺殺威棒，表明就是與天山國、蓬萊國、翠雲國和鬱樹國為敵，要有隨時會被殺掉的心理準備。從今天開始，妳就是我的人了！如果妳背叛我，妳將會失去一切妳所期望的。」

海棠點了點頭：「當人面對與自己不同的生物，真能互相理解，互相接納嗎？在認識彼此差異，真的可以和平共存嗎？無論在哪個年代，最可怕的都不是天災，而是人禍。既然人與人之間只會招來紛爭，那麼已經沒有必要再為其他人而活下去了，從今以後，就為我們自己而活吧！」

刑天道：「我正在招兵買馬，再過不久，我會成立一個組織。兩個月之後妳來彩雲峽的山海坪找我，到時候我們不見不散！」

原來，自從刑天闖入神樂殿之後，這消息就傳遍了四國境內，海棠四處打聽，得悉火燒紅蓮寺的消息，並且從中知道了魄狼拐走明鏡一事，後來刑天來此鎮相救，三人最後出現的地點正是這座平瑤城，因此海棠相信刑天必會再來，便在這座梨園靜候等待。

「在野火戰亂的年代中掙扎生存，無論走到哪裡都是一團黑暗，奸盜者將搶來的婦女剝了衣裙，任其辱受姦淫荼毒，惡霸劫奪良人產業，燒殺擄掠。就算雲端上有陽光，但雲底下的會是什麼呢？」

臨別之前，這是海棠最後一句的問話，刑天不願被四國聯盟的軍隊發覺行踪，逼不得已，只好暫時先找地方躲避，等候兩個月之後的到來。

兩個月轉眼過去，刑天身上的傷勢已經幾乎痊癒，啟程前往彩雲峽出發。沿途可見森林的樹葉翠影搖曳，山路崎嶇，南北兩邊皆有溪澗和峽谷。

抬頭眺望，遠處有一座鐵鎖吊橋高高懸掛，刑天走上吊橋，見懸崖下雲霧飄渺，漫步過橋之後又走半晌，隱約可見北方的山峰被霧遮蔽，朦朧中有四個大字透在霧裡，刻痕入石三分，左邊山峰刻著「天地」兩字，右邊山峰則是刻著「山海」兩字。

「天地」和「山海」四個大字渾然雄勁，仿彿一幅巨匾懸在高峰，刑天腳尖蓄力，踏著石階走上山。

背後的樹林突然傳來腳步聲響，笙單獨一人領先趕到，喊叫：「站住！」刑天回頭看了一眼：「妳終於又來找我了？」笙冷然道：「我只有一件事情要問你。」刑天笑：「怎麼樣？現在的我打算成立一個反抗組織，目的是為了要對抗翠雲國、蓬萊國、天山和鬱樹國，妳打算加入反抗組織，幫我收集萬古神器嗎？」

笙憤怒道：「我絕對不會放過你！更不可能加入什麼組織！」刑天答：「我還是同樣的話，若是妳想了解真相，隨時歡迎來加入我。」

笙道：「若是要我加入，那是做夢！要我替你收集萬古神器，更不可能！除非你能給我一個說服我的理由。」刑天搖頭：「事到如今，妳還不明白嗎？」笙質問：「說！究竟是不是你殺了我爹？」刑天的表情漠然：「妳特地造訪，為得只是要問我這個？」笙厲聲道：「我只要真相！」

刑天面無表情：「我就是真相，我已經跟妳講過了，我沒有殺害妳的父親。」笙厲聲問：「既然如此，為什麼當初要從我哥手中搶走如意風火輪？」刑天道：「那是為了要維持住這個虛偽的和平。」

笙情緒激動的問：「什麼叫虛偽的和平？我憑什麼聽信你的話？」刑天嘆口氣：「妳不一定要信，但是...妳的殺父仇人似乎有個極大秘密不能讓人知道，這秘密關係到四國百姓的生死存亡，一旦收集到所有的萬古神器，妳的殺父仇人就會出現了，這就是為什麼妳要幫我。」笙詫異：「你說什麼？」刑天點頭：「妳可以不必相信我所說的一切。」

笙強忍怒氣，冷靜半晌，點頭：「好！我姑且相信你，我也願意加入你的行列，但我有個條件。」刑天微笑：「妳說。」笙道：「如意風火輪不僅是翠雲國的鎮寶，更是我父親的遺物，我要你歸還給我，並且幫我找出殺我父親的兇手。」刑天答應：「這個容易，但我也有個條件。」

笙問：「什麼？」刑天說：「我暫時把如意風火輪歸還給妳，但是時限一到，妳要借我使用。」笙微微一怔：「時限是什麼時候？」刑天道：「當妳殺父仇人出現的時候。」笙追問：「你真的曉得我的殺父仇人是誰？」刑天點頭：「曉得，但我要妳自己親手找出來。」

笙疑惑不解：「我怎麼曉得我的殺父仇人是誰？若我曉得，還會來找你？」刑天道：「我不是已經跟妳說過了嗎？當我收集到所有的萬古神器，妳的仇人就會出現，這也是為什麼妳要加入我的行列。」笙咬牙切齒道：「既然如此，你為什麼不直接就告訴我？」

刑天問：「如果我現在就告訴妳妳的殺父仇人是誰，妳還會願意幫助我收集神器嗎？」笙說：「如果某天我反悔了，要來殺你呢？」刑天冷笑：「妳應該要衡量自己光景，既然妳已經願意來找我，就代表妳背叛翠雲國了，背叛了妳哥，也背叛了三位郡主，若是妳殺掉我，日後還有誰可以投靠呢？」

笙道：「如果你立刻告訴我殺我爹的人是誰，我就替你收集齊全所有神器，不計任何代價！」刑天笑：「妳有這個能力嗎？目前看來，靠我自己一人尚且無法達成，況且！如果我現在就告訴妳殺妳父親的人是誰，妳應該會立刻跟我撇清關係吧？」

笙委決不定，刑天忽然將如意風火輪拋給自己：「妳收下吧！這是我們之間的約定！」

笙伸手接住，還在思索，背後的樹叢中又有一人走來，原來竟是鯀也抵達了彩雲峽：「公主殿下！忠告很少受人歡迎，最需要忠告的人往往卻最不喜歡它，因為給人忠告，妳就會多樹立一個敵人。」笙回頭驚看：「咦！是你？」

鯀點頭示意：「熟悉的事物真令人感到愉快啊！嘿！唯有經歷過戰爭與和平、光明與黑暗之人，才算是真正體驗過人生了，妳說是不是呢？翠雲公主！」

「刑天御史，你真的能信得過我們嗎？」海棠的手裡拿著鐵樺殺威棒，孤身站在鐵鎖橋遠方的彼端，繼續又問：「那樣好嗎？四國百姓會希望見到你背負著罪孽而活嗎？在你還勝任光明御史的時候，百姓都是真心真意的喜歡你，若是大家都知道你在受苦，四國的百姓會高興嗎？那樣的你，會幸福嗎？」

刑天一個健步躍到懸崖高處，衣袖盪在風中，冷然道：「要做領袖，就必須背向眾人，這次和狩獵一族戰爭的時候不同了，我不會再失去任何東西，為了一線希望，即使被稱為叛徒，我也必須忍耐！」

鯀點了點頭：「刑天御史！我對你生存的信念深有同感，因此決定與你同行！」

這個時候，多蘿蘿和貊遠遠奔近，喊叫：「喂！很抱歉！我們兩個來遲了！」二人陸續渡過鐵鎖橋，抵達眾人身後：「吁！吁！大家幸會！由此刻起，請各位慶幸自己如虎添翼！我是傀儡師多蘿蘿，目標是學會千符破爆術！請多指教！」貊則笑道：「要平定永無止境的戰亂嗎？嘿！御史大人！這對身為平凡的我來說，可是一件很沉重的使命啊！」

刑天沉默半晌，描述：「傳說在很久以前，四國遭受了空前浩大的災難，冰洋極海的積雪被烈焰融化，形成無數川流。萬畝方圓的地域被汪洋淹沒，島嶼陸沉，天傾地陷的空前巨災一觸即發。那時，有四位仙人遵照天象經緯的指示，仗著仁厚膽識之心走遍天下，在極地荒涼的隱僻之所發現了天地相輔、山海相循的奧秘。他們發現靠著吸收天地山海的日月精華，經過火風水土的醞釀所淬煉出的幻化靈珠，能使天下生活安定，扭轉人類榮枯興衰的契機。因此四位仙人展開了收集靈珠的旅程，將它們鑄造成神器，試圖使用這股力量來解救天下蒼生。千百年來，八柄萬古神器代代相傳，四仙人被賜予了平定亂世的力量，並且為天下樹立萬世典範，以彩雲峽為地界的中心點，創立了天山國、蓬萊國、鬱樹國和翠雲國。如今，我能夠賜予你們幾位毀滅性的力量，我們的目標是支配四國，只要是妨礙的東西，一並剷除！」

多蘿蘿拍手叫好：「平定戰亂的大英雄！你攻打盤岩宮的英姿打動了我，只有像你這樣的大人物，才配得我傳授移魂轉身術的絕技！」貊笑道：「平定戰亂的大英雄？嘿！何止平定？還搞得一團糟呢！看來有人企圖使用壓倒性的力量支配四國呢！這個有趣，我參加！」

海棠冷然問：「貊！你是天山國的通緝重犯，不怕死在嬋郡主的手中？」

貊回答：「嘿！人的命運總是按照預定的方向進行著，即使改變了過程，也無法改變結果。輪到我死的時候，我就非死不可，何不趁活著的時候快樂一點，多享受人生樂趣？倒是妳啊！海棠大人，妳也變成了天山國的叛徒吧？不怕死在自己人的刀下嗎？」海棠回答：「我偷了鐵樺殺威棒離開天山懸樓殿，已經成了天山國的叛徒，不知道什麼時候會有刺客追來，所以我決定加入刑天御史的行列。」

話才講完，忽見天空的日光顏色轉淡，半圓形的日輪射出萬丈精芒，一圈圓影為月魄所掩，眾人抬頭驚望，多蘿蘿詫異喊：「咦！那是什麼？大家快看！」絲解釋：「是日蝕之象。」

只見天空的太陽為月魄遮蔽，顏色淡轉聯成一線，黃道黑蔽，笙原本一發不語，突然開口說道：「翠雲國從很久以前就流傳了一個傳說，我年幼時曾聽父親說過，每當日光在天為月所掩，日光繞地為地所隔之時，就是月蝕和日蝕之象出現之日。那個時候，召喚出四象獸的八柄萬古神器將會失去靈力，可以將靈珠取出，放置在特殊打鑄的鐵器內融合，若是機會錯過，一旦日月復了圓，就必須再等下次黃道晦朔，才能融合四象獸了。」

海棠問：「特殊打鑄的鐵器？妳是指傳說中的四象寶環嗎？那東西真的存在？」
笙搖了搖頭：「我不曉得。」眾人心想：「用特殊打鑄的寶環來融合四象獸嗎？」

貊喚：「喂！小公主！下次的黃道晦朔，是什麼時候？」笙回答：「恐怕還要再等三年。」貊笑：「嘿！這個有趣！」

才剛講完，忽又見天空的日輪光芒展露，射出萬道精光，豆大黑點恢復了圓，原本黑蔽的黃道又變得碧空天晴。

眾人沉默不語，刑天站在彩雲峽懸崖的高處，望著天空道：「在剷除狩獵一族的時候，大家都很高興，百姓說這樣一來，和平便會降臨在四國境內。後來，許多百姓都以為我被白雲大人殺死了，但是如今的我為了一個理由而來...在充滿戰亂的大地上，大家承受著痛苦和傷害，一切全都是依從持有萬古神器的掌權者而行。這個世界正在分裂，在土地上生存的國家也是如此，為了重建一個失去秩序的世界，將一切歸於無吧！光陰是會改變人的，過去的我不再是現在的我，傷害人的、與被人所傷害的，經過一段日子終將會變成另一種人。而每個傷痕，都代表了我更向前邁進一步，從今之後，我們不再是光明御史了，我們是暗行御史，我的名字叫做...闇！」

山海幻世錄 第一部

原初之始，天地混沌黑暗，自盤古開天闢地以來，地繞黃道每六萬六千六百六十六年必有一次大劫，那横災會使萬里方圓的地域發生海嘯山崩。

一旦大劫來臨，不僅池枯地裂，氣溫驟降，甚至還會洪災横流，島嶼陸沉，生靈更是遭受沉湮之災。

四位仙人走遍天下，在極地偏僻之處發現了天地相輔、山海相循的天機奧秘。

靠著吸收天地山海的日月精氣，和火風水土的醞釀，所淬煉出的幻化靈珠，可以扭轉人類榮枯興衰的契機。這幾顆四象靈珠被打鑄在兵器內，代代相傳，被後世百姓稱為「萬古神器」。

這本小說，藉由一個平凡少年的今古奇遇，萬古神器和四象靈珠召喚術的超時空幻景，帶您進入前所未有的古典奇幻新紀元，敬請期待

Tales of Terra Ocean

Long before the distant past, Earth was an organic whole without form and void. A divine goddess named Pan Gu separated Earth from Heaven to form Terrestrial continents。Once every sixty six thousand six hundred and sixty six year, a disastrous scourge would be brought upon this land。Floods, drought, famines, earthquakes and disease epidemics spread throughout Earth。

Four Sages walked across the continents and discovered the myth of contrary forces, which were interconnected and interdependent in the dynamic natural cycle。Relying on absorbing the spirits of sun, moon, fire, water, wind and earth, an animating force was formed within beads which could summon the catastrophic destruction brought upon land but also able to preserve the existence of mankind。

Weapons were forged with spiritual beads, passed down through generations and were dubbed 「Eternal Summoning Weapons of the Ancient」。

As the plot progresses throughout this book, readers will be able to browse inside an ordinary youngster's extraordinary journey, retroactively entering the chronological time warp of paranormal summoning monsters, and witnessing a new era of fantasy stories。

This book guarantees an unprecedented scale in the classical Chinese literature。

A literature of fantasy moniker 「**Tales Of Terra Ocean**」

作者：蘆葦草

編輯：陸威廷

電子郵件：rikuwatashi@hotmail.com

購書網址：http://blog.udn.com/rikuwatashi/article

封面設計：草米菓創意工作室

地址：新北市新店區三民路159巷9號4樓

電話：02-29101237

網址：https://www.facebook.com/scm.2012

版次：2014年01月

ISBN：978－149－48－5500－0

30893083R00175

Made in the USA
Lexington, KY
22 March 2014